财经易文
www.ewinbook.com

定位:攻心之战

【第1卷】

心战之地
存亡之道 不可不察

刘松涛 著

中国财政经济出版社

图书在版编目（CIP）数据

心战之地：存亡之道，不可不察. 第 1 卷/刘松涛著. —北京：中国财政经济出版社，2011.1

（定位：攻心之战）

ISBN 978－7－5095－2664－4

Ⅰ.①心… Ⅱ.①刘… Ⅲ.①市场心理学—教材 Ⅳ.F713.55

中国版本图书馆 CIP 数据核字（2010）第 246671 号

本书中文简体字版由中国财政经济出版社出版。未经出版者书面许可，不得以任何方式复制或抄袭本书的任何部分。

责任编辑：刘占彬　　封面设计：华乐功
版式设计：孙志云　　责任校对：孙志敏

中国财政经济出版社 出版

URL：http://www.cfeph.cn

E-mail：webmaster@ewinbook.com

（版权所有　翻印必究）

社址：北京海淀区阜成路甲 28 号　邮政编码：100142

发行电话：010－88191017

三河市祥达印装厂印刷　各地新华书店经销

787×1092 毫米　16 开　20 印张　278 千字

2011 年 1 月第 1 版　2011 年 1 月北京第 1 次印刷

定价：39.80 元

ISBN 978－7－5095－2664－4/F·2266

（图书出现印装问题，本社负责调换）

世界上最难的事情
是那些无形的东西
无形的东西
往往起着决定性作用

营销之战
攻心尤难
攻心尤为有效

善攻者,动于九天之上
善守者,藏于九地之下
攻守之间
在于无形
此善战者神妙之所

运用之妙
存乎一心
攻心之战
贵在于此

作者简介

刘松涛，拥有多年教育管理工作背景和企业管理工作背景。深入研究定位理论，重新构建定位思想的理论体系，历时9年撰写《定位：攻心之战》——全球第一套、全案例定位理论系列教科书，本套教科书包括四个分卷：(1)《心战之地：存亡之道，不可不察》；(2)《攻心战法：攻城为下，攻心为上》；(3)《攻心战术：以逸待劳，避实击虚》；(4)《攻心战略：求之于势，不责于人》。致力于传播定位理论，推动定位理论的中国化理解与运用。

目　录

前　言 ……………………………………………………………………………… (1)
卷首语　定位理论依据介绍 ………………………………………………………… (1)

第 1 部分　攻心九序

序言 1　**明源　艾·里斯与杰克·特劳特** ……………………………………… (3)
　　——定位理论的起源及其影响

　　　定位理论被认为是"最怕被竞争对手掌握的理论",被评为"有史以来对美国营销影响最大的观念"。遗憾的是,定位理论不是起源于商学院,因此没能成为"主流"营销理论。

序言 2　**知意　什么是定位** …………………………………………………… (10)
　　——一个简单的概念与四个不同的侧面

　　　什么是定位?人们仅仅把定位当成一个简单的概念。然而,事实并非如此。定位是一套完整的营销策略体系——包括营销者、竞争者和消费者等方面的内容。

序言 3　**补短　菲利普·科特勒与定位** ………………………………………… (25)
　　——"对产品做的事"与"对头脑做的事"

　　　传统营销理论认为,企业要提供满足需求的独特产品;定位理论认为,品牌要拥有与众不同的顾客心智地位。前者使营销变成一场攻坚战,后者使营销变成一场攻心战。

序言 4　**取长　迈克尔·波特与定位** …………………………………………… (30)
　　——由内而外与由外而内

　　　迈克尔·波特认为,定位就是战略。定位理论认为,战略定位应该由外而内——从顾客心智到运营活动。迈克尔·波特认为,战略定位应该由内而外——从运营活动到独特价值。

序言5　奠基　唐·舒尔茨与定位 ……………………………… (35)

——共同的基础与不同的理论

人们对品牌的认知价值,才是真正的品牌价值。这是整合营销传播理论与定位理论共同拥有的核心观点。这个核心观点的共同基础是什么?是人们头脑的认知规律。

序言6　互证　亨利·明茨伯格与定位 …………………………… (45)

——战术的视角与战略的来源

战略应该从哪里来?或者说,战略应该如何形成?战略源于有效的战术,战略可以自然形成。两种"离经叛道"的理论,在战略观上交汇在一起。然而,这是最具实际意义的战略观。

序言7　哲思　孙子兵法与定位 …………………………………… (53)

——以逸待劳与避实击虚

定位理论是关于如何攻占人们心智的营销理论。但是,定位理论必须针对竞争者采取进攻行动。"以逸待劳"与"避实击虚"是定位与孙子兵法的共同策略原则。

序言8　合用　主流理论与定位 …………………………………… (62)

——主流与非主流的兼收并蓄

被广泛流传与被广泛运用的理论,往往被人们看成是主流理论。然而,这不意味着主流理论就一定十分有效。定位理论不是一种主流的营销思想,但定位理论是一种有效的营销思想。

序言9　审势　未来趋势与定位 …………………………………… (72)

——"卖产品"与"卖品牌"

未来的营销趋势是什么?市场由人们心智里的品牌控制,而不是由企业制造出来的产品控制。因此,企业应该"卖品牌",而不应该"卖产品"。企业不应该失去对市场的控制机会。

第 2 部分　心战之地

第 1 章　营销任务：解决竞争性的顾客选择问题 ················ (87)

1.1　曾经：选择只是一个小问题 ·············· (87)

〔事实〕从前，绝大多数市场处在卖方市场状态之下。无论对于企业来说，还是对于顾客来说，选择与被选择都不是一个问题。选择与被选择，都是市场结构的必然结果。

〔营销〕这意味着：企业不需要花费时间和金钱进行营销，因为企业生产出来的产品一定会有顾客购买。

1.2　如今：选择成为一个大问题 ·············· (96)

〔事实〕如今，绝大多数市场处在买方市场状态之下。对于消费者来说，选择是一个令人感到麻烦的问题。对于经营者来说，顾客的选择决定着其"成败与存亡"。

〔营销〕这意味着：企业必须花费时间和金钱进行营销——解决竞争性的顾客选择问题，否则企业的产品将很难进入人们的"选择清单"。

1.3　营销：解决竞争性选择问题 ·············· (100)

〔事实〕营销所要解决的根本问题，就是"如何被顾客所选择"的问题。进一步说，就是要解决"与对手竞争被顾客选择"的问题。

〔营销〕这意味着：营销不像理论上定义的那样复杂，营销所要解决的问题简洁而又直接——争取消费者的选择。但是，这不意味着"很容易就能做得到"。

第 2 章　竞争背景：进入认知性的品牌竞争时代 ················ (105)

2.1　营销：两个前提性条件 ·············· (105)

〔事实〕产品同质化竞争与信息过度化传播，是多数企业必须面对的市场环境。在这样的背景下，营销的重心开始悄然转向对品牌的价值认知。

〔营销〕这意味着：营销或者竞争的前提条件发生了根本变化。以"满足顾客需求"为假设的营销理论，渐渐失去了市场效力。

2.2　营销：不是一场广告战！ ·············· (118)

〔事实〕许多人相信，营销是一场广告战。在信息过度化传播的时代，广告的传播量与广告的可信度成为广告效果的制约性因素。

〔营销〕这意味着：广告不再是有效的营销进攻武器，不再是一种必然会带来回报的营销投资。在运用广告这种传播工具之前，企业必须明白要让广告扮演什么样的具体角色。

2.3 营销：不是一场产品战！ ············(126)

〔事实〕人们相信，营销是一场产品战。不幸的是，我们处在一个同质化竞争的时代。任何产品上的差异性优势，很快会被快速模仿与快速复制所消除。

〔营销〕这意味着：企业的一个幻想破灭了——"好产品定律"失去了想象中的价值与作用。企业很难依靠"好产品"赢得营销战争的胜利——赢得消费者的选择。

2.4 营销：本是一场认知战！ ············(143)

〔事实〕营销是一场认知战！在产品同质化竞争的时代，人们把对品牌认知当成事实，好产品不是存在于工厂里，而是存在于人们的头脑里。

〔营销〕这意味着：要想赢得营销战争的胜利，必须在人们心智建立起"具有竞争优势"的价值地位。这就是品牌价值与作用的全部秘密所在。

2.5 营销：认知性竞争时代！ ············(163)

〔事实〕营销是一场认知的战争，敌人就是竞争对手，战场就是顾客的头脑空间，敌我双方所争夺的焦点，就是在顾客头脑里的容身之地。

〔营销〕这意味着：要想赢得一场品牌认知战争，必须针对竞争对手展开营销行动。具体来说，应该针对竞争对手的心智地位展开攻击行动。

第3章 认知规律：奠定基础性的定位理论依据 ············(167)

3.1 头脑备受骚扰 ············(167)

〔心智〕在信息过度化传播的社会里，人们的头脑备受信息的骚扰。为了应对信息的骚扰，头脑对信息建立起了自我防御机制。

〔营销〕这意味着：大部分信息被头脑过滤掉了，要想突破头脑的信息防御体系，必须传播"简洁又有力"的品牌信息。这又意味着：品牌必须拥有焦点，为此必须要做出取舍与牺牲。

3.2 头脑十分有限 ·· (184)

〔心智〕人们的头脑空间,为同类事物提供的信息记忆空间十分有限。在一般情况下,这个记忆空间只能容纳 7±2 个同类信息。

〔营销〕这意味着:要想对人们的购买行为施加影响,品牌必须抢先进入人们有限的头脑空间。要想在人们心智里拥有一个容身之地,品牌必须顺应或利用人们头脑里的既有观念。

3.3 头脑很难改变 ·· (209)

〔心智〕人们的头脑一旦形成某种固定的观念,就会把这种观念当成事实加以对待。观念一旦形成,就很难加以改变。

〔营销〕这意味着:一旦品牌在人们心智里建立起独特的价值概念,那么这种价值概念就很难被竞争对手复制或取代。产品技术可以被复制,品牌价值则不可被效仿。

3.4 头脑害怕混乱 ·· (238)

〔心智〕人们的头脑思维喜欢简洁清晰,害怕混乱不清。为了保持简洁清新,人们对接收的信息进行分类和排队处理。

〔营销〕这意味着:品牌应该抢占品牌阶梯的顶端,成为一个产品类别的首席代表。或者创建出一个新品类,成为新品类的领导者。品牌的地位不同,应该采取的策略亦不同。

3.5 头脑不太可靠 ·· (252)

〔心智〕人们的头脑总是倾向于情感,而不是理智。人们不知道自己真正需要什么,人们只是认为自己"应该拥有别人拥有"的东西,人们更像一群茫然跟着羊群走的羊。

〔营销〕这意味着:所谓的"顾客需求"并不可靠,以顾客需求为基础的营销一样不可靠。品牌应该塑造出某种价值概念,运用某些营销传播手段,对人们不可靠的头脑施加影响。

3.6 头脑需要焦点 ·· (272)

〔心智〕人们的心智不但可以被盖上印记,而且还需要被盖上印记。人们需要利用对事物贴上的认知标签,对事物进行记忆、理解,并采取"自己认为合适"的行动。

〔营销〕这意味着:营销人员可以在人们的头脑里盖上品牌印记,从而对人们未来的购买行为施加有力的影响。这还意味着：必须保持品牌印记清晰，即品牌焦点清晰。

3.7 头脑依赖耳朵……………………………………………（281）

〔心智〕思维的过程是在头脑的深处对声音的处理过程。视觉信息要经过视觉—听觉的转化机制，然后才能被头脑处理。

〔营销〕这意味着：如果想把一个品牌价值概念送入人们的心智，那么必须从声音语言的意义上，考察所有营销传播要素的运用，避免视觉因素干扰声音语言意义的传播。

卷尾语 ……………………………………………………………（291）
参考书目 …………………………………………………………（292）

前　言

手艺人

　　《定位：攻心之战》是一套关于定位理论的系列教科书，全套教科书包括四个分卷：（1）《心战之地：存亡之道，不可不察》；（2）《攻心战法：攻城为下，攻心为上》；（3）《攻心战术：以逸待劳，避实击虚》；（4）《攻心战略：求之于势，不责于人》。定位系列教科书的思想，并非笔者独家原创。但是，本套定位理论系列教科书又包含着笔者原创的东西。笔者原创了什么东西？定位的思想犹如一颗颗璀璨的珍珠，散落在十几部定位著作之中。笔者拾取了定位思想的精华，沿着一条逻辑主线，将定位核心思想穿连在一起，穿成了一条精美的珍珠项链。如果说定位思想是一颗颗散落的珍珠，那么本套定位系列教科书的创作者就像是制作艺术品的手艺人——将珍珠制作成为精美的艺术品。在艺术品制作过程中，手艺人串连在一起的东西，不仅是定位思想的璀璨珍珠，还包括大量真实的相关案例，以及中国古代谋略思想、中国古代哲学思想，构成了定位理论的全新内容。

重构建

　　定位思想观念的创始人——艾·里斯（Al Ries）、杰克·特劳特（Jack Trout）——撰写了许多关于定位的文章，出版了许多关于定位的著作，风格侧重于定位观念的实战应用。但是，对于定位思想的逻辑性、理论性和体系性，则缺乏必要的重视和关注，使人难以读懂定位原著的思想精髓，甚至令人感到不知所云。本套定位理论系列教科书，以定位思想精华为逻辑主线，融合了唐·舒尔茨（Don E. Schultz）的"整合营销传播理论"、亨利·明茨伯格（Henry Mintzberg）的"战略形成观点"、迈克尔·波特（Michael Porter）的"战略定位思想"，在结构上更加具有逻辑性，在理论上更加具有系统性，在内容上更加具有完整性。从整体内容上来看，定位理论系列教科书对定位思想进行了重新梳理，对定位体系进行了重新构建，为学习者提供了基础性的理论框架。

多视角

与人们熟知的各种营销与竞争理论相比，定位理论显得"离经叛道"。事实上，人们熟知的主流营销理论和竞争理论，在本质上并不与定位理论"相互冲突"。相反，定位理论与主流的营销理论及竞争理论之间，在深层次上存在着相互补充、相互佐证、相互贯通的内在关系。关键问题在于：学术界、教育界、企业界各执一词，学习者、运用者面对众多的理论观点感到无所适从。为此，本套定位系列教科书的创作者从学习与应用的角度入手，结合主流的营销理论与竞争理论，从多个视角对定位理论加以阐述，以便于学习者能够对包括定位理论在内的各种理论融会贯通，在实践应用过程中不至于局限于一家之说。定位理论与主流营销竞争理论的关系，以序言的形式安排在本套教科书第一卷《心战之地》第一部分之中——即"攻心九序"这部分内容，这构成了定位理论与其他营销与竞争理论融会在一起的全新视角。

全案例

定位理论的价值在于对营销实战的指导作用。但是，对于定位来说，存在着太多的曲解以及错误的认识。关键问题在于：唯有深入、正确地理解了定位思想的精髓，才能充分发挥出定位的实战价值。因此，在重新构建定位理论的过程中，笔者不仅仅是将定位思想简单地串连在一条逻辑主线上，而且采用了大量真实的案例来阐释定位思想和理论，严格地遵循着"用案例诠释定位观点"的原则，坚持一个观点对应一个案例或者多个案例，以帮助读者深入理解定位思想的精髓，并力图对读者产生新启发，实现教科书"学以致用"的撰写目标。本套定位系列教科书的最大特点就是：真正意义上的"全案例"教科书。

抓关键

教科书的作用在于"引导和帮助学习者系统地掌握某个方面的知识"，教科书的关键内容在于"把整个知识系统串联在一起的核心概念"。理解了理论的核心概念，就抓住了理论的脉络。对于定位教科书来说，核心概念包括：品牌、选择、认知、心智、定位、战术和战略。核心概念本身的意义，以及核心概念之间的相互关系，构成了本套定位教科书的内容体系。定位理论核心概念的意义，大多数体现在各章节、段落的标题上。理解了各章节、段落的标题，就理解了定位理论的核心概念，就抓住了定位理论的主要脉络。因此，在本套定位系列教科书中，各种大小标题——包括章目标题、章节标题、段落标题——均构成了理解定位理论的关键点。抓住各章节、段落的标题，几乎就抓住了定位理论的精华，否则恐怕会陷入思维的混乱。

启思维

几乎所有人都可以读懂《孙子兵法》。但是，不是读懂了《孙子兵法》，就能成为优秀的军事指挥官。这就是说：对理论生搬硬套，必然导致失败。本套定位理论系列教科书称得上是营销战争中的《孙子兵法》。但是，本套定位系列教科书不是手册式的操作教程，切不可照着教科书生搬硬套。定位理论系列教科书仅仅提供了一种营销竞争的策略思想。所谓"运用之妙，存乎一心"——能够产生什么样的营销实战效果，则完全取决于运用者依据市场竞争格局，对定位思想加以创造性的发挥与运用。本套定位系列教科书的构成要素——观点、案例、诠释，旨在帮助学习者深入理解定位的思想，启发学习者对定位思想的创造性运用。教科书的作用在于：启发学习者"达到彼岸"——依据市场上的竞争地位与格局（因敌），创造性地找到有效的营销竞争策略（制胜）。

卷首语

定位理论依据介绍

本卷为《定位：攻心之战》第一卷——《心战之地：存亡之道，不可不察》，本书内容包括两个部分——"攻心九序"和"心战之地"。"攻心九序"力图使人们对定位理论产生一个横向的认识。这一部分向读者介绍了定位的起源，以及什么是定位，并从多种理论的视角介绍了定位理论，以及应该如何对待众多的营销与竞争理论，还有定位理论在未来竞争中的作用和意义。或者说，"攻心九序"借助读者熟知的东西，告诉读者定位的意义和价值。"心战之地"力图告诉人们一个事实：营销进入了认知性的品牌竞争时代。这意味着：营销是一场认知战，是一场攻心战。那么，营销为什么会成为一场认知战？根本原因在于产品的同质化竞争和信息的过度化传播。市场竞争环境的特征决定了营销的性质。因此，营销进入了认知性的品牌竞争时代。或者说，营销演变成为一场认知战争。既然营销已经演变成为一场认知战争，那么认知规律必然将成为认知战争的基础。这意味着：要了解定位的思想和观念，必须首先从了解认知规律开始。

自从诞生之日起，定位理论就存在着一个困扰人们的问题——定位的理论依据是什么？在《定位》一书中，两位作者没能清楚地解决定位理论依据问题。在《新定位》一书中，两位作者提出了定位的理论依据——心智认知规律。但是，这里仍然存在一个问题：认知规律与定位理论二者之间究竟存在着什么关系？对此，《新定位》一书没有进行深入说明。因此，大多数读者都不清楚定位的理论依据是什么。如果人们不知道一个东西从哪里来，那么就很难对这个东西产生信任。因此，明确定位的理论依据就显得十分必要。从理论构建的角度上看，任何一种理论体系都必须从理论依据开始，理论依据构成了人们理解理论内容的起始点。如果不解决理论依据问题，那么理论内容不但无从谈起，而且无法理解，当然更无法令人相信理论的合理性和科学性。"心战之地"旨在解决定位的理论依据问题，即认知规律与定位理论的关系问题。实际上，定位理论的基本法则，无不源自人们心智的认知规律。定位理论的方法，都以人们心智的认知规律为依据。这意味着：人们心智的认知规律是定位理论的学习者和应用者不可不知的东西。

第一部分

攻心九序

序言1　明源　艾·里斯与杰克·特劳特
序言2　知意　什么是定位
序言3　补短　菲利普·科特勒与定位
序言4　取长　迈克尔·波特与定位
序言5　奠基　唐·舒尔茨与定位
序言6　互证　亨利·明茨伯格与定位
序言7　哲思　孙子兵法与定位
序言8　合用　主流理论与定位
序言9　审势　未来趋势与定位

序言1 明源

艾·里斯与杰克·特劳特
——定位理论的起源及其影响

定位理论的起源

1969年，定位理论之父——艾·里斯（Al Ries）、杰克·特劳特（Jack Trout），在《产业营销》（*Industrial Marketing*）杂志上，发表了首篇定位文章——《定位是现代模仿市场的游戏》（*Positioning is a game people play in today's me-too market place*）。1972年，《广告时代》（*Advertising Age*）杂志上，艾·里斯、杰克·特劳特又发表了早期的成名作——《定位时代的到来》（*The Positioning Era Cometh*）。此后，艾·里斯和杰克·特劳特以其营销（咨询）实战经验，不断丰富定位观念的内容，陆续出版了近20部定位专著。

定位观念的诞生和形成，完全是来自于艾·里斯和杰克·特劳特的营销实战经验。因此，定位观念被称为"最怕被竞争对手掌握的营销观念"。定位思想的诞生，则是竞争环境变化的结果。20世纪70年代，美国市场进入了激烈的竞争时代。竞争环境最大的特点是：产品的同质化竞争和信息的过度化传播。这是艾·里斯和杰克·特劳特定位思想诞生的前提。脱离这个前提，定位理论就失去了其营销的实用价值。正如艾·里斯和杰克·特劳特所说：定位是现代模仿市场的游戏。

在产品同质化竞争的环境中，人们凭借自身的经验和知识，很难分辨出产品的好坏与优劣。在信息过度化传播的社会里，人们主动避开信息的围追堵截，把大部分信息屏蔽在心智大门之外，而更愿意接受那些与固有观念与经验相吻合的信息。在这样的市场环境之下，艾·里斯和杰克·特劳特提出，要在消费者心智里给产品（品牌）定位的营销观念，即在消费者心智里为品牌植入一种独特的价值概念，以在未来的某个时候对消费者的购买选择产生影响。

艾·里斯和杰克·特劳特指出，营销是一场认知战，而不是一场产品战。或者说，定位理论所强调的核心，是在消费者心智中占有一席之地。环顾如今的市场竞争环境，还有哪些行业不是产品同质化竞争？还有哪些市场不是信息过度化传播？定位的观念与思想，正是应此而生，正是为此而存。定位的观念与思想，正是解决了此种竞争环境下的营销问题，所以才显示出其独特而又有效的应用价值。

定位的影响

2001年，美国营销协会评选"有史以来对美国营销影响最大的观念"。结果，艾·里斯、杰克·特劳特的"定位理论"，成为唯一当选的理论。迈克尔·波特的"竞争优势理论"、唐·舒尔茨的"整合营销传播理论"、菲利普·科特勒的"营销管理理论"等广为人知的竞争和营销理论均告落选。

2007年12月，美国权威营销传播杂志——《广告时代》（Advertising Age）——评选出了"全球十大顶尖商业大师"。艾·里斯、彼得·德鲁克（Peter F. Drucker）、杰克·韦尔奇（Jack Welch）等人一起，被选为"全球十大顶尖商业大师"。在"最重要的营销及商业领袖"一项评选里，艾·里斯被评为"全球最顶尖营销领袖"，在营销领域位列第一。菲利普·科特勒在营销领域位列第二，在"全球顶尖商业大师"总排名中列第十一位。

2009年2月，美国《财富》（Fortune）杂志刊发题为《十大最佳商业经典介绍》的文章，介绍了"史上百本最佳商业经典"排名前十位的著作，艾·里斯、杰克·特劳特合著的《定位》（Positioning：The Battle for Your Mind）名列"史上百本最佳商业经典"之首。在中国大陆，该书已经印刷了20多次。但遗憾的是，要读懂这部定位著作，并不是一件容易的事情。

2009年3月，美国权威营销杂志——《广告时代》——根据众多读者的反馈，评选出了"美国最受欢迎的十大营销图书"。艾·里斯、杰克·特劳特合著的《定位》，以及艾·里斯、劳拉·里斯（Laura Ries）合著的《打造品牌的22条法则》（*The 22 Immutable Laws Of Branding: How to Build a Product or Service into a World-Class Brand*）分别名列第一位和第三位，占据了前三名中的两个席位。奥美广告公司（Ogilvy & Mather）的创始人——广告教皇大卫·奥格威（David Ogilvy）所写的《奥格威谈广告》（*Ogilvy on Advertising*）位列榜单第二名。

定位的应用

定位理论的影响力，不是源自于商学院里课堂上的传播，不是来自于理论上的完美无缺，而是来自于实战中的经验积累。定位思想对营销产生的实战效果，让定位理论有了深远的影响力。当然，这种影响力更多地留在了美国。在中国，王老吉凉茶运用定位理论，获得了巨大的商业成功。可以说，王老吉这个品牌的成功，是定位理论在中国运用的经典案例。由此可见，定位理论的传播，似乎都从营销实战开始。

定位理论的独特之处在于颠覆了传统的经典营销理论。这不仅表现在对消费者心智的占领上，还表现在对营销理论的假设上。传统营销理论以顾客需求为理论的假设前提，而定位理论则以竞争对手为理论的假设前提。定位理论认为，营销不是面对顾客需求，而是要面向竞争对手。在产品同质化竞争的环境中，采用同样的产品满足顾客同样的需求，无法从众多的竞争者中脱颖而出。要想获得营销的成功，就必须针对竞争对手采取定位行动。那么顾客的需求怎么办？回答是：在竞争的过程中获得满足。

艾·里斯、杰克·特劳特的定位理论是真正以竞争为导向的营销理论。同时，由于定位理论强调对顾客心智的占领——获得顾客的价值认知与价值认可，因此又是真正以顾客为中心的营销理论。在商战策划生涯中，艾·里斯、杰克·特劳特的定位思想屡屡在营销实战中获得成功。定位理论的思想和方法成为了"最怕竞争对手掌握的方法"。

定位的遗憾

艾·里斯、杰克·特劳特所有的著作，几乎都被翻译成中文版，陆续在中国大陆发行。这两位定位大师的著作，最大问题就是不太容易读懂。读者必须系统地研读其核心著作，才能全面掌握和运用定位思想的精髓。事实上，如果要想读懂这些著作，必须花费大量的时间和精力，并且要把这些著作系统地串联起来。与人们熟悉的营销和竞争理论——如迈克尔·波特的"竞争优势理论"、唐·舒尔茨的"整合营销传播理论"、菲利普·科特勒的"营销管理理论"——相比，艾·里斯、杰克·特劳特的定位理论并不强调思想的逻辑性、内容的系统性。对于那些希望掌握定位理论的人来说，这不能不说是一个很大的遗憾。

〔**参考资料**〕艾·里斯与杰克·特劳特或合作或单独出版了19本著作，这些著作都被翻译成中文版，陆续在中国大陆出版发行。从重要程度上看，艾·里斯、杰克·特劳特的著作可以分为三大类别——核心著作、重要著作、相关著作。

(1) 核心著作：《定位》（*Positioning：The Battle for Your Mind*）、《新定位》（*The New Positioning*）、《22条商规》（*The 22 Immutable Laws of Marketing*）、《打造品牌的22条法则》（*The 22 Immutable Laws Of Branding：How to Build a Product or Service into a World-Class Brand*）、《营销战》（*Marketing Warfare*）、《营销革命》（*Bottom-Up Marketing*）。

(2) 重要著作：《聚焦：决定你公司的未来》（*Focus：The Future of Your Company Depends on It*）、《与众不同：极度竞争时代的生存》（*Differentiate or Die：Survival in Our Era of Killer Competition*）、《大品牌，大问题》（*Big Brands Big Trouble：Lessons Learned the Hard Way*）、《品牌之源》（*The Origin of Brands*）、《董事会里的战争》（*War In The Boardroom*）、《公关第一，广告第二》（*The Fall Of Advertising And The Rise Of PR*）、《精灵的智慧》（*A Genie's Wisdom*）。

(3) 相关著作：《什么是战略》（*Trout On Strategy*）、《互联网商规

11条》(11 *Immutable Laws Of Internet Branding*)、《终结营销混乱》(*In Search Of Obvious*: *The Antidote For Today's Marketing Mess*)、《简单的力量：删繁就简正确行事管理指南》(*The Power of Simplicity*: *A Management Guide to Cutting Through The Nonsense and Doing Things Right*)、《赛马》(*Horse Sense*)、《重新定位》(*Repositioning*: *Marketing in an Era of Competition, Change and Crisis*)。

定位理论的创始人艾·里斯和杰克·特劳特不是大学教授，而是营销战役的策划人。他们的注意力主要集中在营销战争的策划上，其著作主要从实战角度出发，介绍定位的思想与观念。这两位定位大师的著作不是为商学院的教学而作，因此在逻辑上显得不够严谨，在内容上显得缺乏系统性。这两点都不令人感到奇怪。但是，这并不影响定位理论在营销中的实战价值。同时，我们不能对定位理论的创始人求全责备。他们所关注的焦点，不是创建完美的营销理论，而是如何在营销战争里获取胜利。正是由于这种原因，定位理论一直缺乏一套完整的教科书。

定位的教材

由于缺乏一套完整的教科书，定位理论一直难以走进商学院的课堂。因此，人们知道迈克尔·波特的"竞争优势理论"、唐·舒尔茨的"整合营销传播理论"、菲利普·科特勒的"营销管理理论"——这三个人的身份都是大学教授，其理论都以教科书的形式传播——却不知道艾·里斯和杰克·特劳特的"定位理论"。这严重影响了定位理论在营销实战中的广泛认知和应用。这是谁的遗憾？对于那些想从商学院学习营销战争的人，这不能不说是一个很大的遗憾。对于那些在营销战争中无计可施的人，这不能不说是一个很大的遗憾。对于定位理论的广泛传播与运用来说，这不能不说是一个很大的遗憾。

一套体系完整的定位理论教科书，无论对于定位理论的传播，还是对于定位理论的应用，都显得十分必要与迫切。从其诞生之日起，定位思想及其理论就不乏独创性的核心内容。伴随着实战经验的不断积累，定位理论的内容随之不断丰富。一个完整的理论体系，不但要有其核心内容，还要有理论产生的社会背景，以及理论本身的理论依据。此外，理论体系所应该具有的逻辑关系，与理论本身具有同样重要的意义。这是因为：只有具备了理论上的逻辑性，才不至于让理论的学习者感到混乱。

定位理论的创始人艾·里斯和杰克·特劳特，二人均不是大学教授，而是营销战役策划人。他们所关注的焦点，是对理论思想的运用与对理论内容的介绍，而不是理论产生的社会背景、理论本身的理论依据，以及理论体系的逻辑关系。在其定位著作中，尽管会提及这些东西，但是多数都是只做简单的交代，很少做深入的讨论与论述。此外，定位理论的各部分核心内容，大多数都以单独的面目出现，很少用一条逻辑主线串联在一起。读者要想理清其中的逻辑关系，只能亲自到各本著作中找出逻辑主线。

由于这种原因，多数人并不真正了解"什么是定位"，多数人很难清晰地理解"定位的真实面貌"——就像"盲人摸象"一样。由此，人们对定位产生了许多怀疑、误解，甚至是有意或者无意的歪曲。由于菲利普·科特勒的"营销管理理论"先入为主，因此中国的营销传播者与实践者把定位理论视为"不入主流"的雕虫之技。岂不知，定位乃菲利普·科特勒"营销管理理论"的灵魂所在。如果缺少了这个活灵魂，那么菲利普·勒特勒的"营销管理理论"必然会沦为营销战场上的"烧火棍"。由此可见，一套体系完整的定位理论教材，无论对于传播者还是实践者，都显得十分必要和重要。

定位的体系

从内容结构与逻辑顺序上看，定位理论由四部分构成。这四个部分为：（1）营销性质：进入认知性的品牌竞争时代。这个部分包括三个方面的内容——营销活动的任务、定位产生的背景、定位理论的依据。营销性质这部分内容重点阐述定位的理论依据问题。（2）定位法则：构建差异性的顾客心智地位。这个部分包括三个方面的内容——定位的基本法则、定位的常见陷阱、定位的实施步骤。定位法则这部分内容重点阐述如何获取顾客心智认知的问题。(3)定位战术：寻找独特性的竞争思维视角。这个部分包括四个方面的内容——营销理论的假设、营销战争的要素、营销战术的性质、营销战术的形式。定位战术这部分内容，重点阐述针对竞争对手采取的策略问题。(4)定位战略：形成一致性的运营活动方向。这个部分包括两个方面的内容——战术视角与战略的关系、运营活动与战略的关系。除此之外，"一切可利用的营销工具"，都应该被纳入到战略要素里来，成为一致性营销活动的组成部分，这就是"营销工具与战略的关系"。定位战略这部分内容重点阐述运营活动的一致性问题。

　　定位理论的四个部分内容存在着内在逻辑关系。概括起来说，这种逻辑关系就是：心智是基础，定位是目标，战术是策略，战略是行动。这四个部分的内容合在一起，构成了战略定位的理论体系，构成了战略定位的实现路径。值得一提的是，定位理论的四部分内容，可以从"军事哲学"的角度进行诠释。(1)心战之地——生死之地，不可不察；(2)攻心战法——攻心为上，攻城为下；(3)攻心战术——以逸待劳，避实击虚；(4)攻心战略——求之于势，不责于人。这些诠释定位理论的词语，全部源自中国古代的军事谋略典籍——《孙子兵法》。这意味着什么？从本质上看，定位理论的思想，就是关于"现代商战"的哲学——关于如何占领人们心智的兵法。从这种角度诠释定位理论，愈加能够体现出定位理论的根本性质——营销的战争性质。

序言2 知意

什么是定位

——一个简单的概念与四个不同的侧面

为什么要定位？

对于许多人来说，定位只是一个简单的概念。即便是对于定位这个概念，人们依然充满错误的理解。什么是定位？人们有太多的理解和运用，但在人们的认知里，恰恰缺乏正确的理解和运用。这就是说，对原本的那个定位概念，人们缺乏正确的理解和运用。正是由于这个原因，定位在营销战争里的实战价值被抹杀了。人们对定位的理解，要么太泛滥、太模糊，要么太僵化、太死板，以至于人们根本分辨不出真相——定位的营销价值究竟在哪里？

要搞清楚定位的营销价值，首先要搞清楚一个问题，即"为什么要定位"？或者说，在什么样的背景下产生了定位思想？如果不知道为什么要定位，就不知道定位具有什么样的营销价值。定位理论产生的背景是：产品同质化竞争与信息过度化传播。在产品同质化竞争的环境下，从根本上看产品都是趋同的——包括功能、性能、质量、外形、风格等，都可以相互模仿和复制，甚至可以在某些方面加以改进和超越。在这种境况之下，企业自然开始寻求广告的帮助。企业希望通过广告的作用，告诉人们本产品值得购买。但是，当所有企业都想到这个方法的时候，市场上就开始充斥着各种形式的广告噪音。结果，营销与竞争演变成一场灾难——产品同质化和传播过度化。

从消费者这个方面看，面对大量同质化的产品，消费者开始眼花缭乱，不知该从何处着手选择购买。仅凭自身的经验和知识，消费者很难分辨出产品的好坏。同时，对于围追堵截而来的信息，人们本能地建立起防御机制与过滤机制，把大部分信息拒绝在头脑和心智之外。人们对信息的基本态度是：只听自己愿意听的声音，只看自己愿意看的东西，只信自己愿意信的事情。除此以外，其他信息不太容易被接收、认可和保存——很容易被人们忽略掉。这就是说，人们头脑中的观念，决定着接受什么，决定着相信什么，决定着选择什么。

在这样一种营销背景下，无论对于经营者，还是对于消费者，选择都成为一个问题。对于消费者来说，购买选择甚至成为了一种麻烦，只不过这种麻烦被购买的兴奋掩盖了而已；对于经营者来说，能否被消费者所选择，成为决定生死存亡的大事情，亦成为能否战胜对手的大筹码。在这种情况下，消费者依据什么做出购买选择呢？在很多情况下，消费者依据品牌在心智里的价值认知做选择。

这就是说，品牌在消费者心智中的价值地位，对消费者的购买选择起到了关键的基础作用。所谓定位，就是经营者要积极主动地引导消费者，在消费者心智里建立起一种独特性的、差异性的价值地位，以期对消费者未来的购买选择决策产生影响。这就像在消费者心智里预先埋下了一粒种子，然后等待在将来的某一天结出期望的果实。所以我们说：营销不是一场产品战，营销不是一场广告战，营销本是一场认知战。这场战争的基本作战单位，不是企业组织本身，而是企业所拥有的品牌。或者说，在营销战争中，作战双方之间的战斗，首先表现为品牌之间的竞争。同时，人们对品牌"价值概念"的认知，决定着人们对品牌的购买选择。因此，品牌的价值定位——即在消费者心智中构建一种独特的竞争地位，拥有了决定品牌命运的战略性意义。从这个角度上看，定位亦可以被称为"战略定位"。

什么是定位？

什么是定位？这个问题并不像概念那样简单。定位不是一个人们自认为已经十分清楚的简单概念，而是一套拥有完整体系的营销战争策略指导方法。定位像是一个三棱锥形箭头——由"一个底面"和"三个侧面"构成。定位理论的底面是"认知规律"，这构成了定位的理论基础。如果没有这个底面,那么定位理论的三个侧面就失去了基础。其余三个侧面是"消费者侧面、竞争者侧面和营销者侧面"。定位理论的三个侧面,在同一方向上构成了定位理论的主体。在消费者这个侧面上,定位是要构建差异性的顾客心智地位,这是定位的目标;在竞争者这个侧面上,定位是要寻找独特性的竞争思维视角,这是定位的战术;在营销者这个侧面上,定位是要形成一致性的市场营销方向,这是定位的战略。在营销战争中,要将这三个方面恰到好处地结合在一起,才能打造出一个竞争的利器!如果要想理解什么是定位,那么就必须从定位理论的基础开始——从"三棱锥形箭头"的底面入手。

认知规律:构成基础性的定位理论依据

在一种竞争的格局之中,或者说,在相互竞争的条件之下,营销的任务是什么?是解决竞争性的顾客选择问题。如何解决这个问题?大多数营销者面临着两种共同的环境限制条件——产品的同质化竞争、信息的过度化传播。在这种营销环境中,"好产品"优势难以为继,"广告战"明显失效。营销的性质开始悄然转变——营销进入了认知性的品牌竞争时代。这就是说,人们对品牌的价值认知,以及由认知引起的购买选择,决定着品牌的生死兴衰。因此,品牌之间的营销竞争,首先表现为对品牌认知的竞争——在竞争获得顾客选择之前,品牌应该首先进行认知竞争,以获得有利的顾客认知。

艾·里斯、杰克·特劳特指出,定位是头脑争夺战。对此,在《整合营销传播》(Integrated Marketing Communications)一书中,唐·舒尔茨持有完全一致的观点:"人们在做出购买决定的时候,越来越依赖认知(perceptions)而非事实(facts)。简单地说,越来越多的证据显示,消费者购买决策的根据,往往是人们自以为重要、真实、正确无误的认知,而不是具体的、理性的思考结果。"因此,只有顾客认知的价值,才是真正的营销价值。由此,我们不难得出结论:营销是"攻心之战"。

"如何解决营销任务"问题——如何解决竞争性的顾客选择问题?

答案十分明确,即在消费者心智中为产品或品牌定位,为品牌构建一种独特的品牌价值认知。所谓品牌定位,就是要在消费者心智中构建一种独特的品牌价值认知。如果要想做到这一点,那就必须了解消费者心智的认知规律。消费者的心智空间,不但是定位理论的出发点,而且是定位目标的回归点。定位理论源于人们的心智——构成定位的起点。定位目标回归人们的心智——构成定位的终点。因此,认知规律构成了基础性的定位理论依据。

对于定位理论来说,无论定位法则,还是定位战术,甚至定位战略,从根本上都源自于心智认知规律。一个不同于竞争者的、具有竞争性的品牌价值概念,如果要想在人们心智中落地生根,那么品牌概念必须符合人们接受概念(信息)的规律。从人们接受、存储、运用信息的角度看,定位理论归结出了 7 种认知规律。这 7 种认知规律构成了定位理论的基础依据——定位法则的科学依据。为什么说是"科学依据"?这是因为:定位的基础理论依据,都是心理学实验的结果。《买》(*Buyology*:*Truth and Lies About Why We Buy*)这本书专门介绍了头脑(心智)如何影响购买行为的实验案例,绝大部分实验结果(案例)验证了定位理论的基础依据。

从科学试验的角度来看,在《买》一书中所提及的科学试验,证明了定位理论的观点。对于定位理论的怀疑者来说,无疑找到了一种"可以相信"的依据。如果定位理论本身是一种"定位",那么在《买》一书中所讲述的实验及其结论,则可以成为定位概念的科学支点——可靠的第三方实验证据。或者说,定位这种营销理论,并非仅仅是源自实战经验的总结,而且拥有科学实验作为理论依据。那么,认知规律如何影响定位——如何影响在人们的心智之中构建一种独特的品牌价值认知?

(1)头脑备受骚扰。在信息过度化传播的社会中,人们的头脑备受信息的骚扰。为了应对信息过度化传播的骚扰,头脑对信息建立起了自我防御机制。这意味着:大部分信息被头脑过滤掉了,要想突破头脑的信息防御体系,必须传播"简洁又有力"的品牌信息。这又意味着:品牌必须拥有焦点,为此必须要做出取舍与牺牲。

（2）头脑十分有限。人们的头脑为同类事物提供的信息记忆空间十分有限。在一般情况下，这个记忆空间只能容纳 7±2 个同类信息。这意味着：品牌要想对人们的购买行为施加影响，必须抢先进入人们有限的头脑空间。品牌要想在人们心智里拥有一个容身之地，必须顺应或利用人们头脑里的既有观念。

（3）头脑很难改变。人们一旦在头脑中形成某种固定的观念，就会把这种观念当成事实加以对待。观念一旦形成，就很难被改变。这意味着：一旦品牌在人们心智里建立起独特的价值概念，那么这种价值概念就很难被竞争对手复制或取代。产品技术可以被复制，品牌在人们心智中形成的价值概念则不可被效仿。

（4）头脑害怕混乱。人们的头脑思维喜欢简洁清晰，害怕混乱不清。为了保持头脑简洁清晰，人们对接收的信息进行分类和排队处理。这意味着：品牌应该抢占品牌阶梯的顶端，成为一个产品类别里的首席代表。或者在人们心智中创建出一个新品类，成为新品类里的领导者。此外，品牌的地位不同，所应该采取的策略亦不同。

（5）头脑不太可靠。人们的头脑总是倾向于情感，而不是倾向于理智。人们不知道自己真正需要什么，而只是认为自己应该"拥有别人拥有"的东西，人们更像一群茫然跟着羊群走的羊。这意味着：所谓的"顾客需求"并不可靠，以顾客需求为基础的营销一样不可靠。品牌应该塑造某种价值概念，运用某些营销传播手段，对人们不可靠的头脑施加影响。

（6）头脑需要焦点。人们的心智不但可以被盖上印记，而且需要被盖上印记。人们需要利用对事物贴上的认知标签，对事物进行记忆、理解，并采取"自己认为合适"的行动。这意味着：营销人员可以在人们的头脑里盖上品牌印记，从而对人们未来的购买行为施加有力的影响。这意味着：必须保持品牌印记清晰，即品牌焦点清晰。

（7）头脑依赖耳朵。头脑思维的过程，是在头脑的深处对声音的处理过程。视觉信息要经过从视觉到听觉的转化过程，然后才能被头脑处理。这意味着：如果想把一个品牌价值概念送入人们的心智，那么必须从声音语言的意义上，考察所有营销传播要素的运用，避免视觉因素干扰声音语言意义的传播。

定位法则：构建差异性的顾客心智地位

在产品同质化的竞争环境下，品牌化与差异化是成功的必由之路。对品牌这个东西，人们有太多的错误理解。同时，人们对品牌总有一种"看得见、摸不着"的感觉。就像对定位概念的错误理解一样，人们对品牌的理解极其模糊，或者说极其肤浅，甚至说极其错误。到底什么是品牌？多数人说不清楚。人们似乎认为，一个产品，再加上一个专有的名字，就算是一个标准品牌了。然后，努力让这个名字拥有知名度，这就是人们眼里的知名品牌了。这似乎是企业对品牌的全部理解与追求，似乎是企业眼里品牌的全部价值所在。事实上，关于品牌的问题，绝非如此简单。

企业之间进行的市场竞争，本质上是品牌所代表的价值之间的竞争。什么是品牌？品牌的本质是什么？品牌所代表的价值在那里？美国朗涛顾问公司（Landor Associates）创始人沃尔特·朗涛（Walter Landor）认为：产品是在工厂中制造的，品牌是在人们头脑中创造的。这种观点很好地回答了品牌的本质问题，同时也很好地回答了品牌的价值问题。品牌的本质，就是产品及其名字在人们心智里所代表的价值；品牌所代表的价值，存在于人们的心智空间里，而不是存在于生产产品的工厂里。如果明白了这两点，那么就回答了"什么是品牌"这个问题。

例如，宝马汽车（BMW）——终极的驾驶机器；奔驰汽车（Benz）——地位尊贵的汽车；佳洁士牙膏（Crest）——没有蛀牙；海飞丝洗发水（Head & Shoulders）——去头皮屑；王老吉凉茶——防上火。当提起这些品牌名字的时候，人们心里非常清楚这些名字的含义。这些名字首先被人们当成一种独特的价值概念，然后才被人们当成一种功能性的产品实体。这些存在于人们心智里的对品牌价值的认知，构成了品牌生命动力的源泉，成为了引导消费者选择购买的方向标。这就是说，一个产品及其名字，只有在人们心智里代表一种独特的价值，这个产品及其名字才能成为一个成功的品牌。否则，这个品牌就只是一个拥有自己名字的产品实体而已。企业是在卖产品还是在卖品牌？这取决于是否在人们心智里拥有价值地位。

营销战争的本质是一场攻心之战。营销战争的原则以攻心为上，以攻城为下。何谓攻心？就是让品牌在人们心智里代表一种独特的价值。何谓攻城？就是让品牌抢夺别人在人们心智里代表的价值。这就像攻打一座敌人坚守的城池，耗费巨大又难以奏效。这是因为：在人们的心智里，这座城池（价值地位）是如此牢固，以至于消费者不相信攻城者拥有同样的品牌价值。攻城者认为，运用价格和广告这两种武器，一定能达到预期的战争效果。岂不知，消费者心智里的城池（价值观念）很难被攻下（改变）。更何况，防御者手里同样握着价格和广告这两种武器。定位的原则是：攻心战，不攻城。

所谓定位，就是要构建差异性的顾客心智地位。这里面包括两层含义：一是要在人们心智里占据一个有利的价值地位；二是要在人们心智里占据一个不同的价值地位。这就是说，要在消费者心智里给己方品牌定位，让己方品牌在消费者心智里拥有一个不同于竞争者的、又具有竞争优势的价值概念。所谓差异化，就是在人们心智里拥有不同的价值地位。这就是"攻心为上，攻城为下"的营销战原则。在产品同质化竞争的环境里，如何实现品牌化与差异化呢？答案就是：在人们的心智中占据一个独特的价值地位。只有对品牌的认知价值——对品牌所代表的与众不同的价值概念的心智认知，才是真正的品牌价值。一个产品及其名称，只有在人们心智里代表一种价值概念，才能实现真正的品牌化与差异化。这就是说，要在人们心智里实现品牌化与差异化。这就是定位的意义所在。

举一个典型的案例。裕元工业集团公司在广东东莞设有一家制鞋厂，专门为耐克（Nike）、阿迪达斯（Adidas）、锐步（Reebok）等国际品牌贴牌生产各种运动鞋。只要这些品牌说明自己需要什么风格、适合什么文化的运动鞋，裕元工业集团公司就能按照要求，完成从设计到生产，再到货物发送的全部工作。除了品牌之外，裕元工业集团公司具备了一个生产和营销企业的所有条件。现在的问题是，裕元工业集团公司为什么只能赚取微薄的加工制造利润？能不能为产品起一个品牌名称，用这个品牌名称销售运动鞋？当然，裕元工业集团公司可以做这样的选择。那么，裕元工业集团公司的品牌，能不能像耐克、阿迪达斯、锐步一样卖出高价？在同样的市场上，裕元工业集团公司的品牌能不能像耐克、阿迪达斯、锐步一样畅销？答案很明显，这似乎是一个不可能完成的任务！

关键的原因在于：尽管生产线上的产品完全一样，但是裕元工业集团公司自己的品牌在人们的心智中不占有价值地位——没有与耐克、阿迪达斯、锐步一样的价值地位。在运动鞋这个产品类别中，人们心智里对品牌的排位次序，依次是耐克、阿迪达斯、锐步。对于绝大多数人来说，根本不会在心智里给裕元工业集团公司的品牌分配一个存储位置。在人们的心智中，如果不能占据一个不同的价值地位——以与耐克、阿迪达斯、锐步这样的品牌区分开来，那么这个品牌成功的机会将十分渺茫。原因在于：只有存在于人们心智里的价值（地位），才是真正的品牌价值！如果没有这种心智里的价值地位，就很难成为一个成功的品牌。

裕元工业集团公司能不能为品牌找到一种价值地位？当然可以。但却无法拥有与耐克、阿迪达斯、锐步一样的价值地位，不能在运动鞋这个产品类别里占领主峰阵地。这是因为：在人们心智中，这些地位已经被耐克、阿迪达斯、锐步等占领了。裕元工业集团公司可以为其品牌寻找一个狭小的领域——一个尚未被占领的心智空白，在这个相对狭小的领地里建立领先地位。这就是说，裕元工业集团公司必须"创造"一种完全不一样的运动鞋概念。怎么创造？关键是在人们心智里创造。当然，如果裕元工业集团公司做出这样的选择，那就意味着可能失去原有的加工制造业务。经过利弊权衡之后，裕元工业集团公司不会推出运动鞋品牌。

定位有两个核心法则：一个是领先法则；一个是聚焦法则。所谓领先法则，是指产品及其名称抢先进入市场，抢先进入顾客心智，进而成为人们心智里的领先品牌。这就是说，要成为一个产品类别里的首选品牌，或者成为一个产品类别里的首席代表。所谓聚焦法则，就是让品牌形成一个聚焦点，又由这个聚焦点形成一个品牌代名词，从而在消费者心智里占据一个具有差异性的、不同于领先者的价值地位。这个品牌焦点，可以从产品本身之中寻找，亦可以在产品本身之外寻找。不管从哪里寻找，只要能成为品牌的聚焦点，都可以用于品牌的价值定位。对于这种与品牌具有某种关联、可以成为品牌聚焦点的东西，我们一般称之为品牌属性。当然，不是所有属性都适合成为品牌定位的价值焦点。其他一些定位法则，要么是这两个法则的衍生法则，要么是这两个法则的根源法则，或者是这两个法则的支持法则。例如，阶梯法则是领先法则的根源法则；类别法则为领先法则的衍生法则；属性法则与牺牲法则，则以聚焦法则为核心。此外，定位理论还有4个基础法则——资源法则、趋势法则、长效法则、诚信法则，都是保持领先与实现聚焦的基础。

定位理论的这两个核心法则，归根结底是要寻找一个心智的空白点，然后抢先占据这个空白点。人们心智中的这个空白点，有时候表现为心智上的品类空白，即在人们心智里根本没有这类产品，抢先者有机会成为代表这类产品的领先品牌；有时候表现为人们心智上的品牌空白，即在人们心智里已经存在这类产品，但是没有能够代表这类产品的领袖品牌。如果说定位有什么策略的话，那么上策就是发现和抢占这种空白点。正如《孙子兵法》所说："凡先处战地而待敌者佚，后处战地而趋战者劳。故善战者，致人而不致于人。"在一些新兴的市场里，这种心智上的空白点俯拾皆是，这为品牌攻占人心提供了大量的机会。令人感到遗憾的是，在这些新兴的市场里，品牌的所有人却看不到这种机会，没有意识到抢占这些空白点的商战价值。从反面来看，对于那些能够首先觉醒的品牌所有人来说，这些心智上的空白点意味着创建成功品牌的绝好机会。在这样一种状况下，品牌竞争的关键是：己方品牌的攻心速度与竞争对手的反应时间。这意味着，如果要把一个品牌送入人们的心智轨道，那么这个品牌所拥有的时间资源，不是由这个品牌自身所决定的，而是由这个品牌的潜在竞争者所决定的。因此，抢先与速度，成为了品牌攻占人心的关键因素。这就是攻心之战，抢先为上。

定位战术：寻找独特性的竞争思维视角

在几乎所有行业中，或者在几乎所有市场上，都存在着某种形式的竞争格局。所谓品牌之间的市场竞争，是指在某种格局之下的竞争。这些格局的形态，可以用主峰与群峰的景象加以描绘。任何一个产品类别，都起源于一种单一的产品。在刚刚开始的时候，这种单一的产品受到市场的追捧。于是，追逐利益的竞争者加入争夺，抢先进入人们心智的品牌，占据了这个产品类别的顶峰。或者，那些能够乘虚而入的品牌，夺取了领先者的品牌地位。或许，伴随着产品类别的逐渐成熟，形成了一座梯次分明的品类大山。在这个品类的大山之上，某个品牌抢先占据了顶峰，然后依次是第二品牌、第三品牌……伴随着时间的推移，这种单一的产品开始分化，分化出两个或者两个以上的类别，分化出两个或者两个以上的分支。这样，在老品类这座大山的周围，又分化出众多新品类的群山。这些新品类的群山，与老品类这座大山的距离或近或远，却都处在同一条山脉之上（属于同一个大品类）。在这些新品类群山上，依然是某个品牌占据着顶峰，然后依次是第二品牌、第三品牌……有时候，老品类这座大山总是能成为群山里的主峰；有时候，新品类里的某座小山逐渐成长为群山里的主峰；有时候，新品类里的山峰长大，老品类的山峰崩塌。这样一幅山峦重叠的景象，依然反映在人们的心智中。所不同的是，人们的心智十分有限，容不下那么多的品牌。在人们心智里的品类之山上，多则能够容纳4～5个品牌，少则仅能容纳2～3个品牌。在此之后的品牌，很难在人们的记忆里留下什么印象。但是，这样一种竞争格局往往比较稳定，并且品牌层级次序分明。对于认知这场战争来说，这就像是人们心智里的军事地图。"横看成岭侧成峰，远近高低各不同"，这就构成了人们心智里的品类映像。

在任何一种竞争格局之下，始终存在着两种力量——进攻与防御。在现实中，攻防策略更多地表现为相互之间的产品模仿、价格血拼、广告对攻，以及渠道大战。在经过几轮拼杀之后，人们发现找不到真正的赢家。无论领先者，还是跟随者，抑或那些默默无闻者，似乎只能跟着感觉走了。领先者占据着品类的顶峰，其市场份额与经营收益均处于领先地位。由于领先者找不到继续扩大份额的途径，于是把目光转向了其他领域——要么开始无休止的品牌延伸，要么开展不相关的多元经营，这是领先者最常犯的错误之一。跟随者则是一心以领先者为标杆，一边模仿着领先者的行为，一边追赶着领先者的背影。追随者所采用的这种策略，无不是"强攻硬取"的攻城之法。结果，追随者又无不活在领先者的阴影之下。那些默默无闻的品牌，虽然身处此山（品类）之中，但是在人们心智里根本就排不上位置。那些在人们心智中排不上位置的品牌，生命处在岌岌可危的境地之中，却无不梦想成为像领先者一样的品牌。这些没有自己个性的品牌很难有机会成为一个成功的品牌。一群迷失方向的品牌，亟待找到有效的"破局之策"。"不识庐山真面目，只缘身在此山中"，这就是局中品牌的真实处境。

营销是一场攻心之战。要想赢得营销战争的胜利，应该遵循的根本原则，就是要与竞争者不同，而不是与竞争者相同。同时，如果要想打赢一场攻心之战，那么就必须对竞争格局了然于心。定位，不是只有营销者和消费者参与的二人游戏；定位，是在营销者、竞争者与消费者之间展开的三方博弈。因此，只有知己知彼，方能百战不殆。这意味着：不但要知道己方在消费者心智里占据什么样的地位，还要知道敌方在消费者心智里占据什么样的地位。这是因为：这种地位差异意味着两种东西。第一种东西是：在品类里所占有的市场份额，以及由此带来的竞争资源与优势，特别是用于营销战争的资金资源；第二种东西是：敌我之间相距的距离——即在顾客心智里与对手相距的距离。距离越近，防御越难，进攻越易，反之亦然。孙子曰："地形者，兵之助也。"人们心智中的品牌，亦须借助己方所处的心智地位，或者以己方所处的心智地位为依据，对人们心智里的竞争对手展开防御与进攻。品牌在人们心智里所处的位置，决定了品牌所应该采取的战术形式。

对于身处竞争格局里的品牌，定位理论提供了4种相应的战术形式。第一品牌应该采取防御战策略。所谓防御战，是指不断向自我发起攻击和挑战，巩固自己在人们心智里的地位，拉大与跟随者之间的距离，继续保持或扩大自己的市场份额。第二品牌应该采取进攻战策略。所谓进攻战，是指寻找领先者强势里固有的弱点，攻击领先者难以回避的致命弱点，成为与领先品牌对立的品牌，以此缩短在消费者心智里与领先者之间的距离（差距），从领先者手里夺取更多的市场份额。第三品牌应该采取侧翼战策略。所谓侧翼战，是指在领先者尚未设防的侧翼，选择一个狭窄的攻击地带，对领先者实施突然袭击，以此迅速赢得消费者的心智，并乘胜巩固突袭战果，阻碍领先者实施反击。那些默默无闻的品牌，在消费者心智里排不上位置，无力发起进攻战或者侧翼战，应该采取游击战策略。所谓游击战，是指避免与消费者心智里的强势品牌正面交锋，寻找一个足以能够守住的狭小领地，建立能为己方抢先独占的根据地。一旦守不住自己的根据地，迅速撤离并寻找新的根据地。由此可见，领先者运用防御策略，能够以逸待劳；跟随者采用相应策略，则能够避实击虚。这是4种营销战策略的精要所在。在这4种战术思想的指导之下，找到独特且又具体的攻防视点，就形成了独特的竞争思维视角。对于这种独特的竞争思维视角，我们称之为战术。

我们举一个简单的例子，来说明什么是战术。百事可乐公司曾经与几百家可乐生产企业一样，是可乐饮料生产企业里的小不点儿，曾经3次要求可口可乐公司收购，均遭到了可口可乐公司的拒绝。1961年，经过调查发现，在人们的心智里，可口可乐是经典的可乐。但是，可口可乐太正统，守旧且有些傲慢。于是，针对可口可乐强势里固有的弱点，百事可乐找到了自己的竞争战术视角，百事可乐把自己定位为"年轻人的可乐"。自此，百事可乐一路狂奔，甚至一度超越了可口可乐，迫使可口可乐慌不择路，放弃了自己的经典可乐，开始跟随百事可乐，进而推出了令其信誉大损的"新可乐"。"年轻人的可乐"，这就是百事可乐对付可口可乐的独特竞争视角，这就是我们所说的战术。今天，百事可乐依然采用这个战术，与可口可乐展开市场的争夺。

定位战略：形成一致性的运营活动方向

什么是战略？先有战术还是先有战略？看似当然的答案是：先有战略，后有战术！这是企业常见的做法——先制定战略，再寻找实现战略的战术方法。传统的战略观认为：科学、理性的战略，应该来自于企业高层的远见卓识。一位高级经理，或者是一群经理人，坐在办公室里，系统地分析竞争对手、市场环境、企业优势与劣势，通过理性推理和判断，炮制出一些其他所有人会准时执行的行动纲领，形成了一个清晰、明确而又完全成熟的战略。在此基础之上，先制定一个若干年之后想要实现的宏伟目标，围绕这个大目标又配套制定出若干方面的次级目标。然后，把这套目标体系按年份划分成年度阶段性目标。最后，企业尝试使用各种各样的战术方法，以图一步一步实现阶段性目标。这种战略形成方式，是企业常用的战略制定方法，人们把这种方法称为战略规划。这真的是有用的战略吗？实践证明，在多数情况下，这些宏伟的目标都难以实现。在分析失败原因的时候，人们大多归咎于执行，或者是环境的变化。定位理论认为，问题出在战术和战略的关系上，以及由此产生的匹配问题上。

定位的战略观认为：先有战术——独特性的竞争思维视角，后有战略———致性的营销活动方向。战术与战略的关系，就像钉子与锤子的关系。战术就像是钉子，战略则像是锤子。如果没有钉子，再有力锤子都无处可用；如果没有锤子，再锐利的钉子都钉不进木板。钉子的渗透作用，通过锤子的压迫作用来实现。锤子的驱动作用，通过钉子的挤压作用来实现。因此，战术支配战略，战略驱动战术。战术与战略就像是一枚硬币的两个面，缺少哪一面都不起作用。为什么先有战术，后有战略？战术与战略的性质和内容，以及战术与战略的关系和作用，决定了"先有战术，后有战略"的战略观点。(1)战术必须与众不同——具有独特的竞争优势；战略往往平淡无奇——只是一般的运营活动。(2)战术是竞争性观念——一定与对手不同；战略是一致性行动——力求与战术保持一致。（3）战术意在创建竞争优势——战术是创造认知价值的竞争视角；战略意在保持竞争优势——战略是提供战术动力的组织活动。（4）战术具有外部性特征——攻占人心的切入视角；战略具有内部性特征——企业内部的运营活动。（5）战术独立于时间之外——心智里的价值概念保持不变；战略活动随着时间的推移而调整——企业内部的运营活动可以调整。（6）战术只有一个构成要素——战术的内容是价值或概念；战略具有多种构成要素——战略的内容是资源和活动。

举一个简单的例子。在互联网行业里，Google 怎样与那些门户网站展开竞争呢？Google 没有效仿那些领先者的做法，而是首先找到了自己独特的竞争视角——网络搜索。网络搜索是 Google 与互联网巨头们竞争的有效战术。那么，Google 的战略又是什么？围绕着"网络搜索"这个战术视角，Google 展开了自己的行动，不断改进自己的网络搜索技术，不但能够搜索文字资料，还能够搜索图片资料；不但能够搜索地图，还能够搜索海洋……Google 几乎所有经营活动，都沿着"网络搜索"这个战术视角展开。Google 几乎所有经营资源，都是围绕着"网络搜索"这个战术视角配置。这种围绕着有效战术展开的、与战术视角保持一致的经营活动和资源配置，就是定位战略。在这个案例中，Google 从"网络搜索"这个竞争视角出发，把战术提升成为战略，形成了一致性的运营活动方向。所以我们说，先有战术——独特性的竞争思维视角，后有战略——一致性的营销活动方向。战术是钉子，战略是锤子。

举一个战争的例子。在抗日战争时期，中国共产党领导的军队，根据敌我双方力量的对比，与日本侵略者展开了游击战争。游击战是一种战术，是一种对付入侵者的有效战术方法。围绕着游击战术，共产党领导的军队化整为零，创建抗日根据地，积极发展地方武装，正规军和游击队相结合，因地制宜地创造了地雷战、地道战、破袭战、麻雀战……所有军事和非军事行动，都按照游击战的要求展开。这种按照游击战的战术要求开展的一系列相互一致、相互匹配的军事和非军事行动，就构成了游击战的战略。这样，游击战这种战术就被提升为游击战战略。

为什么传统的战略方法没有效果？传统的战略形成方法，不是以具有竞争优势的有效战术为基础，战术和战略相互分离、相互割裂，不能产生方向一致的营销合力。执行者不知道哪个战术有效，不知道哪个战术无效，只能不断地尝试新的战术，不断地变换新的方向。企业的资源、管理者的时间，还有无法产生合力的行动，统统都耗费在这种不断的变换和尝试上了。偶尔，企业可能会找到一个有效的战术。但遗憾的是，这种战术没有引起管理者的足够重视，没有给予战术足够的资源和支持，没有把有效的战术发展成为竞争战略。这样，尽管管理者使劲地抡动着手里的锤子——各种营销活动以及各种运营活动，但却不能准确地砸到战术这颗钉子上，因此所能产生的营销效果十分有限。这是传统战略方法不起作用的原因所在。

定位的战略观则不同，定位战略以具有竞争优势的有效战术为基础，然后把战术提升为战略，战术和战略构成了一个密切结合在一起的统一体，能够产生方向一致的营销合力。这就是说，锤子要沿着钉子的方向砸下，战略要沿着战术的方向展开，营销攻势要沿着竞争的视角发起。产品、设计、广告、包装、展示、宣传……所有的营销要素，包括企业的运营活动，都要统一到战术这个方向上来，这就是一致性的市场营销活动方向，这种一致性的营销和运营活动就是战略。这就是说，要先有战术这颗钉子，然后才能让战略这把锤子砸在钉子上，这样才能产生良好的竞争成效。一个有效的竞争战术，在被提升为战略的时候，就会产生强有力的攻心之势。对于一个品牌来说，攻占人们心智的力量，来自于战术与战略紧密结合产生的势能，而不是来自于单纯对员工提出"努力工作"的要求。正如《孙子兵法》所说："求之于势，不责于人。"这就是说，要依靠战术与战略取胜，而不是依靠能力、水平整齐划一的"优秀员工"来寻求获得营销战争的胜利。

序言3 补短

菲利普·科特勒与定位
——"对产品做的事"与"对头脑做的事"

菲利普·科特勒营销理论的构架

菲利普·科特勒（Philip Kotler）被誉为"现代营销学之父"，其核心代表著作为《营销管理》（Marketing Management）。在营销理论领域，几乎无人不知菲利普·科特勒。谈起营销这门学科，必然要谈及菲利普·科特勒。可以说，菲利普·科特勒的"营销管理理论"在全球都有十分广泛和深入的影响。在中国大陆，则大有"只识菲利普·科特勒一人"之势。除了菲利普·科特勒的"营销管理理论"之外，似乎再没有什么有价值的营销思想了。

菲利普·科特勒的"营销管理理论"以需求这个概念为前提，以产品这种东西为核心，以价格、渠道、广告、公关等为手段，以此实现企业获利的终极目标。概括起来说，就是用产品满足顾客的需求。其理论框架即所谓的"STP＋4P"。STP 是指市场细分、目标市场和产品定位。这 3 项内容被称为战略营销，其所要解决的问题是"满足顾客什么样的需求"；4P 是指产品、价格、渠道和促销。这 4 项内容被称为营销组合，其所要解决的问题是"怎么样满足顾客的需求"。在这个理论框架中，定位被置于战略核心地位。定位对营销组合起到限定作用，其中主要是对产品起着直接的限制作用。这就是说，要按照定位的描述，开发出满足顾客需要的产品。从逻辑上看，这是一个体系完整、逻辑严谨的理论模型。其完美程度，似乎无懈可击。

菲利普·科特勒营销理论的瓶颈

正如老子所说："天下皆知美之为美，斯恶矣；皆知善之为善，斯不善矣"。对于菲利普·科特勒的"营销管理理论"来说，问题恰恰在于此——这让营销实践走入了"死胡同"。当按照菲利普·科特勒的思想走下去的时候，人们最终不可避免地陷入了"死地"——似乎除了"广告战、价格战"之外，再没有什么路子可走了。再深入一点说，靠菲利普·科特勒的"营销管理理论"，很难解决理论自身在营销博弈过程中所引发的策略瓶颈问题。由此可见，"营销管理理论"在逻辑上的严谨，不代表在指导实战上能够达到完美和有效。

　　问题出在哪里？问题的关键在于：理论所赖以产生和成立的背景，已经发生了根本性的变化。从竞争环境的角度上看，在"需求获得满足程度较低"的需求饥渴时代，菲利普·科特勒的"营销管理理论"是一种行之有效的方法。在中国市场经济发展的初期，菲利普·科特勒"营销管理理论"的有效性得到了充分的验证。如今，竞争改变了市场的环境和格局，市场进入了"需求获得满足程度较高"的需求饱和时代。其中，对营销影响最大的变化因素，则是产品的同质化竞争和信息的过度化传播。

　　市场营销环境的变化，引发了一个严重的问题。一种产品被研发出来之后，如果受到顾客的广泛欢迎，那么竞争者很快会蜂拥而至，仿造出风格一模一样的产品，甚至还能生产出更好的产品。这就是说，如果一个企业发现了未被满足的顾客需求，那么很快会有许多竞争者出现，生产或者提供同样的产品，以满足同一个顾客群体的同一种需求。此时，企业希望借助广告这种手段，使自己的产品能从众多竞争产品中脱颖而出。问题的关键在于：市场上的广告信息太多了，各种广告声音混杂在一起，构成了污染人们视听的噪音。没有别的办法！企业只剩下了唯一的竞争策略——价格战！毋庸置疑，这是一场没有赢家的战争！这就是菲利普·科特勒的"营销管理理论"引起的策略瓶颈。

菲利普·科特勒营销理论的前提

　　菲利普·科特勒"营销管理理论"的问题，出在对营销理论前提的假设上，出在对定位概念的理解上。在构建营销理论之初，菲利普·科特勒以顾客的需求为前提，其理论以满足顾客的这种需求为内容。因此，产品自然成为满足这种需求的手段和工具。菲利普·科特勒认为：所谓定位，就是要确定（生产）能够满足顾客某种需求的产品。所以，定位是要对产品做的事情，是要生产出与众不同的产品。然而，产品的同质化竞争和信息的过度化传播，促使"对产品做的事情"失效，最终走入了营销的"死胡同"。

艾·里斯、杰克·特劳特的"定位理论"则认为，在产品同质化竞争和信息过度化传播的环境里，仅凭"能够满足顾客需求"的产品，很难在营销战争中获得胜利。营销应该面向竞争对手，应该针对竞争对手采取恰当的竞争策略。这样，营销的前提由"顾客需求"变成了"竞争对手"。顾客的需求则是在与对手的竞争过程中获得满足。艾·里斯、杰克·特劳特的竞争策略，不强调产品本身，而是强调对人们心智的抢先占领，强调在人们心智里占据与众不同的地位。因此，艾·里斯、杰克·特劳特强调：定位首先不是对产品做的事情，定位首先是对人们的头脑做的事情。

在人们的心智中实现品牌的差异化，这是艾·里斯、杰克·特劳特"定位理论"的总根源。更确切地说，就是要在人们的心智中实现品牌所代表的概念差异化。由于人们的心智具有"排他性"的认知特点，如果一个品牌在人们的心智里建立起差异性概念或者地位，那么竞争品牌就很难再以相同的概念占领人们的心智。这一点构成了艾·里斯、杰克·特劳特"定位理论"的总机关，即心智概念的难以改变性，帮助品牌保持了在人们心智里的差异性地位。恰恰是品牌在人们心智里拥有的概念和地位，决定了顾客对品牌的选择和购买。这一点成为了艾·里斯、杰克·特劳特"定位理论"的总目标，即要争得顾客的选择，首先要征服顾客的心智。

菲利普·科特勒营销理论的补遗

从唯物主义的观点看，企业只要提供了好产品，一定会获得人们心智的认知。从这个角度上看，这种唯物主义的观点，具有可靠的科学性和合理性。但是，在现实之中，人们认知事物的过程则是由主观意识所控制，更加倾向于唯心主义。在这个过程中，人们往往不是坚定的唯物主义者，唯心主义往往占据着主导地位。因此，顾客心智认知的营销价值远远大于产品本身的营销价值。特别是，在产品同质化竞争环境中，"好产品"的差异很难突显出来，同时很难获得人们心智的认可；在信息过度化传播的社会里，"好产品"的信息很难传播到位，也很难获得人们心智的信任。那些希望用"好产品"取胜的企业，往往会落入"盲目相信好产品"的陷阱。由此，我们似乎可以得出结论：在产品同质化竞争的市场里，我们找到了实现差异化的有效途径。当然，这种差异化的实现，首先不是在产品本身上，而是在人们的心智里。

可以这么说，菲利普·科特勒所说的定位，让营销变成一场"攻坚之战"，最终无不走上"价格战"这条道路——一条"死亡之路"；艾·里斯和杰克·特劳特所说的定位，让营销成为了一场"攻心之战"，最终引导企业走向"割据战"这条"求生之路"。攻心为上，攻城为下，这个道理不需要多说。特别是中国的企业家，更应该容易理解这个策略的深刻含义。定位是营销战的活灵魂。缺少了这个活灵魂，其他一切都变成了僵化的"死东西"。今天，由于受菲利普·科特勒"营销管理理论"的影响，特别是对定位这个活灵魂的错误理解，我们的营销患上了失魂症，营销遭遇了竞争的策略瓶颈。现在，应该是把这个"活灵魂"找回来的时候了。

菲利普·科特勒营销理论的价值

菲利普·科特勒的"营销管理理论"并没有彻底过时、完全失去营销指导价值。从逻辑结构上看，菲利普·科特勒的"营销管理理论"依然拥有一个很好的框架模型。如何看待菲利普·科特勒的"营销管理理论"？答案只有两个字——"扬弃"。具体一点来说，就是发扬其结构体系的完整性与严谨性，抛弃局部环节的不适与过时。对此，有3个问题需要重新审视。

第一个问题是：应该面向顾客需求，还是面向竞争对手？从理论上看，找不出这个问题的答案。要想回答这个问题，不能从理论本身上找答案，而是要从市场竞争环境中找答案。产品是否出现严重的同质化竞争，信息是否出现严重的过度化传播，成为了衡量应该面向顾客需求还是面向竞争对手的关键标准。处在什么样的竞争环境下，就以什么样的前提为条件。我们不能说菲利普·科特勒的"营销管理理论"彻底过时了，在许多行业领域或者市场区域中，市场竞争环境依然要求"以面对顾客需求为前提"。问题的关键在于，在越来越多的领域中，竞争环境要求必须"以面对竞争对手为前提"。

面对菲利普·科特勒的"营销管理理论"，第二个需要思考的问题，当然就是定位这个概念本身。定位这个关键营销环节，应该是"对产品做的事"，还是"对头脑做的事"？判断的标准依然不在产品本身上，而是在竞争环境中。企业所面对的竞争环境如何？产品同质化竞争与信息过度化传播是否已经成为市场的主要特征？如果市场尚未表现出这样的特征，那么"对产品做的事"依然会产生良好的营销效果。反之，"对产品做的事"——"更好的产品"这种竞争策略，往往遭遇"不可思议"的失败。在这种情况下，营销必须重点考虑一个新问题——"对人们的头脑做一些事情"。

第三个问题是：菲利普·科特勒的"营销管理理论"，关于防御战、进攻战、侧翼战、游击战等4种营销战术，似乎不知道应该用在哪个营销管理环节上。这就是说，这4种战术好像脱离了"STP+4P"的结构框架。艾·里斯和杰克·特劳特明确地回答了这个问题：这4种战术形式，应该用在定位这个环节上。或者说，这4种战术形式，本质上就是定位的战术。当4P围绕着定位（战术）展开的时候，这种战术就被提升为战略。由此可见，艾·里斯和杰克·特劳特的定位思想更加能够把菲利普·科特勒的理论内容整合在一起。这就是说，按照艾·里斯和杰克·特劳特的定位思想，菲利普·科特勒"营销管理理论"将更加完善，更加具有实战意义。

序言4 取长

迈克尔·波特与定位
——由内而外与由外而内

战略定位

迈克尔·波特（Michael Porter）被称为"竞争战略之父"，其著名著作《竞争战略》（*Competitive Strategy*）、《竞争优势》（*Competitive Advantage*）和《国家竞争优势》（*The Competitive Advantage of Nations*）被称为竞争三部曲。对此，企业界人士"莫不知、莫不闻"。在许多人眼中，迈克尔·波特与定位这个概念没有关系。岂不知，迈克尔·波特把定位提升到了战略的高度上。在《什么是战略》（*What Is Strategy*）一文中，迈克尔·波特认为，所谓战略就是定位，定位即是战略。可以说，《什么是战略》这篇文章是迈克尔·波特对其竞争理论的归纳和提升。这就是说，迈克尔·波特最终把竞争策略归结到一个概念上，这个概念就是战略定位。

由内而外

纵观迈克尔·波特的企业竞争理论体系，我们不难发现，其核心内容包括3个部分，即5种竞争力量模型、3种竞争战略模型、价值链结构模型。这3个组成部分逐步深入、环环相扣，构成了完整的企业竞争理论体系，而不是相互孤立、毫无关联的3个独立部分。

迈克尔·波特认为，企业的盈利能力受5种力量威胁。这5种力量分别是：供应者、消费者、竞争者、进入者、替代品。为了应对这5种竞争力量的威胁，企业可以有3种战略模型选择。这3种战略模式分别是：低成本战略、差异化战略、集中化战略。所谓低成本战略，是指企业要保持总体成本最低，以成本优势为竞争的基点；所谓差异化战略，是指企业要提供与众不同的产品和服务，以在竞争过程中获得较高的溢价收益；所谓集中化战略，是指企业集中于某个特殊的顾客群，或者某产品线里的某一种产品，或者某一地区性的细分市场，以成为这个领域里的专家。迈克尔·波特认为，对这3种战略的选择即是战略定位。如何实现战略定位？迈克尔·波特认为，需要依靠一系列独特的运营活动，而企业的运营活动可以分为两类：主要活动和辅助活动。企业的这些活动构成了创造价值的活动。企业所提供的价值，由这些相互匹配的价值活动构成。这就形成了迈克尔·波特的价值链理论。

迈克尔·波特认为，围绕着战略定位构建起来的各项运营活动，以及这些运营活动的差异，形成了一条独特的价值链活动。企业这种独特的价值链活动很难被竞争对手完全成功模仿。因此，战略定位难以被竞争对手所模仿、复制。迈克尔·波特进一步指出，实现差异性竞争的关键，在于差异性或者独特性的价值链。同时，他还指出，"骑墙行为"——跨越两种战略定位——十分危险。关键原因是：这会引起价值链上的各项活动相互冲突，进而影响运营效率和效益，同时会引起企业所提供价值的混乱。企业通过独特的价值链活动，不但提供了独特的价值，还阻止了竞争者的模仿，由此形成了企业的竞争优势。这构成了迈克尔·波特竞争理论的核心。由此不难看出，迈克尔·波特的竞争理论，主要是以企业内部的运营活动为基础。在（内部）独特运营活动的基础上，为（外部）顾客创造出独特的产品价值或者服务价值。对于这个过程，我们称之为"由内而外"的过程。或者说，迈克尔·波特的战略定位，战略构建经历了一个"由内而外"的过程，即先从内部的独特运营活动开始，然后向外部提供独特的价值。进一步来说，对于战略定位，迈克尔·波特所关注的焦点，是在企业内部构建独特的价值链活动。

实际上，迈克尔·波特所阐述的战略定位，暗含着一个根本性的前提，这个前提就是抢先策略，即抢先建立某种战略定位，然后构建独特的价值链活动，以阻止竞争者的效仿活动。迈克尔·波特认为，经验曲线（时间）可以构成进入者与模仿者的障碍，增大领先者与模仿者之间的差距。否则，所谓独特的运营活动，又怎么能够"构成竞争者模仿的障碍"呢？这就是说，迈克尔·波特的竞争战略，只有抢先运用才能产生竞争优势。毫无疑问，这与定位理论的"领先法则"没有什么两样。

由外而内

关于战略定位的形成过程，艾·里斯、杰克·特劳特的观点与迈克尔·波特的观点刚好相反。定位理论认为，战略定位的形成，应该由外而内产生。所谓"由外而内"，就是要首先确定在人们心智里所要占据的地位（定位），围绕着这个目标定位（在人们心智里所要占据的地位），展开一致性的营销活动，甚至形成一致性的运营活动。这些一致性的活动，其出发点则是"在人们心智里所要占据的那个地位（定位）"。这就是说，企业的营销活动或者运营活动，要与"在人们心智里所要占据的那个位置（定位）"保持一致。或者说，企业的营销活动或者运营活动，要为"在人们心智里所要占据的那个位置（定位）"服务。这就是说，要先确定在顾客心智里（外部）所要占据的价值地位（定位），然后才能确定企业（内部）的营销活动和运营活动。这二者之间必须保持一致，才能实现在人们心智里的定位。这是一个"由外而内"的过程。

在这个过程中，艾·里斯和杰克·特劳特所关注的焦点，首先是在人们心智里所能占据的价值地位（定位），其次才是企业的营销活动和运营活动。因为艾·里斯和杰克·特劳特认为，在产品同质化竞争和信息过度化传播的营销环境里，只有存在于顾客心智里的价值，才是真正具有营销意义的价值。对于一种具有差异性的价值来说，如果不能被顾客的心智所认知（认可），那么这种差异性的价值就不具有任何营销意义。

"由外而内"进行定位的一个重要原因，是人们的心智具有"排他性"的认知特征。在人们的心智里，如果一个价值概念（定位）已经被某个品牌所占有，那么竞争品牌很难再占有同样的价值概念（定位），因为人们的心智不会把同一个价值概念分配给两个不同的品牌。因此，一个品牌能够在人们的心智里占有什么样的价值概念（定位），并不完全由这个品牌自身的主观愿望所决定。在绝大多数时候，品牌所采取的定位策略，由竞争对手在人们的心智里占有的价值地位所决定。或者说，要针对竞争对手在人们的心智里拥有的定位，确定己方品牌在人们的心智里所要占据的定位。在人们的心智里，一个品牌无法与竞争对手分享同一个价值概念（定位），必须避开竞争对手已经在人们心智里占有的价值概念（定位）。为此，品牌必须寻找到一个能够进入人们心智的视角——寻找一个独特性的定位思维视角，甚至要从竞争对手身上寻找自己的定位视角，这样才能在人们心智里实现差异化。对于这种具有独特性的定位思维视角，我们称之为"战术"。这就是说，要想找到能够占领人们心智的有效战术——一种具有战略意义的定位，首先应该从人们的心智（外部）开始。

艾·里斯和杰克·特劳特认为，只有战术还远远不够，必须把战术提升为战略，才能让战术发挥出营销作用。所谓"把战术提升为战略"，是指要围绕着战术（定位的视角），展开方向一致的营销传播活动，甚至方向一致的企业运营活动。这种一致性的运营活动，就构成了所谓的"战略"。艾·里斯和杰克·特劳特认为，应该首先找到战术——即独特性的定位视角，然后才能形成战略——即一致性的运营活动。战术与战略的关系，就像钉子和锤子之间的关系。锤子（战略）必须沿着钉子（战术）的方向砸下，钉子的渗透作用通过锤子的压迫作用实现。这就是艾·里斯和杰克·特劳特主张的战略定位，即首先从能够占领顾客心智（外部）的战术出发，然后再沿着战术的视角展开一致性的运营活动（内部）。

交汇区域

迈克尔·波特所主张的战略定位，与艾·里斯和杰克·特劳特所推崇的定位思想，究竟是两条互不相关的平行线，抑或存在着较大的交汇区域？从迈克尔·波特竞争理论的内容上看，这二者之间确实存在着较大的交汇区域。

在5种竞争力量结构里，迈克尔·波特认为，产品的差异性与品牌的认知度，构成了竞争者进入的障碍因素。但是，对于产品的差异性与品牌的认知度究竟如何对竞争者发挥阻碍作用，迈克尔·波特没有给出明确的解释。艾·里斯和杰克·特劳特认为，品牌的认知度就是在人们心智里拥有差异性的价值地位。当某个品牌占据了某种差异性的顾客心智地位之后，这个品牌应该不断地挑战自我，不断地强化、巩固这种这个差异性的地位，包括不断深化、扩大品牌的差异性特征。

迈克尔·波特所提出的3种竞争战略——低成本战略、差异化战略、集中化战略，均没有超出艾·里斯和杰克·特劳特的定位思想范畴。在艾·里斯、杰克·特劳特的著作中，对这三种战略有着更灵活、更丰富、更全面的认识和运用。在迈克尔·波特发表《什么是战略》一文之后，1996年11月18日，全球著名证券分析师史蒂夫·米卢诺维奇（Steve Milunovich）在摩根士丹利（Morgan Stanley）《美国投资研究》（*U. S. Investment*）上发表了题为《战略思想：迈克尔·波特重申里斯和特劳特》（*Strategic Thoughts：Michael Porter Reinvents Trout & Ries*）的文章，认为迈克尔·波特的竞争战略理论，源于艾·里斯和杰克·特劳特的定位思想。

对于运营活动构成的价值链，迈克尔·波特在《什么是战略》一文中有着进一步的阐述，对"一致性的运营活动"进行了深入的解释和论述。迈克尔·波特认为，运营活动与定位的相互配称，成为实现战略定位的关键所在。对于运营活动配称的程度，迈克尔·波特又划分出了三个层次：第一个层次是运营活动与战略定位保持简单的一致；第二个层次是运营活动之间相互强化和加强；第三个层次是达到运营活动的最优化。相比之下，艾·里斯和杰克·特劳特对运营活动的关注，更多的是集中在战术与战略的关系上，而不是运营活动之间的相互关系上。

序言5 奠基

唐·舒尔茨与定位

——共同的基础与不同的理论

整合营销传播理论的困惑

唐·舒尔茨（Don E. Schultz）被誉为"整合营销传播之父"，其核心代表著作为《整合营销传播》（*Integrated Marketing Communications*）。什么是整合营销传播？一般人的理解是：把各种营销传播工具和传播途径加以整合，使目标受众从各种来源获得的信息能够保持一致，不相互矛盾、冲突。如果这样理解整合营销传播理论，那么我们所面对问题就简单多了。事实上，问题并非如此简单。

什么是整合营销传播理论？这个问题太复杂。如果用一个比喻来进行解释，或许能够更加简单地说明问题。所谓整合营销传播，就是一个产品或者一个品牌，在面对不同细分市场的时候，对"人"就说"人话"，对"鬼"就说"鬼话"，从而让"人"和"鬼"都相信，这个产品和品牌具有独特的价值。这样，在"人"和"鬼"的心智里，对这个品牌的价值认知就各不相同。至于对"鬼"说的话，能不能让"人"听见？或者对"人"说的话，该不该让"鬼"听见？唐·舒尔茨没有明确的说法。

但是，这里面有一个问题。如果"人"听到对"鬼"说的话，那么"人"会不会怀疑品牌对"人"所说的话？如果"鬼"听到对"人"说的话，那么"鬼"会不会怀疑品牌对"鬼"所说的话？这个意思是说，一个品牌面对多个细分市场，分别宣称各不相同的利益点，是否会引起人们对品牌认知的混乱。

除非开展"一对一"的营销传播，否则必然会引起品牌认知的混乱。唐·舒尔茨认为："整合营销传播精华之所在，是以个别的方式来对个人说话,这似乎又回到了人员销售(personal selling)的时代。"今天,即便是电脑与互联网技术已经高度发达,对所有人都做到"一对一"的沟通依然十分困难。

整合营销传播理论的模型

整合营销传播理论的模型以消费者数据库为基础。这个数据库包括人口统计数据、心理统计数据、消费历史数据、心智图像数据。通过对这些数据的统计和分析,企业把各个具体的消费者划分为3种类型(消费者细分)——己方品牌的忠实使用者、竞争品牌的忠实使用者、游离状态的品牌使用者。然后,企业针对不同的细分消费群体,根据不同的信息传播途径(信息接触点),设计出不同的营销传播策略(传播的内容),以建立、强化或者改变人们对品牌的价值认知(传播的目标),从而影响使用者对品牌的购买选择行为(营销的目标)。在这个过程中,把产品、价格、分销和广告等要素整合在一起,以对同一个细分群体产生出统一、一致的传播效果。最后,检测和评估整合营销传播的效果,作为调整营销传播策略的依据,形成整合营销传播操作的循环。这就是整合营销传播理论的模型。

对于这个模型,唐·舒尔茨本人也认为过于理想化了。且不说这个模型的科学性,仅消费者数据库的建立,就足以让企业怀疑其可行性,同时难以让人相信其可靠性。对于"一对一"的营销传播方案,以及"多触点"的营销传播途径,恐怕更加令企业感到会陷入"成本的无底洞"。对此,唐·舒尔茨不无抱怨地说道:企业组织内部的抵抗,是整合营销传播理论的强大障碍。然而,这似乎不影响"唐·舒尔茨及其整合营销传播理论"的传播。我们不要忘了唐·舒尔茨本人的身份——美国西北大学麦迪尔新闻研究所广告暨整合营销传播学教授。对于一种营销理论,著名大学的商学院是有效的传播途径。人们热衷于整合营销传播理论,或许是期望整合营销传播模型在未来真的可以发挥作用。那就等到未来吧,等到运用电脑可以分析出人们心理活动的时候,再来运用整合营销传播理论模型。

整合营销传播理论的价值

整合营销传播理论的价值，不在整合营销传播理论模型上，而是在于其他 3 个方面，即对认知规律的应用、对品牌价值的确定，以及由此产生的对传播策略的要求。这 3 个方面的观点，与艾·里斯和杰克·特劳特的定位理论几乎完全一致。甚至可以说，整合营销传播理论的模型就是以这三个方面的观点为基础，然后再加上"消费者数据库"和"一对一式沟通"。可以说，除了整合营销传播理论的那个模型之外，定位理论与整合营销传播理论基础完全一致。如果不是对定位理论有深刻的理解，那么恐怕亦很难理解整合营销传播理论的思想。

对品牌价值的确定

唐·舒尔茨认为，只有存在于人们心智里的认知价值，才是真正的营销价值。他说："企业面对的主要问题之一，是消费者在做购买决定的时候，越来越依赖认知而非事实。简单地说，越来越多的证据显示，消费者购买决策的根据，往往是他们自以为重要、真实、正确无误的认知，而不是具体的、理性的、有经济意义的信息。"唐·舒尔茨又说："在势均力敌的市场上，企业唯一的差异化特色，在于消费者相信什么是企业、产品、服务以及品牌所能提供的利益。诸如产品、定价、分销等营销工具变量，都可以被竞争者仿效、抄袭甚至超越，唯独品牌的价值存在于消费者的心智里。因此，存在于消费者心智里的价值，才是真正的营销价值。重要的不是这种价值是否真实，而在于消费者相信什么；不是消费者是否确实知道这个品牌与其他品牌的差异，而是消费者心智里的想象是什么。这正是我们确信沟通与传播会快速成为现在与未来营销主力的原因所在。"在这种观点背后，隐藏着这样一个事实，即产品的同质化竞争和信息的过度化传播。

对认知规律的应用

对于艾·里斯和杰克·特劳特的定位理论，一直存在着一个理论基础的问题，亦可以说是理论依据的问题。对定位理论依据的疑问，甚至影响了人们对定位理论的信任度。在《新定位》（*The New Positioning*）一书中，尽管作者对头脑的认知规律进行了介绍，但是这似乎并不能令人们深信不疑。因此，定位理论的依据问题，似乎始终影响着定位理论的合理性。在《整合营销传播》这本著作里，唐·舒尔茨对认知规律——头脑如何接收、处理、存储信息进行了详细的说明。这就是说，认知规律不但是定位理论的依据，同时也是整合营销传播理论的依据。这使定位理论的基础拥有了更加令人信服的证据。

（1）传播越多。市场上有无数的企业，都想把信息传递给潜在消费者。随着传播媒体的成长和产品的大量增加，市场上充斥着一片不可理解的嘈杂之声。消费者处理资讯的能力有限，当信息传送者数量暴增、想传送的信息暴涨的时候，市场就变得异常纷乱。媒体数量增加，传播通道上的噪音跟着增加。结果，很多信息根本无法传送到位，在信息传播过程中就流失了。

（2）接收越少。在产品信息越来越丰富的市场上，消费者得到的产品信息却越来越少。我们正处在一个"浅尝信息式购买决策"（Sound Bite Decision Making）的时代。信息的流量越来越大，信息的内容越来越多，消费者被迫从信息的包围之中突围出来。在这片信息的汪洋中，人们只能"蜻蜓点水式"地获取零星的信息，然后再把获取的信息碎片整合起来，重新组织成某种知识，并按照头脑里的知识行事。

（3）简化信息。在大部分问题上，人们对信息的搜集和处理程度，只限定在足够其了解与凑合使用的范围内。人们把信息局限在必须知道的最小范围内。因此，消费者对很多事情都知道一点，且对所有事情都所知有限。人们所要知道的信息，刚好足够其应付使用即可。消费者越来越依赖认知、只搜集少许信息的趋势，是对企业的一大挑战。

(4) 保持一致。对于消费者来说，一旦认为掌握了足够的信息来制定购买决策，就会很自然地忽视那些与此相冲突的新信息。消费者处理信息的"浅尝"式手法，使得企业传播的信息必须清晰、一致而且易于理解。对消费者而言，头脑里认知到的东西就是事实。如果消费者的认知就是其头脑里的事实，那么经由各种传播形式所传递的认知信息也必须一致，否则就难免遭到消费者的忽略。

(5) 选择接收。认知的过程是一个主动作用的过程。人们时刻从周围的声光、感觉、活动或印象中择取信息。在无数的选择之中，人们把想要的、必须处理的以及由于某些原因需要注意的信息拣选出来。由于环境中的感官刺激远多于人们处理感官刺激的能力，人们只会把自己认为重要的信息挑拣出来，而忽略那些人们觉得不重要的信息。因此，人们限制了自己的认知范畴。

(6) 分类处理。人们使用"转化分类"（transformation and categorization）的思维系统，以帮助处理环境里的大量资讯。在选择和储存资讯的过程中，转化分类系统帮助人们将信息加以简化分类。人们将周围的声音、视觉和感觉信息加以转化，把它们放进一种被称为"概念"的理解形式里面。这种"概念"则可以储存在人们的记忆里。

(7) 层级阶梯。人们的记忆里有了"大概念"（高层级）之后，就可以在头脑中建构"类别"（categories）概念（基本层级）。在大概念层级下构建起来的类别概念，使头脑得以进一步分类和储存信息。只有经过转化和分类的过程，人们才能够运用头脑里的概念和分类储存大量的信息。在类别层级下面，头脑按照次序存储产品和品牌信息，我们称之为"品牌阶梯"（次层级）。

(8) 购买机制。当给予适当刺激的时候，消费者会首先想起"高层级"的概念及其特性。在高层级里，信息不具较大的差异性，大都是一般性的概念。然后，消费者会将其思考的范畴移动到"基本层级"。"基本层级"储存着许多最能够将不同类别产品区隔开来的特性与信息，这些特性常用来对产品进行分类。如果消费者再做进一步思考，那么将会进入到"次层级"范畴。在这里，头脑使用一小部分属性，区分拥有很多相同特质的产品和品牌。在"次层级"里面，大部分人将不同产品的品牌名称分别储存和加以联结。所有的营销沟通活动的目标，都是将己方品牌位阶从"次层级"移往"基本层级"，即成为一个品类的代表。

（9）头脑有限。人们处理和储存信息的能力很有限。如果想让消费者接收并处理，那么营销者传播的信息必须符合某些特征：包含能轻易转化成概念，并可被分类的影像、声音或经验；能够清楚地被辨认并分类；与人们已有的分类系统相吻合。不容易辨认、不相关、与既有的信息相冲突，或只是被认为不重要，或与自己没有关系的营销信息，都不会被消费者接收和处理。

（10）顺应心智。人类的心智活动由大量概念和类别构成，这些概念和类别涵盖了所有形式的人类活动。新信息一进入处理程序，就被拿来与原有的概念及类别比对，看看是否符合原有的概念，或是已有的哪些概念可以被用来储存新的信息。如果无法"对上"既存的概念和类别，那么新信息就会被消费者拒绝。这个不断判断、比照的过程，使得人们能够学习和扩展知识。企业可以利用这个过程，影响消费者对产品和服务的认知，以便将来影响消费者的购买决策。

对传播策略的要求

在传播策略的要求上，定位理论与整合营销传播理论如出一辙。其根源在于：这二者的理论基础一致。一是对品牌价值根本性质的观点相一致；二是对认知规律制约作用的认识相一致。正是这两方面的原因，构成了定位与整合营销传播共同的理论基础。因此，这两种理论对于信息传播的要求及其目标也趋于一致。甚至可以这样说：如果抛开整合营销传播理论的那个模型，那么整合营销传播理论则是强调传播管理的定位理论。整合营销传播理论对定位理论的贡献，就像迈克尔·波特的"战略定位"理论一样——重点强调构成价值链的内部运营活动的一致性要求和作用，唐·舒尔茨的"整合营销传播理论"则重点强调了对信息传播的一致性要求和作用。这二者均可以被视为"定位理论"的进一步补充、完善、深化。关键是，与艾·里斯和杰克·特劳特相比，唐·舒尔茨对认知规律的描述与引入更加全面和深入，更加清晰和可信。以此为基础，唐·舒尔茨对整合营销传播提出了要求。与定位理论提出的"一致性的营销活动方向"相比，唐·舒尔茨对整合营销传播的策略要求，在内容上更加丰富、具体和全面。

顾客心智

（1）竞争结构（competitive frame），不只是市场占有率及广告花费比例而已。竞争结构，必须真实反映消费者心智里的品牌地图。首先，要确认主要竞争对手是谁。在本产品类别里面，消费者心智里有哪些竞争品牌？消费者对那些竞争品牌的认知怎样？竞争品牌的弱点在哪里？可以从哪里入手夺取市场份额？

（2）如果能够了解到消费者更多的信息和经历，那么与消费者进行沟通就会变得非常容易。这样，就可以开发出能够攻占消费者心智的锐利信息焦点，或者极具说服力的整合性信息。从而，〔在人们心智中〕就能够形成区别于竞争者的独特品牌及品牌个性。当传播策略正确的时候，依据策略所研拟出来的整合性信息，就仿佛与消费者进行"一对一"的沟通，因此更加能够打动消费者的心智。

传播策略

（1）传播策略是整合营销传播方案的重心。传播策略指出了产品或服务的沟通方向。同时，这一传播策略确定了产品定位、设定了品牌个性、确定了竞争优势，以及消费者从产品里所能得到的利益，并且指出了消费者可能受到竞争对手影响的状况。最后，传播策略应指出消费者最常接触的媒体或接触点（contact points）。

（2）传播策略的重要性显而易见，是整合所有与产品销售有关的人物和事件的关键。一致性的传播策略对消除内部不同部门之间的障碍具有很大的帮助作用。这将有助于消除各个部门之间的鸿沟，使整体传播方案整合而不松散。传播策略的制定，应该由专门的人员负责，而且必须能够协调营销部门的所有功能，甚至动用首席执行官的力量。

（3）在整合营销传播的时代，对营销组织内部的各个部门而言，传播策略是进行沟通活动时不可或缺的要素。在从各自不同的角度与消费者沟通的时候，要有统一的传播口径，要有统一的品牌个性，要有统一的销售创意，要有统一的消费者利益点。所以，一个由整合传播策略引导的传播活动，能够强化消费者对产品利益的信任，帮助品牌在市场上确定竞争地位。

（4）传播策略是创意人员制定初步的整合性销售标语的依据。创意人员必须依据传播策略，思考如何制定销售标语，这些销售标语不仅要充当重要的销售口号，同时还要能驱使营销者进行思考——如何统领向消费者传递的全部信息，以塑造"与竞争品牌相比"具有明显差异性的品牌，并且能够给消费者提供选择购买的理由。

（5）整合营销传播的一个关键要素，是所要传达的信息如何能够接触到目标对象。为了有效地触及和说服消费者，应该利用哪些消费者接触点？当然，这个问题的答案，未必是过去常使用却又难以接触到不同目标对象的大众传播媒体。整合营销传播精华之所在，是以个别的方式来对个人说话，这似乎又回到了人员销售的时代。

认知价值

（1）与产品的实质同等重要的，是消费者如何形成对产品及产品类别的认知。因为消费者对产品的认知是产品不可或缺的一个部分，是能够创造产品的真正价值之所在。尤为重要的是，潜在消费者心智里是否已有竞争品牌，从而将本品牌视为"跟风"（me-too）品牌，以致无法接受新的信息，不愿意换用本品牌？

（2）传播成功与否的关键在于：传播活动是否在消费者心智里为品牌创造了认知价值。传播策略的一个构成部分，是必须清楚想要获得的认知价值，以及估计经过多长时间才能建立起来这种认知价值。实际做法是：调查这些认知价值在消费者心智里的变化，以了解传播策略是成功了，还是需要重新修正。

（3）传播人员经常把注意力集中在产品的成分上，很少有意去挖掘产品更深处的新颖性，以及产品深处令人惊奇的东西。营销创意人员应该追求产品成分之外的信息，寻找能够影响产品认知的令人感到惊奇的东西。这些东西能够影响消费者的认知，并且能够消除人们心智里"产品同质化"的想法。

（4）销售标语不应该是一个毫无意义的口号短语，而是应该能够以视觉化的方式，或者能够以语言化的方式，让消费者铭记在自己的心智里，并且能够具体描述传播策略所提及的本品牌消费者利益。这个销售标语应该能够清楚地与其他品牌区隔，在消费者心智里建立起极具竞争力的认知价值（perceived value）。

信任支点

（1）传播活动如何令消费者相信：本品牌能够符合其需要？产品上的支持点——必须将产品说服力注入营销的各个角落，令消费者相信本产品优于同一领域的其他产品。认知上的支持点——在与消费者进行接触的时候，不同的接触方法是否造成不同程度的可信度呢？沟通的支持点——在各种不同形式的传播工具之间（产品、定价、分销、广告、促销、标签、商标）——越是保持高度的一致性，对消费者的冲击力与说服力也就越大。

（2）信息与语言，在字面上与视觉上的融合，对于构建令人信赖的理由显得非常重要，如果试图为品牌建立信任，那么各种形式的传播工具，包括广告、包装、标签……在外观、文字及态度上都必须令人信任。尤为重要的是，在沟通的时候，一定要传达足以使消费者信服的理由，且这个理由来自产品的实质利益。

（3）产品在实质上足以赢得消费者的信任吗？产品本身是否具有某种闻所未闻的独特之处，从而使得消费者确信本品牌是他所能信任的产品，甚至不惜多花点钱吗？目前，消费者群体对产品的认知如何？这些认知能够使消费者产生足够的信任吗？如果不能获得消费者的信任，那么能否经过营销传播活动的作用，在消费者心智里建立一种正面的、强烈的、独特的价值认知？抑或消费者对产品的既有认知根深蒂固，营销传播活动难以改变这种认知？

价值差异

（1）品牌的个性十分重要。品牌的个性能够给予品牌灵魂与生命，让消费者轻易地将本品牌与竞争品牌区别开来。品牌个性应该是什么？什么样的独特个性能够进一步使品牌的定义更加明确，使其有别于竞争范畴内的竞争品牌？品牌个性的建立，必须配合品牌定位，符合消费者对品牌的认知与期望。

（2）竞争性利益点在哪里？促使消费者舍弃竞争品牌，转而购买本品牌的关键利益点是什么？许多人难以区别竞争性产品利益与产品特色（或产品属性）之间的区别，这二者之间其实有很重要的分野：产品特色是产品能用来做什么，产品利益是产品能带给消费者什么好处。仅凭广告宣传产品属性与特色——"我有多好"——可能不会引起消费者的兴趣，消费者可能不关心产品里面有什么，除非这种属性能给消费者带来某些好处。

（3）有效的整合营销传播，必须能够找出消费者（选择）问题的解决之道——消费者利益点。竞争性的消费者利益点所要具备的特征是：必须是一个真正的消费者利益点；必须能解决消费者的问题，能促进消费者生活的改善；必须能用一个简单的词语表达，但是绝不只是一个简单的广告词；必须具有独特的竞争力，"优于"同一竞争范畴内的其他类别、产品和品牌。

序言6　互证

亨利·明茨伯格与定位
—— 战术的视角与战略的来源

亨利·明茨伯格：管理领域伟大的离经叛道者

亨利·明茨伯格（Henry Mintzberg）是加拿大管理学大师，经理人角色学派的主要代表人物，在全球管理学界享有盛誉。在国际管理学界，亨利·明茨伯格经常提出打破常规与偶像迷信的独到见解，使其成为最具原创性和叛逆性的管理大师，因此被称为"管理领域伟大的离经叛道者"。1998年，亨利·明茨伯格被授予加拿大国家勋章——加拿大最高荣誉——魁北克勋章（Quebec Medal）。2000年，由于对管理学所做出的贡献，亨利·明茨伯格获得了管理学会颁发的"杰出学者奖"。汤姆·彼得斯（Tom Peters）甚至认为，在管理学领域里，亨利·明茨伯格的座次，要比彼得·德鲁克（Peter F. Drucker）高出很多。

亨利·明茨伯格对于战略的理解，集中体现在其经典著作——《战略规划的兴衰》（*The Fall and Rise of Strategic Planning*）一书中。1995年，《战略规划的兴衰》被评为年度最佳著作，获得管理学会"乔治·泰瑞奖"。与迈克尔·波特关注的战略内容不同，亨利·明茨伯格关注的焦点是战略的形成过程，即战略是如何形成的？战略是从哪里来的？亨利·明茨伯格理论与定位理论的关联，恰恰体现在战略的形成过程这一点上。其共同之处在于：对于战略从哪里来这个问题，二者有着极为一致的思想和观点，即战略的来源或者基础，绝不是意图性的主管臆想（规划），而是源自于某种可行的做法，或者某种有效的做法。这种可行的做法或者有效的做法，不是来自于管理者深思熟虑的智慧，而是来自于管理者深入前线的发现。战略计划不是用来创造战略的方法，只是将已生成的战略思想（战术）程序化而已。艾·里斯和杰克·特劳特这两位营销领域的大师同样可以被称为"营销领域伟大的离经叛道者"。在"战略从哪里来"这个问题上,这两个领域里的"离经叛道者"不约而同地走到了一起。这两个领域里的"离经叛道者",倒是可以相互印证自己理论观点的正确性。不仅如此,对于战略的执行与管理,二者的思想大有一脉相承的意味。所不同的是,对于战略的形成过程,亨利·明茨伯格阐述得更加详细和系统而已。

战略怎样形成:亨利·明茨伯格的观点

如果问人们"战略"是什么,几乎所有人都会给出一致的回答:战略是某种形式的规划,是对未来行为的明确指导。事实上,关于战略制定的逻辑,都把战略描述成一个深思熟虑的过程——"首先想,然后做;先制定,后执行",这个步骤看起来完美无缺。在《战略手艺化》(Crafting Strategy)一文中,亨利·明茨伯格指出了两种战略形成方式:一种是规划式形成方式;一种是手艺化形成方式。在亨利·明茨伯格看来,这是两种完全相反的战略形成方式。但是,在战略的制定过程中,又必须把两种战略思想结合在一起,即把战略的形成(来源)与战略的控制(实施)有机地结合在一起。企业战略究竟从何而来?是事先设计、有意规划制定出来的,还是边干边想、事后总结出来的?从制陶艺人独特的手艺这一视角,亨利·明茨伯格回答了这个问题:战略是机缘巧合与精心设计的复合体。

两种战略形成方式

(1)规划式战略:一位高级经理,或者是一群经理人,坐在办公室里,系统地分析竞争对手、市场环境、企业优势与劣势,通过理性推理和判断,炮制出一些其他所有人会准时执行的行动纲领,形成了一个清晰、明确而又完全成熟的战略。尽管规划式的战略流传十分广泛,实际上却扭曲了战略的形成过程,误导了那些信奉战略规划的企业,使人们错误地认为战略应该事先制定出来，然后再按制定好的战略计划执行。这样的战略往往无法达到预期的效果。

（2）手艺化战略：如同陶艺制作一样，管理者想得更多的东西，不是如何进行推理与思考，而是各种原材料水乳交融的感觉，这种感觉来自长期的经验与投入。制定与执行相互交融，形成一个渐进的摸索、尝试、学习、调整过程。在此过程中，创造性的战略水到渠成。经过探索与调整的交互作用，逐步形成一个有效的战略，而不是事先制定形成的战略。手艺化战略比较真实地反映了战略的形成过程，特别是更好地描述了有效战略的形成过程。

亨利·明茨伯格认为，就像战略可以被制定一样，战略同样可以自己形成。一个已存在的战略，往往是通过对演进着的形势所做出的回应，继而可以自然生成一种战略；战略也可以是经过深思熟虑，通过"先制定，后执行"的过程形成。在实践中，战略制定应该两条腿走路：一条是手艺化方式（自然生成）；一条是规划式方式（深思熟虑）。纯粹的规划式战略（深思熟虑）排斥了学习（探索与调整）。纯粹的手艺化战略（自然生成）阻止了控制（计划与实施）。如果走极端，两种方法都没有太大意义，学习必须与控制结伴而行。

规划式战略的问题

在现实中，许多无法实现的规划式战略，几乎都伴随着执行失败的声明。事实上，在大多数情况下，这样的解释过于简单。因此，一些人越过执行去看战略制定的问题。结果看到，战略家们其实并不够聪明。很多意图性战略一开始就构思不当，甚至是一厢情愿。问题可能还出在更深层面上，这就是对战略制定与战略执行所做的人为划分与分割。一种迂腐的观点是，把战略家看成是策划者，或者是有远见卓识者，是高高在上、向其他所有人布置卓越战略的某个人。但是，大型组织试图将战略制定与战略执行工作分开，这通常会切断两者之间关键的反馈连接。

那些发现有效创意的一线人员，可能是整个组织里掌握了最具战略性信息的人。但是，如果他没有权力制定相应的战略，或者把信息传达给有权力的人，那么这个信息就没有什么价值——因为渠道被封锁了，或者实际情况更简单，战略制定者们已经完成了战略制定。在传统的战略管理观念中存在一个极大的谬论，就是认为战略是高高在上的，与组织日常的经营细节相隔千里。这解释了今天的商业与公共政策中那些戏剧性的失败。

战略应该从哪里来

在个人组织中，执行者就是制定者。因此，创新可以轻易、快捷地融到战略之中。在一个大型组织中，创新者与战略制定者之间可能隔了10个层级。一个具有创新性的主意，或许只能向处于同阶层的同事推销。有时候，这种创新会引起注意，但那或许是在几年之后，那时既有战略已经失败，领导层正在寻找新事物与新思路。到那时，新创意可能被允许在组织里运用，成为组织的新战略。实际上，就像花园里的杂草一样，只要人们有学习识别能力，并给予相应的资源支持，战略可以在各种各样的环境里生长。

战略家应该被看成是一个学习者——他们管理一个过程，其间战略可以自然生成，亦可以深思熟虑而成。在实际执行中，懂得战略手艺化的经理，不会花很多时间阅读专业报告或行业分析，而是喜欢通过个人接触了解组织与行业。他们对经验很敏感，知道尽管个人观点很重要，但其他因素对战略决策一定很有帮助。在这个过程中，他们发现了那些可以成为战略的东西。通常，这些模式的形成，都源于一些意料之外的行为与发现。对于战略家，与其说他们是战略的创造者，不如说是战略的发现者。

战略管理的关键能力，是察觉新模式的能力——即发现战术的能力，并帮助新模式发展为战略。管理者的工作不仅是预想专门的战略，而且要能在组织里认识到新模式的出现，并在适当的时候介入开发新模式。就像公园里意外出现的杂草，有些自然出现的战略，或许需要立即连根拔起。但是，管理者不要急于拔除意外出现的杂草，因为明天的观点可能就来自于今天的异常。如《圣经》（Bible）所言，有些时间用来播种，有些时间用来收获。这就是说，什么时间干什么、不干什么，必须有一个清晰的界限。在找到战略性思维之前，必须将精力集中在寻找战术（思想）上；找到战术（思想）之后，必须把精力集中在战略（行动）上，而不是随时、随意、频繁地变更战术（思想）。有时候，一些新模式（战术）必须被遏制，直到组织为战略革命做好准备。管理者作为模式识别者，应该有能力知道什么时候探索既有战略，什么时候鼓励以新代旧。

亨利·明茨伯格认为，战略的定义包含五个部分：计划（plan）、谋略（ploy）、模式（pattern）、定位（position）、视角（perspective，或称思维模式），并思考这些要素之间的相互联系。从定位的逻辑上看，战略应该是某种独特的"定位"，包括对未来地位的某种愿景，或者对未来状况的某种憧憬。或许，我们应该这样理解战略五个构成部分之间的关系：首先，结合所处的境况，选择恰当的"谋略"；然后，沿着独特的"视角"，制定可行的"计划"，展开一致的"行动"（action），进而形成稳定的"模式"。同时，采取匹配的执行政策，塑造相应的企业文化，产生有力的行动力量，确保有效的战略实施。

战略从哪里来：艾·里斯与杰克·特劳特的观点

艾·里斯和杰克·特劳特对于营销的贡献，在于提出了品牌对人们心智的占领，并逐步形成了定位的思想系统。尽管这些思想显得比较散乱，但是仍然能从中找到连接的节点。其中最为关键的连接节点，则是战术与战略的关系。人们对定位的注意力，多数都集中在定位法则和战术形式上，却忽视了定位理论关于战术和战略的关系。要知道：战术与战略的关系，乃是企业实现战略定位的关键所在。定位理论认为，应该先有战术，后有战略。战略应该以战术为基础，要把战术（思想）转化、提升为战略（行动）。应该先找到有效的战术，再把战术开发为战略。因此，战略应该自下而上形成，不应该自上而下形成。对于战术与战略的这种关系，许多人在观念上一时难以接受，这或许就是人们忽视战术与战略关系的原因。亨利·明茨伯格关于战略形成的观点，则能够帮助人们理解定位战术与战略的相互关系。

自上而下构建战略

所谓"自上而下"形成的战略，就是亨利·明茨伯格所认为的"规划式战略"。企业管理高层坐在办公室里，系统地分析竞争对手、市场环境、企业优势与劣势，通过理性推理和判断，制定出一套逻辑上看似完美的书面计划，然后交由下级部门照着计划执行。在更多的时候，这种战略计划由意图性的宏伟目标、口号式的行动纲领，以及指标性的工作任务所构成。至于实现战略的有效路径是什么，则往往不被包含在战略规划的考虑范围之内。寻找上山路径的任务，被认为是次级的、战术性的东西，被认为是执行者应该考虑的事情，而不是制定者应该考虑的事情。结果，人们可能找到了五花八门的上山路径，并按照各自找到的路径向山顶攀登。先不说这些路径的有效性如何，沿着任何一条路径攀向山顶，都需要足够的资源支撑攀登者前行。当一个企业有太多路径的时候，沿着哪条路径都难以走到顶峰。这是因为：企业有限的竞争资源不能被集中在一起，用在有效的前进路线上。

自下而上构建战略

"自下而上"形成的战略，就是亨利·明茨伯格所认为的"手艺化战略"。企业管理高层不应该坐在办公室里构想战略，而是应该深入营销战场的第一线，寻找能够开发成为战略的东西。营销战场的前线在哪里？营销战争的前线不在超级市场，不在百货商店，不在客户办公室。营销战争的前线在人们的日常生活里，在企业一线员工的头脑里，在潜在客户的心智里。这意味着：管理人员必须了解人们日常生活中的问题，必须弄清潜在顾客头脑里的想法，必须从企业一线员工那里获取第一手资料，从中寻找那些能够被开发成为战略的东西。有时候，甚至要从竞争对手身上寻找机会。这种东西或者机会，我们称之为战术，亦可以称之为定位视角。在找到了有效的战术之后，企业管理高层应该把战术提升为战略。即沿着（围绕）定位的视角，开展方向一致的营销传播活动，乃至方向一致的企业运营活动。这样，战术就被提升为战略。以有效战术为基础的战略，是战略获得成功的根本保证。

战略逻辑结构一致

艾·里斯和杰克·特劳特并没有像亨利·明茨伯格那样，把战略结构划分为五个部分，即计划、谋略、模式、定位和视角（或称思维模式）。但是，构成战略的这5项内容，完全可以应用到艾·里斯和杰克·特劳特的战略观点上。（1）定位——艾·里斯和杰克·特劳特理论的核心，一切活动都应以实现定位为目标。（2）谋略——定位不是营销者与消费者之间的二人游戏，而是营销者、消费者和竞争者之间的三人游戏。因此，营销者需要针对竞争者采取行动。艾·里斯和杰克·特劳特的定位理论提供了4种策略模式，即防御战、进攻战、侧翼战和游击战。这4种战术分别适用于处在不同地位上的竞争者。（3）视角——在战术策略框架的指导下，需要找到一个有效的定位视角，即从什么具体的角度入手，才能产生良好的战术效果，以实现定位这个目标。（4）计划——在选择了战术、寻找到视角之后，制定一份战略计划以控制战略的执行和实施步骤是十分必要的。事实上，在战略计划形成之前，实际上的战略已经形成。所谓战略计划，不是用来创造战略的方法，而只是将已生成的战略程序化而已。（5）模式——沿着（围绕）定位的战术视角，开展一致性的营销传播活动，甚至一致性的企业运营活动，并保持这种一致活动的稳定性，就会形成一个相对固定的模式。这样，亨利·明茨伯格所强调的战略五项内容之间彼此的联系，与艾·里斯和杰克·特劳特所强调的战略定位之间,就找到了一条彼此相互贯通的桥梁。

自上而下执行战略

艾·里斯和杰克·特劳特认为,战略应该自下而上构建,但是要自上而下执行。企业一旦确认了有效的战略,高层管理者应该把资源聚集在战略上,并克服组织里的执行障碍,甚至对组织和业务实施变革,推动有效战略的实施。艾·里斯和杰克·特劳特甚至认为,最应该学习定位理论的人员,是企业的总裁或者首席执行官。这不仅是因为首席执行官应该知道定位理论的有效性,更是因为只有首席执行官才能把战术转化为战略行动。

在另一个方面,就像亨利·明茨伯格的观点一样,战略定位应该限制其他战略的发展,避免其他路径对选定战略的干扰,保证选定战略有效实施。在定位理论上,这种做法被称为"聚焦"。同时,聚焦意味着要做出牺牲,牺牲是为了保证聚焦。如同"战术"与"战略"就像一枚硬币的两面一样,"聚焦"与"牺牲"同样像是一枚硬币的两个面,这二者对于战略的作用缺一不可。对于这一点,只有高层管理者才有权力做出取舍决策。

艾·里斯和杰克·特劳特认为,企业文化不是空洞的口号。员工需要知道,与竞争对手的战略定位相比,本企业到底有何不同。员工只有理解了有效的战术,才能知道自己应该做什么,才会以自身的行动创造出战术效果。一旦知道有效的东西是什么,不需要管理者喋喋不休地进行说教,员工就会自动沿着战略的方向开展行动。这就是说,有效的战术能够催生团队行为的形成。这就是定位战略与企业文化的关系,有效的战术思想能够形成有利的行为文化。

序言7 哲思

孙子兵法与定位
——以逸待劳与避实击虚

难以置信的问题

《孙子兵法》与"定位理论"有什么联系吗?这似乎是一个难以令人置信的问题。从表面上看,这二者之间没有任何直接联系。《孙子兵法》产生于古代的中国,"定位理论"源自于当代的美国;《孙子兵法》产生于公元前5世纪,"定位理论"形成于公元后20世纪;《孙子兵法》讲纯粹的军事谋略,"定位理论"谈纯粹的商战谋略;《孙子兵法》的产生时代,几乎没有多少人关心商业谋略;"定位理论"的产生时代,商业谋略比军事谋略还要流行。因此,人们可能认为,这二者风马牛不相及,没有什么必然的联系。

从本质上看,《孙子兵法》与"定位理论"又有着太多的一致。这是一种巧合吗?可以肯定的是,"定位理论"既不是参照《孙子兵法》内容的产物,又没有受到《孙子兵法》思想的影响。但是,"定位理论"受到了《战争论》的影响与启发。甚至可以说,《营销战》完全借鉴了《战争论》的军事思想。对于中国人来说,《战争论》就是西方的孙子兵法;对于西方人来说,《孙子兵法》则是东方的《战争论》。由此可见,《孙子兵法》与"定位理论"必然会存在着某种程度的联系,只不过人们一直未发现而已。

策略思想的对接

《孙子兵法》与"定位理论"都是关于"竞争与斗争"的思想方法,这二者都强调针对"对手或敌人"展开行动。或者说,这种"竞争与斗争"的策略原则，均以"对手或敌人"为前提假设。对于"定位理论"而言，其理论内容的展现形式，更多地表现为"认知战争"的"原则与做法"；其市场竞争的策略思想，则隐藏在这些"原则与做法"的背后。对于《孙子兵法》来说，其思想内容的表现形式，则是"原则和做法"与"思想和哲理"并重。或者说，在某种程度上，《孙子兵法》可以被称为"关于斗争的哲学"。从这个角度看，《孙子兵法》更高一筹，并因此能够对"定位理论"的思想加以诠释。这就是说，《孙子兵法》的竞争思想，能够为"定位理论"提供更广阔的思维空间，能够为"定位理论"提供更丰富的内容借鉴。

《孙子兵法》与"定位理论"是否存在关键的"契合点"？或者说，在这二者之间，能否找到"可以贯通连接"的"对接口"？这个"对接口"是什么？从目标上看，二者都以"争利"为终极目标。从形式上看，二者都以"争地"为实现途径。这就是说，二者都想"通过打败战地上的敌人"，以实现"争利"的终极竞争目标。从内容上看，二者的谋略思想，都是关于"打败战地上竞争对手"的原则与哲学。因此，"战地"这个战争的核心要素——敌我双方所争夺的那个焦点——成为《孙子兵法》与"定位理论"的对接口。有所不同的是，这个"战地"的所在之处，有着根本性的差别。《孙子兵法》所指的战地，是军事战争的地理位置；"定位理论"所说的战地，是营销战争的心智空间。前者，通过军事行动打败地理空间上的敌人；后者，通过营销活动战胜心智空间里的对手。二者都是围绕这个"空间"，形成了"争夺"的策略思想。尽管这个战地的性质有着本质上的差别，甚至在物质上根本不具有任何共同之处，但是这并不影响后者对前者的策略借鉴。

孙子兵法的借鉴

概括起来说，"定位理论"的策略思想，亦不外乎8个字——即"以逸待劳、避实击虚"。无论是定位的基本法则，还是营销战的战术思想，本质上都没有超出"以逸待劳、避实击虚"的原则。在这个原则基础之上,《孙子兵法》大量的思想观念,都可以用来诠释"定位理论",启迪人们对"定位理论"进行更加广阔的思考,促使人们对"定位理论"产生更加深入的理解,帮助人们对"定位理论"加以更加灵活的运用。

劳 逸

《孙子兵法·虚实》中说:"凡先处战地而待敌者佚,后处战地而趋战者劳。故善战者,致人而不致于人。""定位理论"的首要原则是:抢先占领人们的心智,在人们的心智里取得领先地位。"定位理论"认为,抢先进入人们心智,胜过抢先进入市场。第一个进入人们心智的品牌,总是被人们认为是"原创品"、"正宗货";第二个进入人们心智的品牌,往往被人们当成"仿效品"、"二流货"。

《孙子兵法·九变》中说:"故用兵之法,无恃其不来,恃吾有以待也;无恃其不攻,恃吾有所不可攻也。""定位理论"认为,领先者应该采取防御战策略,不断对自我发起挑战,巩固自身在人们心智里获取的领先地位,让竞争者难以超越领先者的地位,或者让竞争者难以取代领先者的地位,进而成为一个产品类别的主导者。从本质上说,这是积极的防御战略。

迂 直

《孙子兵法·军争》中说:"军争之难者,以迂为直,以患为利。故迂其途,而诱之以利,后人发,先人至,此知迂直之计者也。""定位理论"认为,如果领先者失去自我挑战的机会,应该迅速拦截挑战者的攻击行动。趁挑战者尚未在人们心智里立足之前,利用自身领先地位阻击挑战者的进攻,即推出与挑战者具有同样特性的产品,与挑战者展开顾客心智空间的争夺。此乃"后人发,先人至"的竞争原则。

《孙子兵法·军争》中说:"先知迂直之计者胜,此军争之法也。"

"定位理论"认为,营销在本质上是一场认知之战。其关键在于:要抢先获得顾客的认知,而不是抢先进入市场。许多率先进入市场者,由于没能抢先占领人们的心智,结果没有成为品类里的领先者。相反,一些没能抢先进入市场的品牌,由于抢先占领了人们心智,结果却能够成为品类里的领先者。此乃"知迂直之计者胜"的道理。

虚 实

《孙子兵法·虚实》中说:"夫兵形象水,水之形,避高而趋下;兵之形,避实而击虚。""定位理论"的一个基本原则就是:不要与领先者正面交锋,不要争夺竞争者已经占有的心智地位,包括已经拥有的领先地位、品牌属性,以及品牌代名词。"定位理论"认为,要在人们的心智里寻找机会,看看竞争品牌在人们心智里占有什么地位,己方品牌在人们心智里又占有什么位置,在人们心智中仍有哪些位置尚未被占领。然后,或者巩固己方在人们心智里的地位,或者抢占尚未被他人所占领的顾客心智位置。

《孙子兵法·虚实》中说:"水因地而制流,兵因敌而制胜。故兵无常势,水无常形;能因敌变化而取胜者,谓之神。""定位理论"认为,采用什么样的竞争策略,不完全由己方所决定,往往因对手所处的地位而决定。"定位理论"提出了4种策略模式——防御战策略、进攻战策略、侧翼战策略和游击战策略。其中,防御战策略本质上为"以逸待劳"之策;进攻战策略、侧翼战策略和游击战策略,此三者本质上均为"避实击虚"之策。只不过根据彼我相对位置的不同,选取的"所击之虚"不同而已。

多 寡

《孙子兵法·谋攻》中说:"故用兵之法,十则围之,五则攻之,倍则分之,敌则能战之,少则能逃之,不若则能避之。故小敌之坚,大敌之擒也。""定位理论"认为，在同一个产品类别里，由品牌地位所引起的实力差距，决定着所应该采取的竞争战术。这就是为什么第一品牌要打防御战，第二品牌要打进攻战，第三品牌或者第四品牌要打侧翼战，排不上位置的品牌应该打游击战。这就是说，兵力（资源）决定着使用什么样的战术方法。

《孙子兵法·地形》中说："夫势均，以一击十，曰走。"《孙子兵法·地形》中说："将不能料敌，以少合众，以弱击强，兵无选锋，曰北。"《孙子兵法·军形》中说："故胜兵若以镒称铢，败兵若以铢称镒。""定位理论"认为，兵力——企业所能投入到认知战争里的资源多寡，决定着能否抢先把一个价值概念送入到人们的心智里。一个普通的想法加上足够的资源，要远远胜过仅有一个优秀的创意。这就是定位理论的资源（数量）法则。

远 近

《孙子兵法·地形》中说："夫地形者，兵之助也。料敌制胜，计险阨、远近，上将之道也。知此而用战者必胜，不知此而用战者必败。"《孙子兵法·地形》中说："远形者，势均，难以挑战，战而不利。""定位理论"认为，在同一个产品类别里，处在不同心智位置上的品牌，应该分别采取不同的定位策略。这固然与"由于地位不同而造成的实力差距"有关，同时亦与"攻击距离的远近"存在着必然的联系。一个在人们心智中排在三四位之外的品牌，若对领先者发起大规模进攻，往往会被人们认为"不在同一个档次上"。这是与领先品牌之间存在的心智地位距离产生的结果。

《孙子兵法·军争》中说："举军而争利则不及，委军而争利则辎重捐。是故卷甲而趋，日夜不处，倍道兼行，百里而争利，则擒三军将；劲者先，罢者后，其法十一而至；五十里而争利，则蹶上军将，其法半至；三十里而争利，则三分之二至。是故军无辎重则亡，无粮食则亡，无委积则亡。""定位理论"认为，在一个品类里获得领先地位的品牌，很难同时在另一个品类里成为领先品牌。这是因为：在人们的心智里，一个品牌只能代表一种价值概念，只能占据一个价值位置。这意味着：一个品牌很难既代表这种概念，同时又代表着那种概念；一个品牌很难既占据这个位置，同时又占据那个位置。定位理论的这种原则，同样是两个品类之间心智距离产生的结果。

奇 正

《孙子兵法·兵势》中说："三军之众，可使必受敌而无败者，奇正是也。兵之所加，如以碬投卵者，虚实是也。""定位理论"认为，所谓定位，就是要与竞争对手不同，而不是要与竞争对手相同，即要在人们的心智里实现品牌差异化。品牌在心智上的这种差异化，又是在产品同质化竞争背景下的差异化。这就是说，在心智里实现差异化的品牌，同时又存在着"以产品物质形态为核心"的同质化内容。这些同质化的内容，即为"正"；那个差异化的焦点，即为"奇"。以"正"对敌，以"奇"制胜，这同样是定位理论的制胜之道。没有"正"，不足以出奇；没有"奇"，不足以制胜。"正"与"奇"存在着相生相依的依存关系。

《孙子兵法·兵势》中说："凡战者，以正合，以奇胜。故善出奇者，无穷如天地，不竭如江河……战势不过奇正，奇正之变，不可胜穷也。奇正相生，如循环之无端，孰能穷之？"在营销的战争里，敌我双方可能采用相同的营销工具和手段，包括产品、价格、广告、渠道等内容。这就是所谓的"以正合"。"定位理论"认为，定位就是要寻找那些独特的东西，然后用这些独特的东西攻占人心，成为人们心智里的价值焦点，在人们心智里实现差异化定位。这就是所谓的"以奇胜"。这些独特的东西，不仅仅存在于产品自身之内，很多时候存在于产品自身之外。因此，能够"为奇"之处，实际上可以在很多地方找到。

攻 守

《孙子兵法·军形》中说:"昔之善战者,先为不可胜,以待敌之可胜。不可胜在己,可胜在敌。故善战者,能为不可胜,不能使敌之可胜。故曰:胜可知,而不可为。不可胜者,守也;可胜者,攻也。守则有余,攻则不足。善守者,藏于九地之下;善攻者,动于九天之上。故能自保而全胜也。"《孙子兵法·虚实》中说:"出其所不趋,趋其所不意;行千里而不劳者,行于无人之地也;攻而必胜者,攻其所不守也;守而必固者,守其所不攻也。故善攻者,敌不知其所守;善守者,敌不知其所攻。微乎微乎,至于无形;神乎神乎,至于无声。故能为敌之司命。"

"定位理论"认为,唯有一个品类里的领先者,才应该考虑采取防御战术。定位理论还认为,防御战是最有效的战术。但是,"定位理论"所谓的防御战,实际上是积极的自我攻击战,旨在不断提高、巩固己方品牌在人们心智里的地位,不断拉开、扩大己方品牌与竞争品牌之间的距离。这就是所谓的"守"——不可被战胜在己,关键在于己方的防御策略。让竞争对手不知所攻,让竞争对手难以进攻,从而不战而屈人之兵,以此实现"先为不可胜"之势,此乃防御战策略的最高境界。此外,"定位理论"还认为,防御战是最节省力量的竞争战术。采用防御策略,会使竞争资源处于"相对有余"的状态。对于领先者来说,应该保持充足的竞争资源,以备随时阻击挑战者发动的进攻。

"定位理论"不主张"直攻强取",而是主张"攻其所不守"。"定位理论"认为,应该从竞争对手身上寻找攻击视角。进攻战策略与侧翼战策略,二者均是"可胜在敌"这种思想的结果。进攻战策略是攻击领先者强势里固有的弱点。这种强势里固有的弱点,不但与领先者的强势紧密相连,而且与领先者的强势相伴而生,是为领先者的"不可守"之处。侧翼战策略,是对领先者尚未设防的侧翼阵地发起攻击。攻击这个领先者尚未设防的侧翼阵地,即为"出其所不趋,趋其所不意。行千里而不劳者，行于无人之地"。"定位理论"认为，进攻需要有充足的竞争资源，经常会使竞争资源处于"相对不足"的状态。因此，企业必须集中力量，攻其一点，才能产生良好的攻击效果。

专　分

《孙子兵法·虚实》中说："故形人而我无形，则我专而敌分。我专为一，敌分为十，是以十攻其一也。则我众而敌寡，能以众击寡者，则吾之所与战者，约矣。""定位理论"认为，世界上有两种企业：一种是通才型企业，一种是专才型企业。在人们心智里，通才型企业"什么都会做"，但是什么都"做不精"。专才型企业"只会做一样"，但是能够"做得精"。对于品牌来说，道理完全一样。一个品牌延伸得越远，战线拉得越长，在人们心智里的地位就越加模糊。无论是企业经营，还是品牌延伸，越是分散出击，力量就会越弱，漏洞就会越多。因此，"定位理论"强调集中与聚焦，不主张多元经营与品牌延伸。"定位理论"强调，所有的营销力量，都应该集中于"可以产生认知成果"的攻击点上，以此形成具有相对优势的力量，从而形成强大的营销攻势焦点。这就是"我专为一，以十攻一"的道理。在定位理论中，这被称为"聚焦法则"。

不止于此的借鉴

对于《孙子兵法》的思想，"定位理论"可以借鉴的东西远远不止于此。上述所借鉴的内容，仅仅是表面上的一部分而已，尚有相当丰富的思想内涵有待深入思考与发掘。这些思想与内涵，既是丰富"定位理论"的宝贵财富，同时又是深化"定位理论"的宝贵思想。

例如，《孙子兵法》的先胜思想——"胜兵先胜而后求战，败兵先战而后求胜。"《孙子兵法》的易胜思想——"古之所谓善战者，胜于易胜者也。故善战者之胜也，无智名，无勇功。故其战胜不忒。不忒者，其所措必胜，胜已败者也。"这些都是非常值得"定位理论"借鉴与发扬的东西。

再如，《孙子兵法》对地势与地形的论述，与"定位理论"的思想原则完全一致。例如："凡军好高而恶下，贵阳而贱阴，养生而处实，军无百疾，是谓必胜。""隘形者，我先居之，必盈之以待敌；若敌先居之，盈而勿从，不盈而从之。险形者，我先居之，必居高阳以待敌；若敌先居之，引而去之，勿从也。远形者，势均，难以挑战，战而不利……"如此等等，不一而足，均是丰富与深化"定位理论"的宝贵思想。

在商业领域里，对《孙子兵法》的研究与运用早就已经存在了。哈佛商学院的学生甚至被要求必须熟记《孙子兵法》的某些名言。但是，从未形成过一套"孙子商业竞争策略"理论。这固然十分困难。同时，几乎找不出一种商业竞争理论，可用《孙子兵法》谋略思想进行诠释。或许，世界上真的存在一种机缘的巧合。"定位理论"的竞争思想完全可以用《孙子兵法》进行诠释。反过来说，《孙子兵法》的谋略思想，现在能够用于诠释一种商业竞争理论。对此，不能不说是一种新发现，不能不说是一种新突破。尤为重要的是，这为"定位理论"进一步发展与运用提供了更加广阔的思维和想象空间。

"定位理论"存在哲学上的基础吗？如果存在着某种哲学基础，那么一定是以"斗争哲学"为首要基础，一定是以"谋略哲学"为第一基础。此外，"定位理论"的许多商业思想，在中国古代哲学思想里都能找到相应的哲理基础。由此可见，"定位理论"的谋略思想，虽然在20世纪六七十年代产生于美国，但是却不需要用西方哲学加以诠释，中国古代哲学思想完全可以解决这个问题。这是牵强附会吗？不是。由于历史与社会等原因，中国古代的哲学思想从未被整合运用到商业策略等其他领域中，因而从未能产生一种系统化的商业竞争理论。对此，不能不说是一种遗憾。对于今天的人们来说，这种遗憾则意味着诞生新思维的一种可能性。古老的东方智慧绝不是拿来附庸风雅的摆设，而是可以当成启迪新思想、解决新问题的一把钥匙。中国的文化遗产不是用来装点门面的装饰品，而应该是用于创造未来的营养品。

序言 8　合用

主流理论与定位
——主流与非主流的兼收并蓄

主流与非主流

定位理论不属于主流的营销理论，至少不是商学院里的必修课程。但是，理论归理论，实践是实践。主流的营销理论未必能够解决实践问题。实践的问题，往往用非主流的方法才能得以解决。对于企业来说，主流与非主流本身没有太大意义。有意义的是，用什么方法能够更加有效地解决营销竞争的策略问题。因此，企业不必迷信所谓的主流理论，亦不必鄙视所谓的非主流理论，更不必盲从理论家的鼓吹与品评。哪种方法能够解决问题，哪种方法就是好方法。况且，理论能否成为主流，不完全依靠对问题的有效解决，更多的是依靠"有效的传播途径"。

菲利普·科特勒——美国西北大学（Northwestern University）凯洛格商学院（Kellogg School of Management，KGSM）终身教授；迈克尔·波特——哈佛大学商学院（Harvard Business School）终身教授；亨利·明茨伯格——加拿大麦吉尔大学（McGill University）Desautels 管理学院讲座教授、欧洲工商管理学院（European Institute of Business Administration，INSEAD）客座教授；唐·舒尔茨——美国西北大学（Northwestern University）麦迪尔新闻研究所（Medill School of Journalism）广告暨整合营销传播学教授。由此可见，大学与商学院永远是理论传播的最佳途径。

艾·里斯和杰克·特劳特何许人也？他们是定位理论的创始人，营销前线的战役策划人，但不是大学里的教授。艾·里斯和杰克·特劳特没有刻意追求理论的完美性，但却特别在意策略的有效性。关于这个方面的特点，在这两位营销大师的著作中显露无遗。如果把二人的角色转换成为大学教授,把注意力集中在理论创建上面,那么定位理论无疑会成为一种主流的营销理论。但是,值得怀疑的是,如果定位理论创始人从一开始就在大学里任教,而不是在营销前线充当战役策划人,那么定位理论能否诞生倒是一个值得怀疑的问题了。

兼收与并蓄

定位理论在营销战争中的价值与意义,自然不必再次加以强调了。一种完善的竞争理论,不但应该能够为实践提供有效的指导,而且其自身在内容、逻辑和结构上,亦应该形成一个完整的体系或者系统,以便于人们理解、学习与运用。从其诞生的那天起,定位理论就不是一种完美无缺的理论体系。尽管这并不影响其在营销过程里的实战价值,但是却影响了其在传播过程中的可信程度。因此,作为一种极具实战价值的理论,其本身确实存在着进一步完善与丰富的必要。除了自身的核心思想之外,任何一种完善的理论体系,都应该从其他理论思想里汲取营养,以丰富与完善自身的理论体系。在这一点上,定位理论同样不应该例外。况且,营销活动作为一门实践的艺术,其本身就不可能完全按照某一种理论展开行动。相杂而用,或许是营销这门实践艺术的最大特征。因此,各取所长、兼收并蓄、相补互证、相得益彰,这确实十分必要。

那么,对于定位理论而言,能够从这些主流理论中汲取什么精华,以作为对自身理论的完善与丰富?(1)"定位理论"应该取"营销管理理论"之构架,并替换"营销管理理论"的前提假设,即将"满足顾客需求"这个前提假设,替换为"面向竞争对手"这个假设。同时替换"定位"这个被严重误读了的概念,即将"对产品做得事"替换为"对头脑做的事",从而将"攻城之战"转换为"攻心之战"。(2)"定位理论"应该取"竞争战略理论"之运营活动,即迈克尔·波特在《什么是战略》一文中关于运营活动与定位的论述,以弥补定位理论在运营活动上的论述不足。这样,对保持战略活动一致性的要求,就从营销传播扩展到企业运营。（3）"定位理论"应该取"整合营销传播理论"之基础和要求。所谓"整合营销传播"的基础，就是头脑对信息的处理过程，以及认知价值在营销中的决定性作用，可以此强化定位理论之根基。所谓"整合营销传播"的要求，就是对各种信息形式以及各种信息渠道进行统一的整合，使之在内涵上保持所传递信息的一致性，甚至以此引导企业内部运营的协调一致。（4）"定位理论"应该取亨利·明茨伯格"战略形成过程"之观点，即战略源自于对有效方法的发现与识别，这就是艾尔·里斯和杰克·特劳特所持"离经叛道"的观点——战略源自于战术，从而对定位的战略观形成有力的支撑与证明。（5）定位理论应该取《孙子兵法》之谋略。从本质上看，"定位理论"与《孙子兵法》没有什么两样，核心原则都是"以逸待劳，避实击虚"。定位理论强调了对竞争对手的针对性，没有强调对竞争对手的策略性，引入《孙子兵法》的思想，可以使"定位理论"更加具有策略想象空间。（6）"定位理论"应该取马丁·林斯特龙（Martin Lindstorm）之实验，这些实验案例从科学的角度上验证了"定位理论"的基础——认知规律，从而使定位理论更加具有科学性。这些实验公开发表的案例与结果，集中体现在《买》一书的内容中。

菲利普·科特勒：市场营销管理理论

如果仅从结构和逻辑上来看，那么"市场营销管理理论"堪称完美。菲利普·科特勒所构建的理论框架——STP＋4P，即战略营销＋营销组合，实际上就是一个营销活动的管理过程。这为人们理解、学习与运用"营销管理理论"提供了有效的方法，亦是"营销管理理论"得以广泛流传的原因之一。这是"营销管理理论"的可取之处。

在"营销管理理论"里，定位本身就是营销的一个关键环节（战略定位）。有所不同的是，菲利普·科特勒所说的定位，重点强调"要对产品做一些事情"；艾·里斯和杰克·特劳特所说的定位，则重点强调"要对顾客头脑做一些事情"。此外，"营销管理理论"的前提假设是"面向顾客需求","定位理论"的前提假设是"面向竞争对手"。

在对敌实战过程中,应用者(企业)不妨在指导思想上进行"升级替换",即将"营销管理理论"的前提假设,替换成"面向竞争对手";对定位这个概念本身的理解,替换成"要对顾客头脑做一些事情"。这样既保留了"营销管理理论"的逻辑与结构,又解决了"营销管理理论"的缺失与不足。

"营销管理理论"的不足在于:在同质化竞争与过度化传播的营销环境里,针对竞争对手的策略方法明显不足。尽管菲利普·科特勒引入了防御战、进攻战、侧翼战和游击战等4种战术,但是如何运用这4种战术,以及在何处应用这4种战术,始终是一个难以明确解决的问题。"营销管理理论"的缺失在于:对于品牌的本质是什么,以及如何塑造出一个成功的品牌,STP+4P理论始终避而不答。对于现代营销来说,如果某一营销理论缺少品牌塑造这一个环节,那么这种营销理论无疑是一种存在缺失的理论。

艾·里斯和杰克·特劳特的定位理论,很好地解决了这些问题。至于顾客需求的满足问题,定位理论的回答是:顾客需求在竞争过程中获得满足。这样的回答无疑显得更加具有现实意义。如果企业之间没有竞争,那么谁还会关注顾客需求呢?

迈克尔·波特:竞争战略与竞争优势理论

迈克尔·波特的"竞争理论"与艾·里斯和杰克·特劳特的"定位理论"就像同一条直线上的两个端点,只是各自所强调与侧重的领域不同而已。对此,绝大多数人都不会相信。特别是那些视迈克尔·波特竞争理论为最优竞争理论的人们,恐怕会感到尤为难以接受。然而,是否愿意相信是一回事,事实则完全是另一回事。

迈克尔·波特的"竞争理论"主要包括竞争战略与竞争优势两个部分。迈克尔·波特关于"什么是战略"的观点,则是对这两个部分的联结。或者说,迈克尔·波特"关于战略定位"的观点,把竞争战略与竞争优势这两个部分连接到一起。迈克尔·波特认为，竞争优势可能来自多个方面，包括产品的差异与品牌的认知。他进一步指出，差异化竞争优势或者核心性竞争优势，来自于企业的价值链活动——由一系列专门设计的运营活动所组成。这些价值链活动形成了企业的竞争战略——即低成本战略、集中化战略和差异化战略。在迈克尔·波特看来，这三种战略模式就是战略定位。这种战略定位的实现，则要依靠由独特运营活动构成的价值链活动。而且，企业这种独特的价值链活动，很难被竞争对手所模仿。因此，战略定位很难被彻底模仿，这就构成了竞争优势。迈克尔·波特强调，由运营活动构成的价值链，必须要与战略定位保持一致、匹配与优化。

艾·里斯和杰克·特劳特认为，应该在人们心智里实现差异化。或者说，任何一种差异化的价值，必须首先获得顾客的认知与认可，否则这种差异化就没有实际的营销意义。如果要实现这种认知上的差异化，那么既要看顾客心智里"没什么"，又要看顾客心智里"有什么"。这既包括己方在顾客心智里占有的价值地位，又包括对方在顾客心智里占有的价值地位，并据此确定己方在顾客心智里所要占据的价值地位。在此基础之上，围绕着所要占据的价值地位，开展方向一致的营销传播活动，以在顾客心智里实现差异化的定位。这意味着：艾·里斯和杰克·特劳特所说的定位战略，首先从顾客心智的差异性认知开始。请注意，艾·里斯和杰克·特劳特所强调的战略，是指一致性的营销传播活动，而不是一致性的企业运营活动。由此可见，迈克尔·波特所强调的一致性活动所涵盖的范围要广泛很多。此外，迈克尔·波特所强调的战略活动，不仅仅是简单的一致性，还包括更高层次的配称与优化。

如果把定位当成一个完整的过程，那么迈克尔·波特是站在企业这一端，强调通过企业内部的运营活动实现定位；艾·里斯和杰克·特劳特则站在顾客这一端，强调通过对顾客心智的抢先占领实现定位。如果把这两端连接在一起，那么将是一个更加完整的战略定位过程。相对于定位理论，迈克尔·波特关于"一致性"的观点，所涵盖的范围更广，所达到的层次更高。在这一方面，定位理论无疑需要继续完善和提高。

唐·舒尔茨：整合营销传播理论

唐·舒尔茨是定位理论的反对者。其对定位理论的攻击点，主要集中在两个方面：一是定位的理论基础。唐·舒尔茨认为定位的理论基础不够先进——不是最新的认知规律研究成果，而整合营销传播理论的基础，才是最新的认知规律研究成果。二是定位的核心要点。唐·舒尔茨认为人们的观念很容易改变——不像定位理论说的那样难以改变，用整合营销传播理论的方法，可以对顾客进行"一对一"影响。有意思的是，唐·舒尔茨又强调，只有顾客认知的价值，才是真正的品牌价值。不在于这种价值是什么，而在于顾客相信是什么。唐·舒尔茨的这种观点完全是基于人们的认知规律，与定位理论没有任何本质上的差别。

尽管从其诞生之日起就注意到了认知对营销的影响，但定位理论始终是没有刻意考虑其理论基础的问题。直到后来，才把人们的认知规律补充进来。这与艾·里斯和杰克·特劳特所扮演的角色及其所关注的焦点不无关系。但是，不能据此认为定位就没有理论基础，更不能对定位的理论基础加以歪曲——唐·舒尔茨甚至认为，定位的理论不是以认知理论为基础，而是以亚伯拉罕·马斯洛（Abraham Harold Maslow）的需要层次理论等"过时的理论"为基础。这些观点集中反映在《唐·舒尔茨论品牌》（*Brand Babble*：*Sense and Nonsense about Branding*）一书中。暂且不说这些理论是否过时，这种无端的攻击与批评，更像是一个人"根本不知道什么是定位"，但却偏要说"别人的品牌定位理论"是妄语。或许，任何一种新诞生的理论，为了证明自己是最有效的理论，一定要对其他理论进行"声讨"才行。至于这种"声讨"是否有道理，则完全不必加以理会了。

唐·舒尔茨"整合营销传播理论"的价值，不在于那个"一对一"的整合营销沟通模型。那个"整合营销传播"模型，就像是一个"不知道何时才能实现"的梦想。事实上，没有哪个企业勇敢到那种程度——敢于按照那个模型开展一对一式的营销活动。唐·舒尔茨的贡献,特别是对定位理论的贡献,主要在于 3 个方面。一是认为顾客对品牌的认知价值,构成了真正的品牌价值。不在于这种价值是否真实,而在于顾客相信谁提供的价值真实。二是对认知规律作用的深入思考,以及由此产生的对营销传播的策略要求。三是对接触点概念的提出,以及由此产生的"对接触点上信息传播的管理要求",即根据接触点的不同,采用不同的信息传播方式,并把这些信息传播方式加以整合,向顾客传递一致性的信息。从本质上看,这三点都没有超出定位理论的思想范畴,只不过是更加深入细致罢了。进一步来说,唐·舒尔茨关于认知规律的引入,可以用来强化关于定位理论的基础问题;唐·舒尔茨关于对接触点上信息传播的整合,可以让定位理论"关于一致性的营销传播活动"更加深入。

亨利·明茨伯格:关于战略形成的观点

"定位理论"有两个"离经叛道"的观点:一个是认知价值,即在顾客心智里占有一种价值地位;一个是战术与战略的关系,即先有战术,后又战略,战略源自于战术。这两点"离经叛道"之处,正是"定位理论"的实战价值所在。然而,这同样是人们产生怀疑最多的两个地方,并由此对"定位理论"产生了怀疑。因为,这与人们头脑里的常识不一致。对于前者,在《整合营销传播》一书中,唐·舒尔茨提出了相同的观点;对于后者,在《战略手艺化》一文中,亨利·明茨伯格表达了同样的思想。但是,没有人注意这两个方面的内容。亨利·明茨伯格"关于战略形成的观点",无疑是对定位理论"关于战术与战略关系观点"的有力支持。

亨利·明茨伯格认为,战略可以自然生成。就如同陶艺制作一样,管理人员想得更多的东西,不是如何进行推理与思考,而是各种原材料水乳交融的感觉,这种感觉来自长期的经验与投入。制定与执行相互交融,形成一个渐进的学习过程。在此过程中,创造性的战略水到渠成。经过经验与学习的交互作用,逐步形成一个有效的战略,而不是事先制定形成的战略。这比较真实地反映了战略的形成过程。艾·里斯和杰克·特劳特认为，在营销战争里不存在肯定成功的事情，同样不存在永远成功的事情。如果一个战术和战略不再有效，或者从一开始就不起作用，那么越早停止这种没有效果的行动，就能越快尝试新战略。越早停止运用失败的战术，在尝试新战略时就有越多的资源可用。

亨利·明茨伯格认为，那些发现有效创意的一线人员，可能是整个组织掌握了最具战略性信息的人。但是，如果他没有权力制定相应的战略，或者把信息传达给有权力的人，那么这个信息没有什么价值。就像花园里的杂草一样，战略可以在各种各样的环境里生长，只要人们有学习识别能力，并给予相应的资源支持。战略家与其说是战略的创造者，不如说是战略的发现者。艾·里斯和杰克·特劳特认为，有效的营销战术，不在办公室里，不在商场里，而是在营销的前线。营销的前线在哪里？在企业一线员工的头脑里，在潜在顾客的心智里。要想找到有效的战术，管理者必须深入前线，获得最直接的第一手资料，然后把寻找到的战术提升为战略。

孙武：孙子兵法的谋略思想

"定位理论"的核心思想是什么？是占领人们心智的谋略思想。对于这种谋略，艾·里斯和杰克·特劳特提供了4种模型，即防御战、进攻战、侧翼战和游击战，并提出了相应的运用原则。当然，在这4种策略模式中，同时蕴藏着定位法则的基本要求。但是，无论是策略还是法则，似乎都显得有些"死板"，缺少一种哲理的灵性。或者说，一种以谋略为特征的营销理论，如果缺少一点带有哲学性的谋略思想，就总是显得不那么生动或者鲜活，似乎不能给人们更加广阔的思维与想象空间。

《孙子兵法》的谋略与战术思想，为"定位理论"的法则与策略注入了鲜活的因素。它不但可以用来诠释"定位理论"的内容，而且还为"定位理论"提供更加广阔的想象空间。它不但为"定位理论"提供了哲学基础，而且为"定位理论"的深入发展提供了一种新的方向。可以说，还没有哪种商业竞争理论，能够像"定位理论"一样，与《孙子兵法》的谋略与战术思想如此接近。如果这仅仅是一个新的发现，那么对于这个新的发现则需要进一步深入发掘与研究，并对《孙子兵法》的谋略与战术思想加以系统地借鉴与运用。

相合与并用

从事学术研究的学者，为了便于学习与研究，可以把各种理论划分成不同的学术派别。管理理论的创始人，为了区别自己与他人的理论，可以为自己的理论起一个新的名称。但是，那些希望获得成功的企业——各种理论的应用者，则千万不要被各种学派的划分与理论的界定所迷惑。对于众多的管理思想和理论，企业应该扮演绝对的现实主义角色，"相杂而用"与"相合并用"是一种聪明的态度与选择。

企业对理论所关注的焦点，不是分辨理论之间的差别，而应该是理论所提供的哪些方法能够指导企业自身的经营实践。或者说，采用什么思路与方法，能够解决现实里的竞争问题。因此，哪种理论思想能够帮助解决竞争问题，企业就应该采用哪种理论的思想与方法。或者说，如果某一理论的某一部分思想能够帮助企业解决特定的竞争问题，那么企业就要采用这种理论的这部分思想。这就是相杂而用、相合并用，这才是企业对理论所应该具有的正确态度。我们所推崇的"定位理论"，仍然需要吸收各家竞争理论之所长，以丰富其理论内涵。这是因为：定位理论所提及的许多重要观点，不但需要深入发掘与全面展开，而且在思想内涵上得到了许多主流理论的支持。将这些理论思想纳入定位理论体系，必将增强定位理论对企业实践的指导作用。尤为重要的是，在定位所提及的一些重要观点上，其他竞争理论则做了比较深入的研究与探索。因此，这些理论思想可以成为定位理论的扩充。

我们将定位理论与众多理论放在一起进行比较分析，不仅是为了证明定位理论的正确性，更是为了从根本上将定位理论与这些理论融会在一起，全面地展示定位理论的思想和内涵。这意味着：定位理论从内涵上涵盖了这些理论的思想。所不同的是，这些理论的思想与内容，在某一个方面上比定位理论更加详细、丰富。可以这样说，我们完全能够以定位理论的思想为核心，将那些人们熟知的竞争理论整合在一起，构成一个内容上更为丰富的竞争思想体系，以更有效地指导企业的经营与竞争行动。这就是我们讨论各家理论思想的意义所在。

序言9 审势

未来趋势与定位
——"卖产品"与"卖品牌"

未来的大趋势是什么？即便是大预言家，恐怕也难以说得十分清楚。然而，看看今天的情况，对比一下现实的差距，又不难发现将来会发生的事情。事实上，许多事情已经发生了，还有许多事情正在发生着，不过多数人还没有认识到这些事情在未来的意义。

或许，人们习惯了当前的事情，对既有路径已经十分熟悉，对熟悉的东西也形成了依赖，很难脱离原有轨道的束缚。对于新的方向，人们或许也表示认同。然而，一旦真的朝着新方向走去，人们又总是充满了犹疑，并对原有的路径难以割舍。或许，人们潜在的心理安全意识在发挥作用——尽管眼前的事情不尽如人意，但是目前毕竟还是一条可走的路。与新方向的"风险与未知"相比，现有的路径总是令人感觉更加安全一些。于是，固守原有的轨道，成了大多数人的选择。

这不是说大多数人不会走向新方向。在新的方向上，如果有人获得了成功，那么多数人会往新方向上的路径靠拢。此时，大多数人已经失去了先机，再次扮演着落后者的角色。创业者往往都是勇敢者，守业者往往对尝试新路径充满恐惧。或许正是由于这种原因，一些曾经获得过成功的企业，喊出了要"二次创业"的口号。对于这些问题，定位理论不但提供了思想，而且还提供了方法。如果考察一下定位理论的核心法则，以及定位理论的策略视角，那么就不难发现定位理论对中国企业在未来的价值和意义。所有的这些问题，似乎都能从定位理论体系中找到答案或启发。尤为关键的是，这些思想和方法具有极强的实用价值。

在中国这个新兴的经济体中，企业在未来会面临什么样的局面？那些早已走习惯的老路径，是否依然会像从前一样，能够顺畅地继续走下去？金融危机的发生，为回答这个问题提供了一些启发。中国经济结构的转变与政治方向的指向，似乎能够为未来勾画出一个大致轮廓。在这样一个轮廓或者趋势中,中国企业将面对什么样的机遇和挑战?在应对这种机遇和挑战的过程中,定位理论又能为我们提供什么样的不同思路、策略和启发?在未来的竞争环境中,为了提高企业竞争层次,提升品牌的策略水平,定位理论又能提供什么样的思路和方法?定位理论的一个基础法则,就是定位的视角应该与社会发展趋势保持一致的方向。具体来说,就是企业应该顺应趋势,避免违背趋势;企业应该把握趋势的方向,不要无视趋势的方向;企业应该为趋势的到来做好准备,不应该等到人人都看清了趋势,才开始考虑策略和方案。定位理论的战略意义之一,就是发现趋势、把握时机、抢先行动,以形成企业和品牌的先发优势,成为行业和人们心智中的领先者。那么,对于未来的经营和竞争环境,我们又能看到什么样的趋势与规律?

趋势是什么:从经济结构和政治方向看趋势

推动中国经济发展的关键因素,一直有"三驾马车"这种说法,即中国经济的增长主要依靠出口贸易、政府投资和居民消费三个方面。其中:出口贸易所占比重最大,对经济增长起着关键的作用。政府投资总会发生,只是平时对经济增长的刺激作用并不十分突出。在经济危机到来之时,政府投资则成为政府刺激经济的重要手段。中国的居民消费所占比重一直比较低,以"产品加工出口"为导向的外向型经济热潮,淹没了"居民消费"对经济的作用,同时淹没了"居民消费"对政治的意义。

长久以来,人们有一种潜意识的经济发展观念,似乎只要能把"生产加工出来的产品"卖给外国人,经济、社会与政治等一切都会变得好起来。然而,外国人的钱并不那么好赚。外国人赚中国人的钱,中国人没什么怨言与情绪。一旦外国人买了中国人的产品,似乎中国人就从里面占了天大的便宜。于是,贸易摩擦从来就没有间断过。一会儿说中国产品卖得多了,一会儿说中国产品卖便宜了,一会儿说中国汇率有问题了,一会儿说中国产品不合格了。这都不是问题的关键所在。问题的关键在于，我们对以"产品加工出口"为导向的外向型经济过于依赖了。

外国人购买"中国制造"的产品，一方面固然因为"中国制造"的产品十分便宜，另一方面"中国制造"的产品并不很差。两个方面结合在一起，经济实惠是大部分人的合理选择。在享受"物美价廉"好处的同时，外国政府并不买账，认为"中国制造"的产品侵害了本国的经济利益，倾销与失业永远是外国人受害的理由与证据。中国从中获得了多少好处呢？GDP无疑是上去了，政府的税收也飞速地增加了。然而，问题同时遗留了下来：环境遭到了严重的破坏，企业的利润空间越来越小，工人的劳动成为"成本空间与利润空间"的榨取对象。

"中国制造"的最大受益者是谁？是那些在"中国制造"的产品上贴上自己品牌标签的、拥有世界知名品牌的外国企业。"物美价廉"的中国制造产品，在贴上了世界知名品牌商标之后，立刻就身价倍增。然而，所有的恶名似乎都要由"中国制造"背负。在单纯GDP主义的旗帜下，占中国人口绝大多数的劳动者——包括已经成为工人构成主体的农民，以及本来就收入微薄的工人，成为最贫穷与最弱势的群体。由专家所代表的主流言论认为，这些是"改革与开放"必须付出的代价。

事实上，问题并非如此简单。对于GDP以及税收来说，以"产品加工出口"为导向的外向型经济，确实具有很大意义上的贡献。然而，一个国家或者政权不应该是GDP或者税收的绝对追求者。这种以"产品加工出口"为导向的外向型经济，并没有为那些"真正的生产参与者"或者那些"真正的产品制造者"带来所向往的"好一点的生活"，反而为"血汗工厂"这样的名词提供了诞生的机会。在产业链的结构里面，这些以"产品加工出口"为导向的企业，绝大多数都处在"食物链"底端。因此，成为"上游动物"压榨的对象，似乎是理所当然的事情。

问题的关键在于：我们通常会简单地认为，处在"食物链"上的"上游动物"，似乎就是国外的产品采购商。他们拼命地压榨"出口加工企业"的利润，以及中国工人的工资。我们没有深入地思考为什么——为什么他们可以压榨我们，我们为什么又甘愿被他们所压榨？通常的观点认为，我们没有控制销售渠道。事实果真如此吗？从表面上看当然是这样。在这种表面现象的背后，真相则是外国采购商对消费者施加直接影响的能力。事实证明，对消费者施加直接影响的最关键因素，不是外国采购商所控制的销售渠道，而是消费者心智中早已存在的品牌及其所代表的价值概念。谁拥有了能够占据人们心智的品牌，谁就拿到了获得消费者选择机会的许可证。我们之所以受压榨，关键原因就在于这一点上——即我们没有能够直接影响消费者的品牌。反过来看，在中国市场上的情况，同样验证了这种现象。在销售渠道的建立与控制上，我们拥有先天的甚至绝对的控制优势。但是，我们无法阻止消费者对外国品牌的"狂热"选择，尽管这些品牌商品大多数由中国大陆本土企业生产。这就是说，如果缺乏一个有影响力的品牌，那么必然成为"食物链"底端被压榨的对象。

尽管我们的大多数企业都处在"食物链"的底端，但是这不应该成为一种甘愿接受压榨的理由——甘愿在食物链上充当被压榨的底端环节，然后再把这种压榨转移到更加底层的劳动者身上，以及转移到对所有人都赖以生存的环境的肆意破坏上。事实不可否认，以"产品加工出口"为导向的经济，确实让一些企业主变成了富人。从这个意义上看，数字意义上的社会货币财富被积累起来。然而，为积累货币数字财富所付出的总体代价，要远远高过货币数字财富本身。一个国家或者政权对社会财富的理解，绝不仅限于绝对的货币数量，而应该更加重视对财富结构和含义的理解。对全球潜力巨大的市场进行培育和占领，难道就不是一种巨大的财富？维持社会的公平正义与自然稳定，难道就不是一种巨大的财富？对环境与资源有节制地开发利用，难道就不是一种巨大的财富？拥有能够对消费者施加直接影响的品牌，难道就不是一种巨大的财富？财富的创造并不仅仅限于简单的货币数字积累。即便是货币财富的数字积累，仍然存在着更高级、更策略的途径和方式。实践证明，甘愿充当"食物链"的最低端，尽管可以让一少部分人先富裕起来，但是并不能导致大部分人跟着富裕起来。况且，这种财富积累方式，又以牺牲更多其他社会财富为代价。这不是一个具有普遍意义的真理。相反，财富分配结构的严重失衡,则会引发越来越复杂的社会公平问题与矛盾。从这种意义上看,中国的经济结构问题,以及增长方式问题,不再是单纯的经济结构问题,已经演变成为一种严肃的政治问题。

金融危机的发生,让问题与矛盾彻底暴露出来。以"产品加工出口"为导向的企业,受到了前所未有的冲击与影响。当外国消费者购买力普遍下降的时候,受到影响的不仅是以"产品加工出口"为导向的企业,还有对"产品加工出口"高度依赖的国家经济。一个企业只要通过合法途径能够赚钱,可以不必关心自己赚钱的方式。然而,一个国家或者政府不能因为一些企业可以赚钱,就不关心经济结构是否合理与安全。2010年初,中国国家领导人提出了"转变经济发展方式关键在加快"这种战略愿望——综合判断国际国内经济形势,转变经济发展方式已刻不容缓。加快经济发展方式转变,是中国经济领域的一场深刻变革,关系到改革开放和现代化建设全局。对于这样一个战略性的愿望,可以有多层次与多方面的解读。但是,有两个基础性的东西,必然成为这个战略愿望的根本内容:一是提高包括广大农民在内的居民收入水平;二是促进经济发展转向更加依赖于居民消费的拉动。这两个方面,不仅关系到经济层面的矛盾,更加关系到政治层面的矛盾,因此,"加快"成为这种战略愿望的关键。

通过经济发展方式的转变,促进经济进入一个新的发展阶段,从根本上实现国民富裕和国家的富强,达到真正意义上的民族与国家的崛起。如果这个战略性愿望能够逐步实现,那么将引起一场全面深刻的变革——大图谋。在战略转变的过程中,如果内部矛盾能够得到缓解或者有效控制,抑或在制度与体制上能够有根本性的突破,那么战略性的变革图谋将逐步得以实施与实现。如果政府下大决心兴利除弊,创造出公平、和谐与协调的社会环境,那么战略转变进程或将会大大加快。这不仅会影响中国社会经济生活的方方面面,还会对中国社会政治生活产生深远影响。这意味着什么?一方面,必然存在着一个逐步、漫长、曲折、复杂的战略转变过程。另一方面,在战略转变的长期过程中,会逐步形成一个不断增长与扩大的内需市场,其前景不会比任何外国市场逊色。这种政治与经济的发展趋势,必然对企业经营战略产生深远影响。在战略转变过程中,隐藏着促进企业成长与成熟的大机遇。企业家能否抓住这种大趋势中的机遇,要看企业能否找到自己所要占据的位置。中国未来的大趋势是什么?中国的未来,必然向"把自家事情办得更好"这个方向转变,必然向"依靠国内市场发展经济"这个方向转变。对此,企业家应该"先知先觉"。对于中国的企业家来说,中国未来的趋势意味着一个崭新课题。即在中国自家门口的市场上,如何占据一个优势竞争地位?继续走原来的产品制造老路子,抑或寻求对市场加以有效控制的新策略?这无疑是一个挑战。面对趋势与挑战,又有什么样的规律可以引导企业的战略行动?

规律是什么:从产品输出和品牌输入看规律

中国经济是一种外向型经济。中国企业在向外国输出产品的同时,外国企业从未停止过向中国输入。但是,外国企业向中国输入的不仅仅是产品,还包括远远超越产品价值的品牌。这就是说,中国的外向型企业,以产品贸易的方式,向外国销售廉价的产品。与此同时,外国的跨国企业,以品牌营销的方式,向中国销售超值的品牌。概括起来说,中国企业在卖产品,外国企业在卖品牌。不仅如此,外国企业卖给中国人的品牌,又多数由中国本土企业生产制造。在贴上外国品牌商标之后,这些产品又以远远高出产品加工成本与正常利润的价格,卖到中国市场以及其他市场。同样的产品,不一样的身价,这就是二者之间的关键差距。然而,这仅仅是表面上的差距。在这种差距的背后,则是对消费者市场的控制权问题。谁对消费者市场拥有控制权?究竟是世界工厂,还是世界品牌?答案不言而喻。

产品加工出口贸易基本以"代工生产"(OEM)为主要形式。人们把这种形式称为"贴牌生产"——本土企业生产的产品,以批量贸易的方式卖给外国品牌商,由其贴上所拥有的品牌商标,在外国或者国内市场上销售。在这个过程中,贴牌生产企业赚取产品加工制造的利润,外国品牌商则赚取品牌附加价值的利润。这种附加价值的来源，则是消费者对品牌的价值认同与认可。中国的外向型企业，无论生产出多少物美价廉的产品，这些产品本身都要穿上"外国品牌"这件外衣，才能获得消费者对产品价值的认同或者认可。缺少"外国品牌"这件外衣，中国制造的产品就没有了身价，甚至根本就卖不出去。因此，我们不能这样说：中国的外向型企业卖给外国人的产品越多，所占有的市场份额就越大。

对市场份额这个概念的理解，不应该停留在简单的表面数字上面。其中的关键，不在于谁制造了多少产品，不在于谁卖掉了多少产品，而在于"以谁的名义对消费者施加了影响"。或者说，谁的品牌名称及其所代表的价值，对消费者的购买选择产生了影响。谁能够对消费者施加直接的影响，谁就拥有对消费者市场的控制权。从这个意义上看，产品制造数量的市场份额，不等于品牌控制的市场份额。这个道理十分简单：对消费者产生直接影响的因素，关键是品牌所代表的认知价值，而不完全是产品本身所具有的物质特征。因此，"世界工厂"仅仅代表着生产出大量的产品，不意味着对"世界市场"拥有控制权。一种产品，只有以其自身的名义，能够对消费者施加直接影响，才算得上对市场拥有了真正的控制权。这种市场控制权在数量上的反映，才算得上是具有真正意义的市场份额。

在中国这个新兴的市场上，外国企业以品牌输入的方式，谋划着对市场的控制权。外国企业非常清楚，企业需要通过品牌对市场加以控制。或者说，企业对市场的争夺，主要通过品牌这种武器来完成。在中国发展市场经济之初，中国市场上不乏本土品牌。在引进外资的浪潮冲击之下，本土品牌在谈判桌上就开始消亡了。在合资经营的谈判桌上，往往隐含着"消灭本土品牌"的条件，即在合资经营之后，本土品牌逐渐退出市场，由外国品牌接管本土市场。如果不能在谈判桌上"消灭本土品牌"，那么就在经营过程"吃掉本土品牌"。如今，在一些消费领域，外国品牌都成了市场主导者。这就是外国企业的"品牌输入"战略——谋求对消费者的直接影响力——对消费者市场的直接控制权。

在金融危机的背景下，一些纺织企业在媒体上表达了自身的尴尬处境。无锡第一棉纺织厂创立于1919年，是中国最优秀的纺织企业之一。20世纪90年代初期，该纺织企业与香港某制衣厂合资，成为一家100%的合资企业。从此，该纺织企业就开始致力于生产出口产品。令人难以置信的是，一件在美国售价20美元的衬衣，以"产品加工出口"方式卖给外国企业，产品出厂价格只有3.5美元。本土企业所能赚取的"代工生产"利润竟然不足区区10美分。

无锡光明（集团）有限公司——一家拥有58年历史的纺织企业，生产利润只能维持在6%的水平——即便这6%的利润水平，仍然令这家企业感到骄傲，因为大部分纺织企业根本达不到3%的利润水平。但是，如果考察这家企业的历史，那么其处境似乎就显得十分尴尬。无锡光明（集团）有限公司在国内市场上曾经拥有很好的消费影响力。凭借着自己的品牌——银狐，无锡光明（集团）有限公司被业界称为"东南亚第一大厂"。在"产品加工出口"的潮流中，无锡光明（集团）有限公司转向"代工生产"之路——年出口额曾经达到12亿美元。

如今，无锡光明（集团）有限公司尽管在与国际知名品牌合作，但是却经常遭受外国客户的"验厂"骚扰。所谓验厂，就是国外客商在签订单之前，对工厂的安全、环境、员工待遇等问题进行检查，甚至还要达到"反恐"标准。在金融危机的背景下，国外客商还不断地提高"验厂要求"，甚至成倍提高产品的质量标准。高额的验厂费用与超常的质量标准，加大了生产厂家的成本。实际上，这些苛刻的贸易条件，只是针对不发达国家的企业。西方国家的一些工厂，尽管其生产条件差远了，但却没有遭受验厂的"待遇"。对此，纺织企业感到十分无奈——本土纺织企业的贴牌生产属于产业链中的低端环节，品牌、技术和渠道都掌握在别人手里，所以往往受制于人。

令人感到更加无奈的是，一个名牌产品——银狐，在自己的家门口把阵地丢掉了。关键原因在于：贴牌生产的方式，按照订单生产，用信用证结算，资金回笼迅速，操作比较简单。贴牌生产方式的好处显而易见，但坏处却没人看见——没有意识到"卖产品"与"卖品牌"的差别。结果是放弃了自己的品牌，丢掉了国内的市场。如今，无锡光明（集团）有限公司想回过头来做自己的品牌，却发现很难找到合适的位置——在中国的服装市场上，后来兴起的品牌早已占领了市场。在中国服装市场上，"银狐"这个曾经辉煌过的品牌，竟然找不到一个立足之地。产品输出与品牌输入的差距，能够为产品加工出口企业带来什么启示？这个启示就是要卖品牌，不要卖产品！品牌作为市场竞争的基本单位，是一种有效的市场控制手段。同时，以品牌为基础进行竞争，是市场竞争发展的必然规律。在这种规律中蕴藏着中国企业的发展机遇，这个机遇就是争夺国内市场的控制权。

机会是什么：切勿失去对国内市场的控制权

"世界工厂"——一个令许多人感到自豪的称呼。但是，事实并不像表面上看到的那样美好。"世界工厂"正在演变成"鸡肋式"经济发展方式，终究不能成为"可依靠的"国家经济基础。曾经的"亚洲四小龙"能够借助此种方式创造经济发展奇迹，与其国家与地区之小不无关系。或者说，"亚洲四小龙"能够依靠这种方式实现全面的社会与经济飞速发展，完全在于这种经济发展方式足可以支撑其社会经济的发展。中国大陆则完全不同——地域辽阔，人口众多，资源匮乏，发展不均衡，依靠"世界工厂"这样的经济发展方式，很难支持社会经济的持续进步和持续发展。

所谓"世界工厂"，无非是以"低廉的劳动工资"为基础，以及"可以有法不依"的法治环境为基础。哪里的劳动力和生产成本更低，哪里的劳动和环境法规越宽松，世界工厂就向哪里飘移。这种经济发展方式，终究不能成为一个国家可以依靠的经济基础。因此，借着金融危机这个机会，中国提出了"转变经济发展方式关键在加快"这种战略愿望。如果这个战略能够得以逐步实现，那么中国或将成为这次金融危机的大赢家。这意味着中国经济结构的调整（经济趋于均衡）、产业的升级（着眼产业竞争）与内需的扩大（经济发展基础），"着眼于内"将成为新战略的关键特点。内需的问题不仅仅是一个大的经济问题，而且还是一个大的政治问题。企业家可以不理会用什么方式赚钱，但是绝不能不关注未来的趋势，以及趋势里蕴藏的市场机会。

对于中国大多数企业来说，"着眼于内"具有前瞻性的战略意义。在内需逐步扩大的市场上，谁能对消费者施加直接的购买影响，谁就对市场拥有相应的控制权。正如前面所言，这种市场的控制权，则是通过品牌——具有价值代表作用的东西——对消费者的购买行为产生影响。这就是品牌对市场的影响作用，这正是品牌的意义与价值所在。品牌是什么？对于多数人来说，品牌是一个"似是而非"的东西。这就是说，人们知道品牌具有营销价值，却不清楚品牌的作用究竟是什么，不知道品牌的价值究竟在哪里。与此同时，人们不知道应该从何处入手，去塑造一个具有营销价值的品牌。品牌，似乎是一个永远朦胧而又真实存在的东西——看得见，摸不着；知道有，抓不住。

品牌是什么？所谓品牌，就是一种产品及其专有的名字在消费者心智里获得的独特价值认可与认同。有了这种独特的价值认可与认同（统称为价值认知），才能对消费者的购买选择产生影响。同时，这种在消费者心智里拥有的独特价值认知，亦应该成为品牌对消费者的长久价值承诺。对消费者市场的控制权，则取决于是否在消费者心智里拥有这种独特的价值认知，以及品牌是否能坚持对消费者的价值承诺。不失去对国内市场的控制权，意味着在国内市场上创建能够对消费者产生影响的品牌，意味着在国内市场上拥有属于自己的独特品牌价值地位。

如何通过品牌实现对市场的控制权？人们总是有一个错误的观念，认为品牌是巨额资金堆积起来的东西。这是因为：人们总是看到成功品牌花费大笔资金做广告。那些想创建自己品牌的企业，往往被巨额的资金投入吓得望而却步。事实上，品牌所获得的成功，不是巨额广告费用堆积的必然结果，更多是机缘巧合与策略得当。所谓机缘巧合，就是在一个经营领域里，或者在一个产品类别里，还没有哪家企业的产品能够在消费者心智里占据主导地位。抢先获得消费者认可或者认同的产品，往往能比较省力地成为成功品牌。所谓策略得当，就是不要跟在领先者的后面亦步亦趋，不要模仿领先者的行为和策略，而是要力求与领先者有所差别，获得与众不同的消费者价值认知。这就是定位理论提供的品牌塑造方法。那么，为什么那些成功品牌投入巨额资金做广告？这是因为：这些成功品牌要维护领先地位。这是品牌成功之后才做的事情。

受到传统营销理论的影响与束缚，中国企业对品牌的意义与价值，缺乏深入的理解和认识，在市场竞争的过程中缺乏应有的品牌意识——更加倾向于卖产品，而不是卖品牌，因此对消费者市场的控制能力显得比较乏力与虚弱。对于国内市场来说，许多行业领域和产品类别，尚未形成被某个品牌控制的局面。或者说，在许多行业领域和产品类别中，尚未出现或者形成强势品牌——牢固地控制着行业或者品类市场的品牌。这为本土企业抢先获得对国内市场的控制权提供了机会，希望国内的企业不要错失这样好机会。历史的经验告诉人们：如果失去了控制市场的机会，再想夺取回来则难上加难。

方法是什么：运用定位理论去攻占人们心智

计利已定——趋势、规律和机会都已经清楚了。那么，剩下的问题就是，企业应该如何抓住机会——塑造能够直接对消费者施加影响的品牌？或许，许多企业早已意识到了，应该创建自己的品牌，以在市场竞争中占据主动地位。但是，对于如何创建出有竞争力的品牌，则是感到一头雾水、摸不着头脑。对于品牌塑造的方法，人们谈论了"太多"大而广之的东西，以至于已经淹没了品牌的本质。有关品牌塑造的书籍、演讲、观点丰富至极，但是鲜有触及品牌塑造的关键所在——占领人们的心智，即便表达了一点这方面的观点，大多数都以品牌形象、品牌联想之词加以概括，从而掩盖、淡化、混淆、模糊了品牌塑造的最直接标靶——人们的心智。结果，在品牌塑造理论的丛林中，企业品牌的塑造迷失了方向。尽管"北斗星"可以指引方向，但是那些习惯了"新玩意"的人们，根本不会想起"北斗星"的作用，更不用谈抬头看看

"北斗星"的方位。这就是中国企业在品牌塑造上所面临的根本问题——不知道如何塑造一个具有消费者影响力的品牌。

有些人参观过了外国企业,领教了一点外国品牌的"攻心术",于是就得出"震撼自己"的结论——认为中国品牌敌不过外国品牌,认为中国品牌无法与之相竞争、相抗衡,甚至有人把原因归于外国品牌拥有"百年历史",唯独忘记自己家里拥有"千年文化"。此种观点,与投降主义之于抗日的观点没有什么两样。他们不但以其所谓专家的身份,摆出了市场缴枪主义、竞争投降主义的姿态,而且到处鼓吹和散布投降主义、缴枪主义的言论。岂不知,外国品牌有外国品牌的打法,中国品牌应该有中国品牌的打法。正如人们所看到的那样,中国人坚持抗战8年之后,日本鬼子不是已经投降了吗?在朝鲜战场上,难道中国人没有又一次打赢反侵略战争吗?赢得这些战场上的胜利,其最根本的因素是什么?当然是根据敌我双方力量和条件的对比所确定的有效战术打法,以及围绕战术打法展开的有力行动。这与中国企业塑造品牌有什么关系?这与定位理论又有什么关系?中国企业要塑造自己的品牌,必须针对竞争品牌的力量与地位,寻找有效的战术打法。这与战场上的战斗没什么两样。唯一不同的是,品牌竞争的战场在人们心智里。这就是说,在品牌之间展开的竞争,从本质上看就是一场攻心战。定位理论能干什么?定位理论专门研究一个内容,即如何打好品牌攻心战。

现在回到定位理论与未来趋势的话题上来。定位理论指出了品牌塑造的根本性质——攻心战,以及品牌塑造的有效途径。定位理论对于中国企业塑造品牌的意义,在于可以将中国企业的品牌塑造行动,从迷失方向的状态中引入正确的道路上来,从而促进中国企业从根本上解决对国内市场的控制方法问题。从定位理论的观点上看,在中国大陆市场上,中国企业塑造成功品牌的机会太多了。关键原因在于两个方面:一是绝大多数企业还不知道如何塑造品牌。或者说,人们对定位理论的方法还"闻所未闻",至少目前还没有普遍掌握这套实用的方法。这绝不是对定位理论的鼓吹,而是因为定位理论彻底地揭示了品牌的本质。二是在中国大陆市场中的大多数领域(品类)的阵地上,即便在一定程度上处于领先地位的品牌,对于自己所占据的领地仍然疏于防御,这就为其他品牌提供了进攻的机会。由于中国本土市场巨大且分散,在任何一个地理区域中,在任何一个经营领域中,几乎都存在着领先者的防御漏洞和空虚之处。这为塑造个性化品牌提供了机会。现实的情况是,仍然存在许多的产品类别,根本就不存在代表性的品牌,这些空白有待抢先行动的品牌去占领。或者说,在中国大陆市场上,仍然存在着许多将产品进行品牌化的机会。定位理论对于中国企业品牌塑造的意义,对于中国企业控制国内市场的意义,恰恰在于这两个方面。面对一个将逐步增长的国内巨大市场,定位理论将对中国企业品牌建设产生深远的影响。

第二部分

心战之地

第1章 营销任务：解决竞争性的顾客选择问题
第2章 竞争背景：进入认知性的品牌竞争时代
第3章 认知规律：奠定基础性的定位理论依据

第1章

营销任务：解决竞争性的顾客选择问题

【题义】⊕ 关于市场营销的概念，理论上有各种各样的定义。无论市场营销在理论上的定义是什么，市场营销在实践中所要解决的核心问题，就是如何被消费者选择的问题。任何市场营销思想、理论和活动，如果不能解决被消费者选择的问题，那么将没有任何实际意义。因此，所谓市场营销，就是企业为解决如何被消费者选择的问题，针对消费者和竞争对手而采取的各种运营活动。营销的任务是：解决被顾客选择的问题，解决竞争性的顾客选择问题。

1.1 曾经：选择只是一个小问题

短缺的市场状态

【观点】⊕ 在市场短缺状态之下，市场呈现出"供不应求"的局面，消费呈现出"竞相购买"的局面。在市场短缺状态之下，市场上存在着同一种类的产品，同时存在着同一种类的品牌。但是，市场供求关系严重失衡。市场主动权完全掌握在生产者手里（卖方市场），而不是掌握在消费者手里（不是买方市场）。在市场短缺状态之下，市场所表现的特征是竞买而非竞卖。市场短缺的极端状态是：人们能够"遇得上"哪个品牌就购买哪个品牌，人们能够"买得到"哪个品牌就购买哪个品牌，人们能够"买得起"哪个品牌就购买哪个品牌。在市场短缺状态之下，消费者没有选择的机会，也没有选择的余地。在市场短缺状态之下，人们所要获得的东西，更像是获得商品的机会，而不是选择品牌的机会。这意味着：在市场短缺状态下，消费者所面对的首要问题，不是品牌选择的问题，而是商品获得的问题。进一步来说，消费者所面对的首要问题，不是考虑品牌选择的问题，而是考虑买得到的问题，以及买得起的问题。在短缺的市场状态之下，企业不会给顾客任何选择的权力。在短缺的供求结构之下，企业不会给顾客任何选择的余地。因此，在这种情况下，无论对于生产者还是对于消费者，选择与被选择问题都不是一个关键问题。

【案例】⊕ 1893 年，杜里埃·查尔斯（Duryea Charles E.）和杜里埃·弗兰克（Duryea J. Frank）在美国推出了第一辆单汽缸轿车。当时，马匹以及轻型马车仍然是美国的主要运输手段。汽车在美国出现之后，美国出现了数百家汽车制造商，开始按照订单定制汽车。那时，汽车是奢侈的新产品，不但性能不可靠，而且价格高达 1500 美元左右，达到了当时普通家庭年平均收入的两倍。而且，汽车在社会上极不受欢迎。反汽车人士捣毁公路，将停着的汽车用铁丝网围起来，并组织对开车的商人和政客的抵制运动。公众对汽车的反感与憎恶极其严重，美国总统伍德罗·威尔逊（Woodrow Wilson）曾这样评论道：汽车勾画出了富人的傲慢。汽车更能散播反社会情绪，没有什么东西可以与汽车相比。《文摘》（*Literary Digest*）杂志指出：不用马拉的马车，现在成为富人的奢侈品。尽管未来汽车价格很有可能降低，但是永远不会像自行车一样被普遍使用。

1903 年，亨利·福特（Henry Ford）创立了福特汽车公司（Ford）。从 1903 年到 1908 年之间，福特汽车公司研制了 19 款不同的汽车，并按顺序为其命名——从 A 型车到 S 型车。一些汽车只是试验车型，从未向公众推出过。1908 年，美国的 500 家汽车制造商，仍然在按照顾客要求定制汽车，而福特汽车公司则推出了 T 型车——世界上第一辆为普通人批量生产的汽车，世界汽车工业革命从此开始。福特 T 型车仅有一种车型，只有一个颜色——黑色。但是，福特 T 型车拥有许多优点：质量可靠，结实耐用，容易修理，价格低廉。1908年，第一辆T型车售价850美元，仅为其他汽车平均价格的1/2。1909年，福特T型车的价格降到609美元。1913年，福特汽车公司开发出了世界第一条流水生产线，生产效率大幅度提高，制造一辆T型车所需的时间从21天减少到4天，所需工时减少了60%。生产效率大幅度提高，生产成本大幅度降低，使得福特T型车的价格得以持续下降。1924年，福特T型车的价格降到290美元。当时，汽车产品的替代品——马车的销售价格约为400美元。

超低的价格，超高的质量，这是福特T型车的关键特征。很快，福特T型车开始令美国人着迷。福特汽车公司开创了一个"汽车大众消费市场"。1908年，福特T型车产量达到10660辆，创下了美国汽车行业的纪录，市场份额达到了9%。1918年，在美国行驶的汽车中，福特T型车占了50%。1921年，福特汽车公司市场份额达到了61%。福特T型车代替了马车，成为美国首要的运输工具。从1908年诞生起，至1927年停产止，T型车累计产量达到1500万辆，缔造了汽车史上的世界记录。福特T型车在世界上备受青睐，成了便宜和可靠交通工具的象征。福特汽车公司创造了一个巨大的汽车市场，带动了全球汽车产业的发展。亨利·福特被称为"为世界装上轮子的人"。1999年，《财富》(*Fortune*)杂志举行"21世纪商业巨人"的评选。为了表彰亨利·福特对工业发展所做出的杰出贡献，他被评选为"21世纪商业巨人"。

对于T型车的设计，亨利·福特非常满意，并且充满自信。他曾经说道：只要顾客把汽车颜色保持成黑色，顾客可以把汽车漆成想要的任何颜色。这话被演绎成另一种说法：顾客可以想要任何颜色的汽车，但是福特只生产黑色的轿车。从1908年至1927年，福特T型车一直保持着黑色。如今，在市场营销课程中，亨利·福特广受批评——不顾消费者需求，只生产黑色汽车。值得思考的问题是，从1908年至1927年——在近20年的时间内，福特T型车凭什么保持"黑颜色"不变？当人们批评亨利·福特的时候，根本没有考虑到亨利·福特所处的消费时代——"供不应求"的时代。人们对福特T型车的需求，使得福特T

型车一直保持着"黑颜色"。相反，如果福特T型车没有那么好卖，那么福特T型车不但会改变颜色，而且还会改变车型。这意味着：在"供不应求"的市场状态下，企业不会为顾客提供选择的空间。或者说，当"需求"超过"供给"的时候，企业不会给顾客选择的权利。

【案例】⊕ 顾客的需求，在企业相互竞争的过程才能获得满足。人们对汽车颜色的需求，以及对汽车车型的需求，在企业竞争过程获得了满足。1921年，福特T型车的销售量开始下降。第一个原因是：竞争对手引入了贷款购车体系，而福特汽车公司拒绝引入这一体系。亨利·福特认为，贷款购车的做法对经济发展不利。第二个原因是：竞争对手引入了新型机械系统，而福特汽车公司拒绝引入这一系统。亨利·福特认为，新机械系统促使汽车价格上涨，消费者会买不起汽车。第三个原因是：竞争对手提供了更多的产品选择。

1924年，汽车成为美国家庭不可或缺的消费品。对老式汽车的需求逐渐趋于饱和。汽车市场需要推出新型产品，以刺激人们对汽车产生新需求。到了1924年，普通美国家庭财富已经有了很大的增长，这为人们的消费提供了经济基础。1924年，通用汽车公司针对美国大众市场，推出了多种款式的汽车品牌。通用汽车公司所生产的各种型号的汽车，令人感到更加有趣、舒适、时尚和激动。消费者有了更多的选择——通用汽车公司不断推出新颜色和新款式的汽车，年度汽车型号（Annual Car Model）令消费者开始为时尚和舒适而花钱，从而创造了新的市场需求。通用汽车公司通过生产出时尚而又富有吸引力的汽车产品，为人们提供了更加丰富的消费选择，这自然赢得了更多顾客的消费选择。

从1926年到1950年，美国境内汽车年均销售数量从200万辆增加到700万辆。通用汽车公司所拥有的市场份额，已经从20%增长到50%；福特汽车公司所占有的市场份额，则从50%跌落到20%。通用汽车公司取得巨大成功之后，福特汽车公司、克莱斯勒公司（Chrysler）

相继进入了新市场,在美国汽车业中形成了三巨头的竞争格局——三家企业所占据市场份额加在一起,达到了全部美国市场的90%。美国汽车三巨头战略基本相同——不断推出年度新款汽车,通过制造各种款型、风格的汽车,满足人们不同的生活方式和需求。当美国汽车三巨头互相模仿、相互参照对方战略的时候,市场逐步进入一个新时代——消费者的选择权利时代。

垄断的市场状态

【观点】在市场垄断状态下,人们拥有的选择余地很少,人们拥有的选择权利很小。在市场垄断的状态下,市场上商品供应基本均衡。但是,可供人们进行选择的品牌很少。人们几乎没有什么可选择的余地,几乎没有多少可选择的权力。如果顾客对某类产品产生需要,又具备相应的支付能力,那么只能在市场上仅有的一两个品牌里做出选择,即只能做出"非此即彼"的简单选择。甚至,人们在许多时候都别无选择,只能购买市场上唯一存在的品牌。在市场垄断形势下,顾客仅拥有"有限度"的选择权。由于垄断寡头之间很容易达成高度的默契,致使这种"有限度"的选择毫无实际意义。其结果就是,选择哪个品牌,在本质上都没有差别。

【案例】2009年10月,《财富》杂志(英文版)依据2008年营业收入,公布了"2009年中国十大公司"(如下表所示)。从这个排行榜上看,入选的10家公司存在两个共同特点:第一个特点是"国有企业";第二个特点是"垄断企业"。如果将两个特点结合在一起,那么就会变成一个特点——国有垄断企业。这些国有垄断企业如何获得了市场垄断地位?不是市场竞争的结果,而是国家权力的结果。

序号	公司名称	2008 年营业收入	市场地位
1	中国石化	2080 亿美元	寡头垄断
2	中国石油	1810 亿美元	寡头垄断
3	国家电网公司	1640 亿美元	绝对垄断
4	中国工商银行	710 亿美元	相对垄断
5	中国移动通信公司	650 亿美元	寡头垄断
6	中国建设银行	580 亿美元	相对垄断
7	中国人寿保险公司	550 亿美元	相对垄断
8	中国银行	510 亿美元	相对垄断
9	中国农业银行	480 亿美元	相对垄断
10	中国中化集团公司	440 亿美元	寡头垄断

〔背景资料〕（1）中国十大公司集中在 4 个领域——石油化工领域、金融保险领域、电力供应领域以及移动通讯领域。其共同特点是"垄断企业"，即相对垄断、寡头垄断和绝对垄断。（2）中国十大企业均为国有垄断企业。其初始资本均由国家财政出资，其垄断地位均非市场竞争结果。这意味着：其垄断地位的获得，都是国家权力支持的结果。

（1）在移动电话通信领域，人们有多大的选择权利？两个里面选一个——要么中国移动，要么中国联通。尽管后者没有进入"十大公司排行榜"，但却是前者之外的唯一选择。不管其收费多么不合理，人们只能做"非此即彼"式的消费选择。

（2）在固定电话通信领域，人们有多大的选择权利？两个当中选一个——要么中国电信，要么中国联通。又是中国联通？本来应该是中国网通。权力人士认为，中国网通与中国联通都还不够强大，所以让这两家公司合并在一起，统一称为中国联通。电话服务供应商由 4 家变成了 3 家。

（3）在金融保险领域，人们有多大的选择权利？看起来多一些。谁控制着中国社会的绝大部分货币资本？四大国有银行企业与四大国有保险公司。其余可以忽略不计。把钱交给谁感觉更安全？多数人只能选择 8 家国有垄断企业。不是因为其资产状况良好，而是因为在其背后有国家行政权力作为支撑。

（4）在石油化工领域，人们有多大的选择权利？市场上仅存在两个品牌——中国石油和中国石化。中国石油与中国石化，控制着中国石油产品的生产与流通。在国际油品涨价时，这两家石油垄断企业能够快速与国际接轨；当国际油品降价时，这两家石油垄断企业与国际接轨的速度则会慢很多。不仅如此，当国际油品降价时，还会找出许多"不接轨"的理由。

对于消费者来说，垄断意味着什么？在消费过程中的经济权利遭受剥夺。从根本上看，剥夺了消费者选择的权利。这意味着消费者无法用货币进行投票，以选择自己认为最符合自身利益的那个品牌。消费者所能选择的品牌，已经借助国家权力的力量被安排好了，其他愿意提供同样产品的品牌，要么被权力禁止进入，要么已经无法进入，由此导致消费者失去更多权利，如对产品提供者议价的权利、由品牌竞争引起让利的权利、品牌竞争导致服务水平提高的权利……所有由于竞争引起的消费者权利，甚至包括消费者本来应该享有的权利，几乎都会遭到不同程度的剥夺。

【案例】 2009年10月，《财富》杂志（中文版）公布了"2009年中国最受赞赏公司"。有25家企业入选这一排行榜。其中大多数企业有什么共同的特点？绝大部分公司为非垄断企业。同时，有16家企业拥有真正意义上的品牌。在人们的心智中，这些品牌具有消费影响力，是行业中的领先品牌。

序号	公司名称	序号	公司名称
1	海尔集团[4]	14	苏宁电器
2	阿里巴巴[NET]	15	中国移动[4][TOP10]
3	宝钢集团[4]	16	携程[NET]
4	联想集团[4]	17	格力电器[4]
5	招商银行[4]	18	美的[4]
6	华为[4]	19	格兰仕

续表

序号	公司名称	序号	公司名称
7	比亚迪	20	中国银行[4][TOP10]
8	同仁堂集团[4]	21	哇哈哈集团[4]
9	贵州茅台[4]	22	新浪[NET]
10	万科企业[4]	23	上海汽车
11	青岛啤酒[4]	24	SOHO中国[4]
12	腾讯[NET]	25	中国工商银行[TOP10]
13	奇瑞汽车[4]	26	——

〔背景资料〕（1）调查对象：《财富》杂志（中文版）面向25000名中国企业高级经理人发放问卷，受访者按照9项标准为候选公司评分。在任何情况下，接受调查者不得选择自己所在的公司。调查共涉及19个行业，299家候选公司。（2）评选指标：产品和服务的地位、长期投资价值、资产合理利用、创新能力、管理质量、财务稳定程度、吸引和保留人才能力、社会责任、全球化经营有效性。（3）评选方法：受访者都需要填写两份问卷。首先，依据本人所在行业，为本行业公司打分，综合得分前5位进入"行业排行榜"；其次，在所有候选公司中，不分行业选出心目里最推崇的公司。综合得分前25家公司进入"最受赞赏公司"排行榜。

（1）在"2009年中国十大公司"中，有3家国有垄断企业入选"2009年最受赞赏中国公司"排行榜，分别位于第15位、第20位和第25位——不是最受赞赏的企业。在"2009年中国最受赞赏的公司"中，有16家公司连续4年入选排行榜，还有4家网络公司进入了"最受赞赏的公司"排行榜。

（2）进入排行榜的4家网络公司，拥有一个共同的历史特点：都是所在行业里的抢先进入者，并进而成为所在领域的领先者。这4家具有行业领先地位的公司，是真正具有经营创造力的典范。例如，2009年1~6月，腾讯公司的总收入达53.828亿元人民币，同比增长77.5%。在互联网行业排行榜中，腾讯公司位于"2009年最受赞赏的中国公司"之首。

（3）本次评选出的企业，实际上是最受"高级经理人"赞赏的企业。我们完全有理由相信：如果让消费者评选"最受赞赏公司"，那么垄断企业——那些依靠行政力量获得垄断地位的企业——很难获得消费者的赞赏。道理十分简单：依靠权力获得垄断地位的企业，不容易获得消费者的赞赏。

（4）银行与移动通讯公司——国有垄断企业，为什么能够入选"2009年最受赞赏中国公司"排行榜？谁是这次评选的参与者？高级经理人。他们与顾客打交道多，还是与银行打交道多？当然是银行。银行是"高级经理人"的"情人"，而顾客则是"高级经理人"的"羔羊"。那么，中国移动又是怎么一回事？中国移动把谁当"爹娘"？"高级经理人"还是"普通消费者"？谁给的钱多，谁就是"爹娘"！高级经理人付给中国移动的费用，远远高于普通消费者。中国移动自然会把高级经理人当成"爹娘"。

从严格意义上看，尽管垄断企业可能获得与成功品牌一样的结果——即获得了与成功品牌一样的经济收益，但是垄断企业并不能算是一个成功的品牌。原因在于：获得经济收益的基础完全不同，一种以市场竞争为基础，一种以行政权力为基础。因此，在人们心智中的地位完全不同。在全世界范围内，垄断企业无不遭受消费者指责，成功品牌无不受到消费者追捧。我们所说的成功品牌，意指在人们心智中占有积极价值地位的品牌，而非仅仅获得巨额经济收益的垄断企业。事实证实了这种观点。中国国有资产监督管理委员会官员曾经发出感叹：在中国国有（垄断）企业中，竟然没有一个有影响力的品牌。事实上这一点都不奇怪。原因就在于：品牌要在人们心智中创建。

【结语】⊕在短缺的市场状态下，顾客几乎不存在选择的机会。在垄断的市场状态下，顾客没有多少选择的权力。在这两种情况下，即便顾客有一点点选择余地，那么也是"简单得不能再简单"的选择——"非此即彼"的简单选择。由于这种原因，对于顾客来说，消费选择不是一个复杂的问题。所谓的"消费选择问题"，本来就是一个"根本不存"的问题。对于商家来说，被顾客所选择则是一种必然结果。所谓的"被顾客选择问题"，本来就不是一个"决定兴亡"的根本问题。这是供求关系决定的必然结果。

1.2 如今：选择成为一个大问题

过剩的市场状态

【观点】在绝大多数经济领域，产品与技术的创新与开发，成为竞争的主要手段与特征——新技术不断出现，新产品不断加入。各个行业和领域都开发出了越来越多的新产品，都涌现出了越来越多的新品牌。这就导致了一个结果：绝大多数行业与市场，都呈现出过剩的市场状态。如果不是处在市场垄断性行业，或者资源稀缺性行业，那么几乎所有企业都要面对过剩的市场状态。这又导致了另一个结果：顾客的选择余地在不断地增大，顾客的选择机会在不断地增多，顾客的选择权利在不断地增加。所有这些都在以飞快的速度增长着。

【案例】近几十年来，世界商业发生了巨大的变化。各类商品及其品牌达到了极度繁荣的程度。在中国大陆市场，各种商品及品牌数量之多，已经达到了难以计数的程度。例如，一些专门的网站所收录的品牌就足以令人感叹——产品和品牌太多了！对于消费者而言，如果缺乏对品牌的认知和了解，那么购买活动将令人感到十分麻烦。

产品类别	品牌数量	品种数量	产品类别	品牌数量	品种数量
车载导航仪	126	1584	数字电冰箱	19	1446
手机	101	3102	液晶电视机	43	1270
数码相机	35	751	数字洗衣机	18	742
汽车	91	2620	洗衣粉	20	—
牙膏	36	—	香烟	78	—

续表

产品类别	品牌数量	品种数量	产品类别	品牌数量	品种数量
香皂	36	—	香槟酒（进口）	15	—
洗发水	50	—	数码摄像机	30	479
洗面奶	86	—	空调机	22	1092
笔记本电脑	48	3310	上网本电脑	115	1536
台式机电脑	26	2147	影碟机	15	249

资料来源：（1）http://brand.ppsj.com.cn；（2）http://www.autohome.com.cn；（3）http://www.pconline.com.cn。数据采集时间：2010年5月。

注：此数据仍然为不完全统计。

人们需要这么多的产品吗？产品已经开始过剩了！如果所有产品都摆在顾客眼前，那么顾客会产生什么样的感觉？根本不需要这么多品牌，更不需要这么多产品。如果不标出品牌名称，让顾客从中挑出一件产品，那么恐怕是一项"艰难的任务"。眼花缭乱、无从下手，就是人们对于过多选择的真实感受。一方面，人们希望获得想要的产品；另一方面，人们担心做出错误的选择。面对两难的处境，购买选择反而变成了麻烦。

烦人的选择问题

【观点】⊕在市场过剩状态下，人们首先面对的问题，不是产品的购买问题，而是品牌选择问题。这意味着：当人们打算购买一件产品的时候，首先要面对"为数众多的"、"功能相同的"、"性能相近的"产品和品牌，然后要从众多的选择里面挑选出所要购买的产品和品牌，最后才能掏钱购买所选择的产品和品牌。在这种市场状况下，市场上可供选择的商品很多，顾客有了很大的选择余地，拥有了极大的选择权利。如今，在绝大多数市场上，只要人们需要某类产品，并且拥有相应的支付能力，就可以选择任何一个品牌。在大多数情况下，由于有太多的商品和品牌可供选择，以至于顾客不知道究竟应该选择哪个品牌。结果，选择反而成了一个令顾客烦恼和头痛的问题。同时，顾客的选择难题也变成了商家的难题。或者说，顾客对品牌所做出的选择，变成商家不得不面对的关键问题。这个关键问题，决定着商家的生死、兴衰。

【案例】数码照相机诞生和存在的历史并不很长。假如打算购买一台数码相机，那么人们有多大的选择余地呢？消费者拥有极大的选择余地。所有品牌及其型号的数码相机加在一起，足以让消费者感到眼花缭乱。问题的关键在于：所有的数码相机几乎都有相同功能，如光学变焦、图像处理、面部识别、红眼消除……所有数码相机的基本功能都差不多。对于消费者来说，在数不过来的品牌中做出选择，恐怕不是一件容易的事情。尽管存在着品牌概念的引导作用，但是消费者依然面临一个购买难题——选择问题：选择品牌和选择型号。

数码相机品牌（部分）

中文名称	英文名称	中文名称	英文名称	中文名称	英文名称
佳能	Canon	尼康	Nikon	理光	Ricoh
柯达	Kodak	京瓷	Kyocera	徕卡	Leica
适马	Sigma	日棉	NHJ	宾得	Pentax
柏卡	Praktica	哈苏	Hasselblad	威达	Virtar
爱普生	Epson	爱克发	Agfa	宝丽莱	Polaroid
奥林巴司	Olympus	东芝	Toshiba	惠普	HP
三洋	Sanyo	三星	Samsung	创新	Creative
松下	Panasonic	康泰时	Contax	玛米亚	Mamiya

对于生产商来说，消费者广阔的选择空间，意味着激烈的市场竞争。从本质上来说，商家的竞争焦点，就是争夺消费者的选择。然而，若想获得消费者的选择，并非是一件容易的事情。IXP营销集团（IXP Marketing Group）的调研数据表明：在一年的时间之内，全球大约会推出2.1万个新品牌。在一年之后，大多数新品牌都会从货架上消失。例如，2005年，全球推出了超过15.6万种新产品，平均3分钟就会推出一种新产品。在一年的时间之内，52%的新品牌和75%的新产品，都会面临着被市场淘汰的厄运。在美国市场上，大约有4/5的新产品，在投

放市场之后很快销声匿迹。强大的选择力量,可怕的失败数字。对于企业来说,争取获得顾客的购买选择,是营销所面对的核心任务。

【案例】 在选择数码相机时,人们为什么更倾向于选择日本品牌?在日本成为全球制造技术的领跑者之前,"日本制造"或许会令人感到厌恶——"中国制造"如今也遇到了同样的情况——这四个字让人们联想到了廉价的儿童玩具、购买回来15分钟就散架了的小器件,以及众多工人在恶劣环境下制造出的肮脏低廉的商品。但是,如今人们认为"日本制造"代表着前沿的生产工艺。德国相机制造工艺一样不错,为什么不选择德国品牌?不错,德国相机制造工艺很好。但是,德国品牌代表光学胶片相机,不代表电子数码相机。日本电子数码技术领先,所以人们会选择日本制造的数码相机。仅仅是基于这样的一种无意识的"心理认知",人们的头脑将"数码相机"与"精湛技术"联系起来了。然后,人们就会拿着一台崭新的日本相机离开商店。

尽管这大大地简化了选择过程,但是人们仍然要在众多品牌里做出选择。对于消费者来说,这个选择过程一样不是一件轻松的事情。尽管人们的"心智认知"会再次发挥作用——"简化选择过程",但是这同样需要人们做出复杂的权衡与取舍——"在头脑里进行"。例如:首先,人们会在种类里做出选择——单反相机、长焦相机、卡片相机?其次,人们会选择像素——较高的还是较低的?再次,人们会选择变焦倍数——倍数大的还是倍数小的?这些仅仅是基本选择要素。如果再稍微考虑细致一些,那么需要考虑的因素还有很多。在确定种类范围之后,人们才开始考虑选择哪个品牌。当然,或许实际情况会反过来。首先确定品牌选择范围,然后考虑种类选择。无论在哪种情况下,不管对于商家来说,还是对于买家来说,选择无疑都是一个大问题。

【结语】 今天的顾客有如此之多的选择机会。顾客会选择哪个品牌?又会选择哪种规格的产品?无论最终选择哪个品牌,无论最终选择哪种规格的产品，这都不是一件轻而易举的事情，也不是一件令人感到轻松的事情。在许多时候，这件事情会令人感到眼花缭乱，茫然无措，不知该从何处下手。在许多时候，这件事情会令人感到烦躁不安、痛苦不堪，而又备感无计可施。对于顾客来说，选择已经变成一种很大的麻烦。对于商家而言，顾客的选择行动，正在形成一种残酷的暴力。如果顾客没能选择己方品牌，或者顾客选择了竞争品牌，那么这将意味着什么？这意味着：生意被竞争对手抢走了，要想重新夺回生意十分困难。正是顾客的购买选择，决定了品牌的命运，决定了企业的生死。正是因为如此，顾客的选择行动，变成企业面对的一个大问题。

1.3　营销：解决竞争性选择问题

【结论】　在市场过剩状态下，无论是市场竞争，还是市场营销，本质上就是要解决被选择的问题，解决怎样被顾客选择的问题。这就是说，我方品牌与对方品牌所争夺的焦点，就是争取获得顾客的选择。这意味着：（1）要让顾客选择我方品牌，而不是选择竞争品牌；（2）要让顾客再次选择我方品牌，而不是再次选择竞争品牌；（3）要让更多顾客选择我方品牌，而不是更多顾客选择竞争品牌。在品牌竞争的天平上，顾客对己方品牌所做的任何一次选择，都是在为己方添加战胜竞争对手的筹码。因此，营销的根本任务，就是要解决竞争性的顾客选择问题。

【阅读】　2008年8月，第29届奥林匹克运动会在中国举办。中国企业品牌建设的热情被推到了新的高度。但是，在品牌观念和技巧提升方面，中国企业仍然有很长的路要走。[《中国品牌何处去》——载于《商业周刊》（*BusinessWeek*）中文版（2008年12月刊）。作者：李茸（Charlotte Li）。]

（1）品牌选择数量激增。中国改革开放已经30多年，中国人的品牌意识空前觉醒。人们手上拎着的提包，早餐饮用的牛奶，晚餐光顾的餐厅，以及家里观看的电视，还有出门开的汽车……在人们的生活中，似乎已无处不涉及品牌的选择。如果购买了人们公认的品牌，那么自然会获得他人的赞许，从而增添更多消费满足感。

在过去30年的时间中，中国经济始终高速增长，消费购买力随之突飞猛进。官方数据显示：从1978年到2007年底，中国城镇居民人均可支配收入增长了39倍，剔除价格增长因素，年均增长速度达到7.2%。农民人均纯收入增长了30倍，剔除价格增长因素，年均增长速度达到7.1%。2007年，中国居民人均消费水平达到了7081元人民币。与30年之前相比，居民人均消费水平增长了37.5倍，年均增长速度达到13.4%。在过去30年的时间中，中国社会消费品零售总额增长了56.2倍，年均增长速度达到了15%。中国市场巨大的潜力，吸引着全球企业进入中国市场淘金。不管是本土公司，还是跨国企业，不管是老牌企业，还是初创公司，无不想充当消费者眼中的首选品牌。

中国市场商品及品牌层出不穷。以汽车品牌为例，1978年，中国市场上仅有2个乘用车品牌——红旗与上海。2000年，中国市场上拥有13个汽车品牌。2008年，中国市场上已有60多个汽车品牌。在中国的超级市场里，日常用品多得令人眼花缭乱。例如，洗发用品约有40个品牌供消费者选择，牙膏产品有20多个品牌供消费者选择。产品及其品牌数量均超过美国同等规模超级市场的1倍。

（2）品牌塑造愈显重要。人们对于品牌的需求，直接推动着市场营销活动。中国广告市场已经成为全球最具成长潜力的市场。全球市场研究及资讯公司——AC尼尔森公司（AC Nielsen）的调查显示，2008年1~6月份，全球广告支出1860亿美元。北美与亚太地区各占37%。在亚太地区，61%广告支出来自中国市场。AC尼尔森公司进一步指出：在全球广告市场上，中国的增长势头会进一步持续。

今天，中国企业对品牌建设的热情上升到了新的历史高度。越来越多的人开始反思：到底应该如何看待中国品牌建设？中国品牌的未来将会如何？野狼集团亚洲公司（Wolf Group Asia）总裁、首席执行官郎大为（David Wolf）在中国从事多年广告及媒体咨询业务，他认为：当前，在各个行业竞争进入白热化的形势下，中国企业塑造自我品牌的需求已达到空前高度。

近几年来，中国市场竞争不断加剧。越来越多的中国企业开始走出国门，以寻求更大的发展空间。越来越多的中国企业开始主动探索品牌建设之路。一些抢先行动的企业，已经在国内外市场确立了品牌地位。例如，联想集团公司收购了 IBM 公司个人电脑业务，直接晋级跨国企业；海尔集团公司不断研发新产品，成长为全球第四大白色家电生产商；青岛啤酒公司利用百年品牌历史，打造出了中国第一啤酒品牌。这些企业有着一个共同的特点——拥有较为明确的品牌战略，并进行系统落实。其结果就是品牌资产逐步升值。

（3）品牌建设刚刚起步。郎大为认为：大多数中国企业还不知道如何进行专业性的营销运作与品牌建设。对于这种观点，不少营销专家表示认同。迈势集团公司（Maxus Group）中国副总裁萧静萍认为：中国企业市场营销与品牌建设仍然处在初期的学习阶段。竞立媒体公司（MediaCom）中国董事总经理张喆翔则认为：在营销方面，中国企业还与国际企业存在着差距，差距背后存在着很多层面的原因，如研发、生产、产品、卖点……各种层面的因素，都左右着企业选择什么样的营销策略。迈势集团公司、竞立媒体公司均为媒介投资管理机构群邑（GroupM）所属公司，均隶属 WPP 集团公司——全球第三大广告公司。

第 29 届奥林匹克运动会期间，中国企业的营销水平差距集体表现出来。在中国 15 家合作企业中，大部分企业在广告中使用了"梦想"一词。有些赞助商广告互相斗气，部分赞助商广告幼稚可笑。奥美广告公司（Ogilvy & Mather Advertising）中国事业部副总经理杨石头曾担任 2008 北京奥组委官方执行顾问。他指出：51 家赞助商、供应商、合作伙伴、独家供应商的大部分广告，都聚焦在民族主义以及国家主义上，造成广告传播同质化——梦想扎堆，世界拥挤。

对于中国企业来说，2008 年北京奥林匹克运动会成为了难得的营销机会与平台。但是，中国企业尚不熟悉品牌个性化营销。缺乏策略与技巧，成为一个很大的不利因素。第29届奥林匹克运动会的赞助商不乏中国大型国有企业的身影。然而，在积极营销者的行列中，基本看不到国有垄断企业的身影。对于大多数中国企业来说，奥林匹克运动会赞助商的角色似乎扮演得早了点——事实上，有点拔苗助长。

2008年8月1日，中国品牌研究院——一家独立的品牌研究机构——公布了《2008奥林匹克运动会营销调查报告》。报告指出：截至2008年7月21日，按照营销投入估算，62家赞助商绝大多数都没有达到预期营销效果。在本土赞助商中，仅有联想、伊利、金龙鱼三个品牌的营销效果超过常规营销手段，品牌美誉度大幅上升。但是，绝大部分本土赞助商的营销效果均不尽如人意。一些本土品牌呈现出了相反的营销效果，品牌美誉度增幅呈现负值，巨额投入无法获得足够的回报。

（4）品牌必须回归本质。2008年9月，中国大陆发生了"三鹿奶粉事件"。受此事件牵连与影响，中国品牌遭受了沉重打击。三鹿奶粉"三聚氰胺"事件不仅为企业敲响了警钟，同时也将品牌建设思考带入了本质层面——要守住品牌生存的根基。2008年10月份，在中国品牌高峰论坛上，与会企业及人士形成一致共识——中国品牌建设必须回归本质。何谓品牌本质？美国营销协会（American Marketing Association）对品牌概念做出了定义：品牌是一个名称、名词、标记、符号或设计，及其要素组合，以识别某个或某群生产者的产品或劳务，并使之同竞争对手的产品和劳务区别开来。品牌在本质上代表着卖方（生产者）对交付给买方（消费者）的产品特征、利益和服务的一贯性承诺。

（5）未来市场品牌为王。品牌是一个复杂的象征，其含义还覆盖属性、利益、价值、文化、个性及用户这6个层次。这就是说，在功能、质量等基础价值之上，产品还要具有令消费者获得更高满足感的个性、文化和归属感等附加价值。在中国这个全球变化速度最快的市场上，这一点对于本土企业来说则是更大的挑战。

2008年，麦肯锡公司（McKinsey & Company）公布了《中国消费者调查报告》。报告指出：有63%的中国消费者在购买商品时会首选品牌产品。这种调查结果表明：人们对品牌认同度较高。然而，人们所乐意支付的品牌溢价率——超过非品牌商品价格比例，平均仅为 2.5%。在欧美国家市场上，消费者所愿意支付的品牌溢价率超过 20%。2008 年，受物价上涨等因素的影响，37% 的消费者表示出灵活的购买选择——可能因为促销活动而改变最初购物计划。2007 年，这个数字为 27%。这说明一种情况：在中国市场上，消费者的品牌忠诚度较低，企业品牌营销难度将会更大。

麦肯锡公司所公布的《中国消费者调查报告》还指出：中国消费者日趋成熟，产品信息获取方式出现改变。口碑依然被认为是最可靠的信息来源，电视广告受重视程度有所下降，新媒体传播方式的作用则明显提升。这意味着：中国企业过去集中采用的做法——投放巨额资金进行电视广告轰炸，未来可能成为有足够财力的大企业之间的游戏。这意味着：在营销观念与策略创新方面，对企业品牌营销提出了更高的要求。

中国市场在加速国际化。奥美广告公司中国事业部副总经理杨石头建议：在未来几年，有两件事情至关重要——一件事情是品牌建设，一件事情是渠道建设。关于品牌建设，企业应该全力打造与消费者之间的关系。企业应该分三个步骤操作。第一步，让外部资源内部化。将资源组合起来为企业所用，这些资源包括话语权资源、节目资源、人才资源、策划资源。第二步，思考所有结构关系。包括政府、利益相关方和消费者三方面的结构关系。第三步，重视电子化营销。利用数字化网络媒体进行营销，将成为未来主流营销竞争方式。关于渠道建设，则应挖掘二线城市的市场潜力。中国有 366 个百万级人口城市，这必将成为商家必争之地。在欧洲，百万级人口的城市就算大城市了。这是一种不可再生的资源，占领一处减少一处。

第 2 章

竞争背景：进入认知性的品牌竞争时代

【题义】⊕ 今天，绝大多数商品市场均处在过剩状态之下。供应大于需求已经成为多数市场的常态。在这种市场状态下，企业要想最终赢得营销战争的胜利，关键在于获得消费者的信任与选择。那么，消费者信任和选择的依据是什么？消费者根据认知做出判断，并根据价值做出选择。这就是说，根据对产品及其品牌的价值认知，消费者决定信任哪个产品及其品牌，然后再决定选择哪个产品及其品牌。或者说，对产品及其品牌的价值认知，形成了消费者对产品及其品牌的信任依据，决定着消费者对产品及其品牌的购买选择。营销的首要任务，不是直接劝说消费者选择购买本企业产品，而是让消费者对本企业品牌形成价值认知。营销已经进入了认知性的品牌竞争时代。

2.1 营销：两个前提性条件

信息过度化传播

【观点】⊕ 我们处在信息过度化传播的时代。企业都想通过传播信息解决商业问题，人们时刻都遭遇着广告信息的围追堵截。同时，人们不得不躲避广告信息的侵袭和骚扰。其躲避方式为：不去注意广告信息。广告信息过度化传播，为广告自身带来了恶果。其结果为：信息传播量越大，信息接收量越小。在信息过度化传播的时代，人们对信息进行选择性的接收。在一般情况下，人们只接受 4 种类型的信息：（1）与人们自身知识相适应的信息；（2）与人们既有经验相符合的信息；（3）与人们价值观念相一致的信息；（4）与人们兴趣需要相关联的信息。剩余的大部分信息均会被头脑过滤掉。这意味着：绝大部分广告信息根本不能发挥作用。大量广告费用支出只是花钱制造麻烦。

【案例】⊕人们一天能够接触到多少广告信息？根据传播学专家的估计，人们接触的广告信息频度，最高峰值可能达到5000条/天。在广告信息传播过程中，电视作为一种传播媒介，扮演着重要的角色。不管走到世界什么地方，人们都能看到电视广告。在英国，一个孩子长到18岁的时候，已经接触过140000个电视广告。在瑞典，人们一天平均能接收到3000个广告信息。1992年，欧洲11个国家播出了超过300万个电视广告。

在电视广告泛滥的同时，电视频道由20多个增加到了150多个。在一些国家或地区，有超过200个电视频道。我们可以想象到一个场景——坐在沙发上，拿着遥控器，按来按去选频道，一个频道看上几秒钟、几十秒、几分钟，寻找想看的电视节目。某个电视频道正在播放广告，这个频道的节目还不错。暂时先翻过去，等一下回来再看看……仍然没有想看的节目，剩下几十个频道还没翻到。算了吧，耐心已经到头了！

【案例】⊕当今世界制造信息的能力无比强大，过去5000年的信息生产总量，可能不抵最近30年全球产生的信息总量。《纽约时报》(*The New York Times*)一个工作日发布的信息数量，超过17世纪一个英国人终生的信息获取量。《纽约时报》周日版多达1600页，重达12磅，登载1000多万个词汇。如果按照一分钟500个单词的速度浏览，那么看完这份报纸的所有内容需要多长时间？如果一天阅读18个小时，要连续花上18天的时间。在18天之后，又有2个星期的报纸，堆在那里等待阅读。

根据信息研究人员估计，全球出版图书的速度达到4000种/天。全球印刷品的数量在 4~5 年的时间中就会翻一番。信息制造的速度和数量，大大超过了人们的处理能力。但是，"信息工厂"依然在花钱制造更多的信息垃圾。为了抵御这些信息的不断入侵，大脑建立起了对应的防御机制。头脑的信息防御机制，就是对信息进行"选择性接收"。这意味着，如果信息对不上人们心里的"暗号"，那么信息将被人们当成敌人"处决"。问题的关键在于：对得上"暗号"的信息很少，而被人们"处决"的信息则很多。这就是传播过度的时代。

【案例】 在美国市场上，广告消费额超过了 2440 亿美元。如果换算成人均指标，那么人均一天要消费掉多少广告费用？按美国人口数量分摊，人均一天消费掉 2.37 美元广告费。一个 30 秒的标准电视广告，千人平均成本为 10 美元，人均成本仅为 0.01 美元。如果换算成 30 秒的标准电视广告，那么人均一天将接触到 237 个标准的电视广告，或者接触到 237 个等价的媒体广告。一天接触 237 个 30 秒电视广告，相当于观看一场电影，但是只有广告而没有情节。按照这个标准计算，一年人均将接触 86500 个标准的电视广告，或者接触 86500 个等价的媒体广告。

"人均"这个概念的含义，意味着包括从婴儿到老人的所有人。一个收入更高、年富力强的人，可以接触到 4~5 倍的广告。1997~2001 年，美国广告消费年增长速度为 8.2%。在"9·11"事件之前的 40 年中，美国仅出现过一次广告消费下降的情况。伴随全球经济一体化进程，广告传播开始走上全球一体化之路，新兴经济体紧跟其后推波助澜。广告犹如洪水猛兽一般，汹涌着冲向人们的大脑。广告信息已经变成令消费者厌倦的东西，但是营销者仍然源源不断地炮制着大量的广告信息。

产品同质化竞争

【观点】 我们处在产品同质化竞争的时代。这意味着：从产品形式与功能的角度上看，以及从性能与质量的角度上看，市场上同类产品及其品牌在物质内容上基本趋于相同，大多数产品几乎完全相同。产品同质化的原因在于"快速模仿"或者"快速复制"。这就是说，产品在物质上的差异优势，很快会被"快速模仿"与"快速复制"所消除。"快速模仿"与"快速复制"把产品带入了同质化竞争时代。在产品同质化竞争环境里，人们很难分辨出产品的差别。这并不意味着人们认为不存在差异性的产品。其关键原因在于：产品在物质上同质化，不等于在心理上同质化。产品在物质上同质化，不会必然导致在心理上的同质化。这就是说，在物质上同质化的产品，可以在心理上产生差异化的印象。由此可见，处在竞争格局里的产品，其好坏与优劣程度不存在于产品本身，而存在于人们的心智里。或者说，人们对产品的心理认知，决定了产品的好坏或者优劣。因此，在产品同质化竞争环境里，仅依靠产品本身难以获得营销成功。

【案例】⊕ 2005年，蒙牛乳业推出"特仑苏"牛奶——一种高级牛奶品牌。在蒙语中，"特仑苏"这个词是"金牌牛奶"的意思。"特仑苏"牛奶——第一个高级牛奶品牌，其品牌身份及其市场地位很快赢得了人们的认同与接受。不但如此，"特仑苏"这个品牌名称还变成了高级牛奶的代名词。2006年，在"第27届世界乳业大会"上，"特仑苏"赢得了"新产品研发奖"。"特仑苏牛奶"利用这次获奖机会，开始巩固"高级牛奶"的形象地位。蒙牛乳业在广告里强调：不是所有牛奶都叫"特仑苏"！这就是想告诉人们，"特仑苏"是独具特性的高级牛奶，其他品牌不能与"特仑苏"相提并论。从此，"特仑苏"开启了高级牛奶市场。

〔背景资料〕IDF是"国际乳品联合会"的英文缩写。（1）IDF的组织身份：唯一代表乳品行业的国际性组织。（2）IDF的组织性质：独立的、非营利性的世界级组织。（3）IDF的组织职能：促进世界各国乳业发展，为其提供独立的、权威的专业意见。（4）IDF的组织影响：拥有49个成员国，这些国家拥有全球73%牛奶产量。（5）IDF的主要活动：举办"世界乳业大会"——世界乳品业最重要的国际会议（每4年举办一次）。评选对乳业有促进意义的新技术，以及对乳业有突出贡献的新产品。"世界乳业大会"受到各国乳品企业、乳品行业人士、学术界人士和政府部门的高度关注。（6）第27届世界乳业大会在中国举办。在该次会议上，评选出了三个奖项。其余两个奖项，分别由意大利与澳大利亚的两家公司获得。

值得说明的是："特仑苏"牛奶赢得"新产品研发奖"，或许是因为产品有独到之处。但是，"特仑苏"牛奶在市场上获得的成功，则不是因为获得IDF组织的奖项。这一点很容易证明，问一问消费者就知道了。有多少人知道"国际乳品联合会"？又有多少人知道"世界乳业大会"？有多少人知道"IDF的奖项"？又有多少人知道"特仑苏"牛奶获得了IDF大奖？有多少人知道"特伦苏"牛奶因何获奖？几乎没有人能够回答所有这些问题。"特仑苏"牛奶在市场上的成功，与获得IDF大奖没有关系，甚至可以说，与牛奶本身没有关系。"特仑苏"牛奶在市场上获得的成功，其关键原因在于：在牛奶市场上，"特仑苏"牛奶是第一个高级牛奶品牌。在人们心智里，"特仑苏"牛奶是第一个高级牛奶品牌。"特仑苏"牛奶成为了高级牛奶的代表者。这就是领先的价值。

【案例】⊕ 2006年，伊利实业开始正面反击。在亚洲（博鳌）论坛上，伊利实业推出了高级牛奶产品——"金典"纯牛奶。毫无疑问，此举直接针对"特仑苏"牛奶。为了证明"金典"纯牛奶更加高级，伊利实业加大了宣传推广力度。

- 世界最先进的装备水平。
- 牧场处在全球公认的最优奶源带上。
- 金典奶乳蛋白含量超出国家标准。
- 拥有香滑醇厚的口感。
- 牛奶里的VIP。
- 营养价值是纯牛奶里的冠军。

● 金典牛奶的原料奶源自于顶级优质天然牧场园区。

……

这些广告就是想告诉人们,"金典"纯牛奶品质更好,要选择"金典"纯牛奶,不应该选"特仑苏"牛奶。这种广告策略能够奏效吗？在选择高级牛奶的时候,人们会选择"金典"纯牛奶,还是会选择"特仑苏"牛奶呢？这个问题很好回答。站在商场门口看一看,就知道大多数消费者选择谁了。

当人们从商场里走出来的时候,大多数人选择了"特仑苏"牛奶。"金典纯牛奶"不好吗？不是牛奶不好。"金典纯牛奶"堪称高级牛奶,品质不逊色于"特仑苏"牛奶。问题不在"金典"纯牛奶身上,原因出在"特仑苏"牛奶身上。真正的原因在于：在人们的心智里,"特仑苏"这个名称,代表着高级牛奶。"特仑苏"这个品牌代表着高级牛奶。在选择高级牛奶的时候,人们首先考虑选择代表品牌。

"金典"与"特仑苏"这两个名字,在人们心智中的意义不一样。前者是高级产品,但是代表不了高级这个概念；后者不但是高级产品,而且还代表着高级这个概念。二者在人们心智中的地位不同。"金典"不能超越"特仑苏",根本原因就在这里。双方所售卖的牛奶,本质上差别不太大。

【案例】⊕ 在中国牛奶市场上,"高级牛奶之战"仍然激烈地进行着。"金典"纯牛奶犯下一个大错误,错过了最佳的攻击时机。"金典"直接对抗"特仑苏",胜算机会十分渺茫。为什么？"特仑苏"已经占领了市场制高点,要想攻下领先者占领的制高点,这种可能性非常小。"特仑苏"已经抢先占领了一个制高点——高级牛奶,而"金典"同样应该抢先占领一个制高点——不同的高级牛奶。这就是说,"金典纯牛奶"要站在一个不同的制高点上,攻击处在眼前制高点上的防御者——"特仑苏牛奶"。在哪里构建制高点？在人们心智中构建这个制高点。这意味着:金典"纯牛奶应该在人们心智中构建一个不同的制高点。站在顾客心智中的不同制高点上,攻击顾客心智中当前制高点上的防御者,这样才能产生有效的营销战果。"金典纯牛奶"要重新思考这个战略性问题。那么，这个制高点是什么？这个制高点的选择，应该直接面向防御者的薄弱环节。防御者的薄弱环节，应该在防御者的强势中寻找。

从客观情况上看，"特仑苏牛奶"身上存在着薄弱环节，"金典纯牛奶"存在着构建新制高点的机会。这个薄弱环节在哪里？"特仑苏牛奶"的强势在哪里？在"IDF世界乳业大会"颁发的"新产品研发奖"上。"特仑苏牛奶"的薄弱环节就在这里！"特仑苏"——高级牛奶；"特仑苏"——不是纯牛奶；"特仑苏"——含有添加物质的高级牛奶。"金典纯牛奶"的制高点是什么？"金典"——高级牛奶；"金典"——高级纯牛奶；"金典"——不含有添加物质的高级牛奶。事实上，"金典纯牛奶"本身就具备这个概念。"金典纯牛奶"这个产品名字，本身就体现出了纯牛奶这个概念。或许，"金典纯牛奶"在诞生之前，已经想到了纯牛奶这个概念。但是，这不是问题的关键所在。问题的关键是：这两个"相互对立的概念"，还有这两个"相互对立的品牌"，要同时印刻在人心智里。"金典纯牛奶"要运用这种对立的概念与手段，构建品牌在人们心智里的制高点。其终极目标为：在人们心智中占领高级纯牛奶的制高点。

"金典纯牛奶"的问题在于：没有围绕高级纯牛奶这个概念，形成一致的整体营销战略。或者说，高级纯牛奶这个概念，没有构成其所有营销活动的核心与重心。正是由于这个原因，人们根本不知道"这两个高级牛奶品牌"的区别到底在哪里。如果缺乏这种认识上的区分，那么人们当然选择那个"高级牛奶的代表者"。结果，人们选择了"特仑苏牛奶"，而没有选择"金典纯牛奶"。"金典纯牛奶"营销战略错误的关键点正在于此。其根本原因是：企业认为营销是一场产品战，而不认为营销是一场认知战。"金典纯牛奶"应该怎么做？人们头脑中的认知，就等于人们心智中的事实。"特仑苏牛奶"——人们心智中的高级牛奶。在人们心智中，"特仑苏"拥有"高级牛奶"这个事实，并且已经成为一个"像铁一样"的事实。"金典纯牛奶"不能改变这个事实，而且没必要改变这个事实。然而，"金典纯牛奶"应该告诉人们一个事实。这个事实就是:"特仑苏牛奶"——含有添加物质的高级牛奶;"金典纯牛奶"——不含有添加物质的香浓纯牛奶。如何实现这个目标?"金典纯牛奶"从3个方面入手,可轻而易举地实现这个目标。

(1) 广告策略。第一步:"特仑苏牛奶"的宣传口号——不是所有牛奶都叫"特仑苏"。那么,"金典纯牛奶"是什么?不是所有牛奶都能这么纯。前者已经深入人心,后者与前者相对立,很容易让人们形成对比。借助这种对立与对比,"金典纯牛奶"就能够轻而易举地攻入人心。第二步:"金典纯牛奶"——"唯一"不含添加物质的高级牛奶。这样等于告诉人们:"特仑苏牛奶"——"就是"含有添加物质的高级牛奶。第三步:强调纯牛奶的好处。运用转基因食品等故事进行类比,提醒人们"非天然的东西不安全"。在人们越来越关注健康的时代,纯天然的食品更加受到欢迎。

(2) 价格策略。绝对不能低于竞争对手,不能略高于竞争对手,而是要大大高于竞争对手。高价格与高品质必须保持形影不离。否则,这个东西就不高级了。不要怕卖得少,关键是要赚得多。其中的道理很简单:一个不具领先地位的品牌,手里握着同质化的产品,再去打一场价格战,那么可能永远没有赢得胜利的机会。

(3) 包装策略。从外观包装的角度看,"金典纯牛奶"与"特仑苏牛奶"根本不在一个层次上。前者运用黄色调,显得混浊、俗气;后者运用蓝色调,显得纯净、高雅。二者的价格差不多,地位有差别,外观有雅俗,消费者选择谁?答案十分明显。"金典纯牛奶",请不要不好意思,赶紧换一个新包装吧!"纯牛奶"这个形象,需要穿上一套"纯牛奶"衣服。剩余的事情很简单,就是如何扩大战果的问题了。宜将剩勇追穷寇,不可沽名学霸王!"金典"与"纯牛奶"——两者紧密相伴,继续造大声势,大举攻心夺地。这就是攻心之战,这就是认知之战,这就是定位之战。"特仑苏",该头痛了吧!没办法还击!

令人感到遗憾的是,从2006年到2010年,伊利一直在浪费时间,正在逐渐失去进攻的时机。这是因为:如今的"特仑苏牛奶"已经不再添加OMP了。"金典纯牛奶"的攻击目标消失了。不添加OMP的"特仑苏"，变成了什么样的牛奶？低脂牛奶、有机牛奶，还有纯牛奶。"特仑苏牛奶"同样犯下一个错误，让一个品牌代表三种东西。"金典纯牛奶"依然存在机会，这是因为：高级纯牛奶这个概念，尚不属于"特仑苏牛奶"。对于"金典纯牛奶"来说，如果不抢先把这个概念送入人们的心智，那么将再次失去挑战"特仑苏牛奶"的有利时机。"机不可失，时不再来"，在此得到了充分的验证。

【案例】 三元食品是北京地区的一家牛奶企业。在北京地区，这家企业已经拥有46年的历史。在"伊利"与"蒙牛"诞生之前，"三元牛奶"就已经在北京地区扎下根基，成为北京地区消费者的首选品牌。正是因为这个原因，"三元牛奶"有能力抵御外来品牌的进攻，成为具有抵抗能力的区域品牌。在北京地区市场上，"三元牛奶"抵挡住了大举进攻的"伊利牛奶"、"蒙牛牛奶"。这就是领先的好处——能够在竞争中发挥关键作用。

在营销传播上，"三元牛奶"紧抓品质与首都的关联。在"三元牛奶"上，标有"人民大会堂宴会专用牛奶"的提示语。如果是在美国市场上，那么这句话可以换一种说法——中国白宫宴会专用牛奶。"三元牛奶"的宣传口号是："欧盟的标准，首都的品质"。"三元牛奶"品质战略执行得很好。"三鹿奶粉"引发"三聚氰胺事件"，伊利、蒙牛无一幸免，"三元牛奶"独善其身。"三元牛奶"的信誉与口碑，受到消费者的广泛赞赏。

2009年，三元食品推出"品致牛奶"——第三个高级牛奶品牌。"品致牛奶"——乳糖含量最低的牛奶，专门针对"乳糖不耐症"的消费人群。"品致牛奶"的推出，带有很大的效仿抵御性质。"三元牛奶"这个品牌抗衡着"伊利牛奶"、"蒙牛牛奶"。但是，在北京地区市场上，拿什么抗衡"特仑苏牛奶"、"金典纯牛奶"？因此，三元食品必然推出高级牛奶品牌。

〔背景资料〕乳糖占牛奶营养成分的4.6%左右，主要功能为给人体提供热能，是人体发育及活动的动力源泉。由于基因和生活习惯的缘故，超过90%的亚洲人肠道缺乏乳糖酶，无法很好地吸收牛奶里的乳糖，这不但造成了可转化成能量的营养流失，还会出现肠鸣、腹痛、腹胀甚至腹泻现象，医学上称这种症状为"乳糖不耐症"。

"品致牛奶"的技术，奥妙在于乳糖酶的精细化分解，即经乳糖酶水解后乳糖分解成葡萄糖和半乳糖，易于被人体吸收利用，并可保持身体内水分平衡，顺利解决乳糖不耐症状，让牛奶吸收变得轻松自如。这款牛奶不但满足了不同程度的乳糖不耐受者及乳糖酶缺乏者的饮奶需求，更从本质上解决了饮奶中的关键环节——营养吸收问题。

不难看出，"品致牛奶"想打一场产品战，期望凭借与众不同的产品，占领一小块高级牛奶阵地。但是，这种带有技术含量的产品，恐怕将要输在认知上面。别忘了！营销是一场认知战，不是一场产品战。从表面上看，"品致牛奶"做到了产品差异化。"品致牛奶"——低乳糖含量牛奶，市场上的第一个品牌，同时又是市场上唯一的品牌。但是，可以预见，这可能是最后一个低乳糖含量牛奶品牌。问题的关键在于：谁会购买"品致牛奶"？

普通消费群体会购买"品致牛奶"吗？从低乳糖含量这个角度上看，这种可能性几乎不存在。谁会花那么高的价钱，购买缺失关键成分的牛奶？如果告诉人们："品致牛奶"乳糖含量很低，那么人们根本就不会购买"品致牛奶"。"乳糖不耐症"消费群体呢？这些人根本就不喝牛奶。不喝牛奶？不是有"品致牛奶"吗？明明知道喝牛奶会生病，谁会花钱冒险喝"品致牛奶"？既然喝了没什么特别营养，那么还不如喝别的东西呢！

"品致牛奶"的处境十分尴尬，在攻防上进退维谷。前进，"低乳糖含量牛奶"不会吸引太多消费者；撤退，找不到方法抵御"特仑苏牛奶"、"金典纯牛奶"。或许，"品致牛奶"意识到了这个问题。在广告宣传上，人们几乎看不到"品致牛奶"的身影，听不到"低乳糖含量"的声音。同时，"品致牛奶"的境地很危险。如果在不知情的情况下，消费者购买了"品致牛奶"，那么一旦知道购买了"低乳糖牛奶"，必然会产生"被欺骗"的感觉。其结果可想而知。

【案例】 "品致牛奶"怎么办？如何抵御"特仑苏牛奶"和"金典纯牛奶"。其办法就是：在领先者的强势上找办法。"特仑苏"与"金典"共同的强势在哪里？其强势在于：市场覆盖范围广泛——覆盖了整个中国市场。相比之下，"品致牛奶"的触角仅及北京地区。孙子兵法与攻心战法，二者没有什么两样——奇正相生，强弱相化，永远是制胜的有效手段。"品致牛奶"的市场覆盖弱势，可以转变成攻心之战的强势；"特仑苏牛奶"与"金典纯牛奶"的市场覆盖强势，则能被转化成攻心之战的弱势。

"特仑苏牛奶"与"金典纯牛奶"的市场之广、规模之大，限制了向消费者提供更新鲜的牛奶。"品致牛奶"则刚好相反，市场覆盖范围仅及北京地区，完全有能力为消费者提供更新鲜的牛奶。事实上，"三元牛奶"一直都在这么做，一直保留着"鲜奶递送"业务。为此，"三元牛奶"专门创立了"递送服务品牌"——"三元及递"。这项递送服务业务，就像为人们递送报纸一样，为顾客递送"三元"新鲜牛奶。正是由于市场覆盖范围小，"三元牛奶"才能向消费者提供更新鲜的牛奶。"伊利"与"蒙牛"二者谁都做不到这一点。在这个市场领域里，"三元食品"的短处可以变成长处，而"伊利"与"蒙牛"的强势则变成了弱势。这样，"品致牛奶"就找到了攻击点。

"品致牛奶"需要重新进行定位，要变成高级的新鲜牛奶。如果这样做，"伊利"与"蒙牛"哪个都没办法还击。那么，"品致牛奶"盒子里的液体怎么办？倒掉，换上新鲜牛奶。抵御不了进攻，又赚不到利润，还留着干什么用？或者，干脆不再叫"品致"。"品致牛奶"这个品牌可以继续保留，照顾"品致"忠实客户的情绪，免得消费者说"品致"是大骗子。但是，这可不是换了液体就能成功的事。"品致牛奶"要实现"新鲜度"这个定位，需要制定一套整合性营销方案。

（1）产品策略。高级新鲜牛奶，一是要高级，二是要新鲜。高级要体现在浓度上，新鲜要体现在速度上。市场上的牛奶掺水太多，味道很淡。因此，"品致牛奶"要做到两点：一是要浓；二是要香。浓香——这是新鲜高级的最有力证据。人们掌握这个证据之后，就会传播这种浓香的感觉。然后，这种感觉就会自然产生发酵作用。

（2）渠道策略。主渠道：提前预订，经由"三元及递"及时投送。递送这个运营环节，是牛奶新鲜的根本保证。这个环节必须大力改善，不能给人递送"一般货品"的感觉。当前递送的环节，更像是递送日常货品。这个形象要大力改变。辅渠道：零售商场。在商场牛奶销售区域设专门的保鲜冷柜。牛奶放在冷柜里以保证其新鲜。冷柜如果设在大品牌旁边，那真是棒极了。如何布置销售现场？这不需要多说了吧。

（3）包装策略。采用两种形式：一种是专门用于递送的包装，一种是用于商场销售的包装。这两种包装形式都要体现"高级地位"。第一种包装，应该看起来更高级。当前，"三元"递送的新鲜牛奶，看起来十分不高级。"品致牛奶"的递送包装，必须看上去非常高级。第二种包装（辅助渠道所售的包装）必须合理地采用软包装形式，以便于顾客购买携带。

（4）价格策略。整体价格水平保持与两大高级品牌一致，因为要抵御领先品牌！但是，零售渠道价格要稍稍高一点。不能让"辅渠道"变成"主渠道"。如果真是那样的话，那就既不高级又不新鲜了。零售渠道的作用是：为尚未订购"品致牛奶"的顾客提供一个机会，尝尝"新鲜高级牛奶"的味道！"辅渠道"的作用，是要让消费者回到"主渠道"上来。

（5）传播策略。不要认为牛奶变香浓了，就是在打一场产品战。实话实说，产品、价格、渠道、包装都是配角，传播策略才是主角。所谓传播策略，首先是传播什么内容，其次才是选择什么方式。二者的目标都指向一处——人们的心智。企业人本末倒置，把主角当配角，把配角当主角。要告诉人们：快递来的牛奶最新鲜；煮着喝的牛奶最高级。借用一点情感因素——我们小时候喝的牛奶，那是什么味道的？以前，牛奶是这样的……

（6）信誉策略。做出一项承诺：零售渠道的新鲜牛奶，7天内销售不完就收回。损失会不会太大？那就少摆放一些，勤更换一些。当然收回的牛奶不能再卖，但是可用来生产其他乳制品。头脑要保持清醒——

不依靠零售渠道来赚钱。告诉消费者：快递的牛奶更便宜、更新鲜。再多说就是废话了！

"三元食品"在干什么？"品致牛奶"不管用，又推出了"极致牛奶"。"极致牛奶"是什么？低脂牛奶、高品质牛奶。一种低脂的牛奶，人们很难认为是一种"极致"产品，人们不会认为这是一种"高品质牛奶"。如果要想在人心智里"占领"这个概念，那么首先不要为品牌起一个"低脂"一样的名字。或许，"三元食品"认为："极致牛奶"还不够极致，又推出了"特需专用"纯牛奶，不知道这是一个品牌名称，还是一个产品说明。不知道什么人"特需"这种产品，也不知道给什么人"专用"这种产品。"三元食品"的三个高价产品，加在一起都打不败"特仑苏"。品牌不是越多越好，品牌必须占领人们心智，才能产生真正的营销效果。

在产品同质化竞争的环境里，我们应该怎样做营销？营销成败的关键，在于能否在人们心智里建立独特的价值认知。要想达到这个目标，必须在人们心智中寻找一个空白地带。请注意：不是产品空白，而是心智空白。填补产品空白，是指生产出一个没有过的东西。这个东西不一定会被人们的心智所接受。占领心智空白的意义在于：占领了这个空白，就成为心智里的领先者了。"特仑苏牛奶"的成功，秘密就在这里；"金典纯牛奶"无法超越，秘密就在这里；同样，"品致牛奶"的问题还是在这里。概括起来说，所谓营销，不是要生产一个新产品，而是要占领一个新位置，即一个能够在人们心智中领先的新位置。如果明白这个道理，那么距离胜利就不远了。

【结语】 产品的同质化竞争，以及信息的过度化传播，已经成为所有企业必须面对的生存与竞争环境。然而，人们不知道里面所蕴藏的竞争意义。产品的同质化竞争，以及信息的过度化传播，这种营销环境究竟意味着什么？这意味着：营销竞争陷入一种"胶着"状态。或许，企业确实提供了一种不错的"好产品"，然而消费者就是"不买账"。或许，企业确实在产品上"胜过竞争者"，然而就是没办法在市场上"超越竞争者"。企业"看不清"问题究竟在哪里。企业投入了巨额资金，发起一轮又一轮"广告战"，然而消费者就是"看不见"。企业在广告投入上"远远超越了竞争者"，然而就是没办法在销售上"追上竞争者"。企业"搞不清"究竟应该怎么办。看不清，理还乱，这就是企业所面临的"胶着"状态。这究竟是为什么？根本原因很简单：产品的同质化竞争，以及信息的过度化传播，已经使传统的营销手段"不再有效"，企业需要寻找"营销新策略"。

2.2　营销：不是一场广告战！

广告的传播量问题

【观点】一项针对广告有效性的研究表明，广告数量与广告效果成反比关系。几乎所有对广告效果的研究，均得出一个同样的结论：在一个既定媒体里，广告播出的数目越多，单项广告的效果就越差。广告播出效果研究显示，对于"商业广告吸引人们注意"的效果，"很少播放商业广告的电视频道"优于"大量播放商业广告的电视频道"。这就是说，"极少做广告的媒体"优于"经常做广告的媒体"。在没有广告的年代，什么广告都会有效。在少有广告的年代，广告同样十分有效。在不存在竞争性广告的时候，广告一样会有不错的效果。如今，人们到处都能看到广告。广告这种营销传播方式，变成了一种"人们刻意不去注意"的东西，成为了一种"人们很容易忽略掉"的东西。对于直接促进销售的要求，广告显得越来越无能为力。广告的直接促销作用正在加速衰退与减弱，不再是一种能够带来直接回报的投资。

【案例】著名营销咨询专家里吉斯·麦克纳（Regis McKenna）在《哈佛商业评论》（*Harvard Business Review*）上发表了一篇文章。文章明确指出，我们正在见证广告的衰落。第一步：广告的过度杀伤力，已经开始作用于广告本身。第二步：广告的衰落是第一步的延伸。当广告数量开始激增并且纠缠不休的时候，顾客就难以再忍受广告了。广告越是想侵入，人们就越是要把广告拒之门外。广告数量在迅速上升，效果却在快速下降。根据粗略统计，当美国人到66岁的时候，大多数人将观看大约200万个电视广告。如果将这些广告浓缩在一起观看，那么就相当于一天连续看8小时、坚持不断地看6年。

调查结果显示：在1965年，消费者所能记住的广告，达到全部广告内容的34%。到1990年，这个数值则下降到了8%。2007年，美国AC尼尔森公司对1000名消费者进行了电话调查，结果表明，人均只能记得2.21个在近期看过的广告。如今，如果询问电视观众：哪些公司赞助了其最喜爱的电视节目？那么，人们头脑将会变成一片空白——观众连一个广告都说不出来。科学研究发现：在24小时之内，人们会忘记已经学会知识的80%。为考试而死记硬背功课的学生，均有过类似"记住与忘记"的过程和经历。这证明了一个事实：信息量越大，忘记也越多，消失也越快。传播得越多，接收得越少。今天，广告正面临着这样的处境。

【案例】✪ 美国广告联合会（American Advertising Federation，AAF）曾经对1800个商业经理进行过一次调查，询问哪些运营活动对企业的成功最为重要。调查结果显示，在企业的各项经营要素中，广告的作用和地位并不值得乐观。

调查项目	重要指数
产品	29
战略	27
公关	16
研发	14
财务	14
广告	10
法律	3

调查结果说明：在公司预算中，广告可能占很大一部分。但是，在经理层的意识里，广告的作用已经严重衰退。当经济不景气的时候，为减少预期利润损失，企业会大幅度削减广告预算。削减广告开支成为经理人的第一选择。

广告的可信度问题

【观点】⊕广告的有效性正在加速下降。广告的有效性问题，与广告的可信度密不可分。人们普遍认为：广告没有什么客观性。广告是以企业立场为导向的信息，不是以顾客立场为导向的信息。对于多数人来说，广告提供的信息不具有多少可信度。广告这种沟通与传播方式，被认为是单方面公布的信息，被认为是单方面制造的骗局。在人们眼里，广告是骗人的东西。人们认为广告的本质是：以牟取利益为核心目标的企业，花钱制造了一些被歪曲的信息。因此，人们不愿意信任广告，人们不愿意观看广告，人们不愿意关注广告。在新媒体日益兴起的时代，广告所扮演的角色及其所发挥的作用，伴随着新媒体形式的降临将会悄然发生转变。可以肯定的是，广告不再是"说服人们购买商品"的有效进攻武器。在新媒体形式兴起的时代，广告会是保护品牌"抵御竞争对手攻击"的有效防御工具，发挥着维护品牌"既有顾客心智价值地位"的防御、巩固作用。

【案例】⊕盖洛普公司（Gallup）曾经做过一次公开调查——针对32种不同职业，进行职业诚实和职业道德的调查。调查结果显示：广告从业人员的信誉最差。在32种职业里，信誉最好的分别是护士、药剂师和医生，信誉最差的分别是保险推销员、广告从业者和汽车销售员。如果不信任广告从业人员，那么人们会相信广告信息吗？当然很难。或许，对于这个问题应该倒过来看。因为人们认为广告太虚假，所以认为广告从业人员不可信任。

福特汽车公司在广告里声称:"福特汽车,质量第一。"福特汽车的长期广告战略,旨在让人们相信:福特汽车,质量第一。杰迪保尔公司(J. D. Power & Associate)曾经对14种不同的轿车和卡车做了调查。在初始质量方面,福特公司无一品牌领先。在顾客服务方面,福特公司低于平均水平。在销售满意方面,福特公司排在了名单的底部。这个结果表明:尽管广告长期宣传"福特汽车,质量第一",但是人们依然不这样认为。广告这种宣传工具已经很难获取人们的信任了。

【案例】⊕波导手机(BIRD)——中国大陆的手机品牌,曾经做了一个夸张的广告。在电视广告中,波导手机告诉人们:销售量连续3年取得突破,位居行业领先地位。在电视广告中,波导手机宣称自己的手机堪比歼击机。这个广告的口号是:"手机中的战斗机"。在广告画面上,一个三流影视明星穿着性感紧身皮衣,驾驶着一辆摩托车,在飞行甲板上疾驰。摩托车连续突破三条虚拟横线,突然变成飞机腾空而起。这是一则好看的广告,当然吸引了观众的眼球。如果提起"手机中的战斗机",人们都知道就是波导手机。但是,人们会相信这则广告吗?当然不会。事实上,这本来是一个常识,而且这个常识就摆在眼前。然而,企业就是看不见这个常识。

如果与诺基亚(Nokia)相比,那么波导手机怎么样?无论在销售规模上,还是在产品性能上,波导手机都不可能超过诺基亚。在人们的心智中,如果把波导手机当成一个品牌,那么这个品牌根本就没有这种地位。难以令人信服的广告,改变不了品牌的地位。性感的美女、强大的战舰、疾驰的摩托、呼啸的飞机……将这些东西组合在一起,人们就会购买这个品牌吗?当然不会。然而,观众不信没关系,企业相信就行了。最终,这个广告有一个好结局,广告词被喜剧演员篡改,变成了一段著名笑话——公鸡下蛋!下蛋公鸡!公鸡中的战斗机!oye!被拿来娱乐电视观众,就是这则广告的最终结局。如今,战斗机不知飞到哪里去了。这不是唯一的广告笑话,这样的广告随处可见。顾客不会揭穿里面的问题,企业不愿看到里面的问题。大量广告资金投入被白白地浪费掉了。

广告的出发点问题

【观点】 在创建一个品牌时,广告依然被大量运用。但是,大多数广告不起作用。关键问题在于:广告偏离了自身的出发点。广告应该告诉人们购买的理由。然而,大多数广告偏离了这个基准点,广告不是在突出品牌的价值概念,而是过于突出自身的广告创意。广告的创意犹如天马行空,广告的内容开始不着边际。牵强附会、不知所云,已经成为广告的通病。大多数广告所能发挥出的最大效果,不过是增加品牌的曝光率。但是,广告在增加品牌曝光度的同时,增加了品牌的模糊度。结果,人们可能知道某一个品牌的存在,但不知道为什么应该购买这个品牌。广告原本的出发点,在广告的创意中消失殆尽。

【案例】 灵狮广告公司(Lintas)的创始人马丁·普利斯(Martin Puris)曾经有一个著名的论断:80%的广告之所以失败,是因为没有建立在一个强有力的观点之上。无论对于广告来说,还是对于品牌来说,这都是至理名言。宝马汽车是一个成功的汽车品牌,但这并不意味着宝马汽车的广告创意一样成功。宝马汽车的成功,完全在于其驾驶性能。对此,宝马汽车的广告似乎并不在乎。

宝马汽车——BMW 之悦系列广告

BMW 之悦——天人合一,驭车而悦。
BMW 之悦——未来科技,今日实现。
BMW 之悦——盎然绿意,悦然天地。BMW 绿荫行动。
BMW 之悦——探索未来,创无止境。BMW X 系列——磨砺十年,悦显锋芒。
BMW 之悦——王者风范,陆上传奇。创新 BMW X5——不断延展雄伟创意。
BMW 之悦——激扬人生,尽享精彩。BMW X3——激扬人生路。
BMW 之悦——先锋气质,跨界风尚。创新 BMW X6——至上之跑。
BMW 之悦——心灵所向,乐趣随行。创新 BMW X1——随心所动,悦无止境。
BMW 之悦——集精锐,探未知。BMW X 之旅——五年传奇,再踏征程。
BMW 5 系——傲人尺寸空间,开创商务格局。BMW 5 系长轴距版。有容,乃悦。

令人欣慰的是，宝马汽车没彻底忘记品牌成功的关键。对于消费者来说，BMW 意味着什么？在这些广告主题之下，用并不显眼的字体写着："BMW 高效动力——BMW Efficient Dynamics。更少尾气排放，更多驾驶乐趣。"品牌成功的关键之处，反而被放在了角落里。其原因很简单，广告要追求创意——新东西。宝马汽车是什么？对于这个问题，广告创意家并不在意。他们在意什么？华丽的文字。

【案例】⊕ 不成功的广告太多，原因惊人地一致——要么不知所云，要么言不对题。广告正在追求好看、好听——走向艺术化的道路。但是，广告的出发点——商品和品牌的价值点——说服人们选择品牌的关键理由，以及品牌在人们心智中形成的概念，却渐渐变得模糊不清。对于这个关键点，绝大多数广告"看不见"。广告开始沉浸在文字游戏之中。广告的创意核心，似乎就是找到两个顺口的广告口号。

（1）青岛啤酒——青岛纯生，激活人生。评析：酒越喝越迷糊。没有任何一个人的人生，会因为喝青岛啤酒而被激活。

（2）洋河蓝色经典——梦之蓝：中国梦·梦之蓝。一个梦想，两个梦想，三个梦想。十三亿个梦想，一个民族的梦想。评析：醒醒吧！十三亿人喝多了会出事。

（3）洋河蓝色经典——天之蓝：心有日月。心远天下，男人情怀。评析：心远天下，男人情怀。这个想法不错。但是，蓝色酒瓶装不下心中日月。

（4）洋河蓝色经典——海之蓝：胸怀江河。心远天下，男人情怀。评析：胸怀江河，有男人味儿。但是，喝醉的人走不远。

（5）红岁红茶——得意之时，红岁相伴。评析：人生得意之时，十之一二；人生不得意之时，十之八九。今天不得意，不喝红岁茶。

（6）依波表（EBOHR）——岁月从不虚度，人生总有光环。评析：人们佩戴手表，从来不是为了避免虚度岁月。人生总有光环，从来不是因为戴上了手表。

（7）科帕奇汽车（Captive）——"美系力量"归来。纵横城市，收放自如。评析：前苏联人走了，美国人来了。像是阿富汗战场，不像科帕奇汽车。

（8）比亚迪汽车（BYD）——高品质好车。评析：人们从来不认为，比亚迪汽车代表高品质好车。人们购买比亚迪汽车，因为比亚迪汽车便宜。

（9）奥迪汽车（Audi）——突破科技，启迪未来。万姓，一信。于全局，定胜局。评析：奥迪汽车是德国制造的高品质汽车。除此之外，奥迪这个品牌不代表任何东西。

人们为什么购买这些品牌？在这些广告中，都没有提到吸引人们购买的关键理由。这些广告的唯一作用，就是花钱增加一点儿曝光率。为什么是一点儿曝光率？绝大多数人根本不会理会这些不知所云的广告。既然花钱发布广告，为什么不告诉人们购买的理由？这是因为，广告在刻意追求创意，广告在刻意追求艺术，广告在刻意追求玄奥。正是由于这些原因，广告偏离了原本的出发点，从而渐渐失去营销效力。

【案例】⊕ 有效的广告太少。关键原因在于：大多数品牌根本就没搞清楚品牌定位问题——人们为什么选择这个品牌？这个品牌究竟有什么特别之处？在搞不清进攻方向的情况下，企业就开始投放广告炸弹。所以，有效的广告太少。什么样的广告有效？围绕着品牌定位展开的广告有效，围绕着品牌价值展开的广告有效。

标题：我们用橡木桶，把啤酒变成蓝带（Blue Ribbon）1844。

内容：如果您认为所有的啤酒

都应该是清爽的口感

金黄的色泽和浓郁的麦香

那么蓝带1844啤酒一定超越您的想象

因为它是中国首款橡木桶酿制的啤酒

橡木桶的每一块原料都来自百年白橡木的20%

并且只有经过3年以上的风干和祛味

再按照木板的纹理

用人工斧劈的方式精制而成

在酿造蓝带1844啤酒的过程中

由28~32块橡木板制作的原则坚决不能违背

不能用胶水和铁钉的禁忌必须严格遵守

啤酒在桶中润养酿香298个日夜

更是不能放弃的坚持

工艺复杂,弥足珍贵的橡木桶

就这样成为创造味觉艺术珍品的天赐良器

我们用它,赋予蓝带1844啤酒

琥珀般的流金色泽和醇厚质感

令它又有交响乐般的丰富层次和馥郁优雅的香气

我们相信,在此之前这样的啤酒您从未拥有

标题:装在橡木桶里的,不仅有苏格兰威士忌,还有蓝带1844啤酒。

内容:很多世界名酒

都由珍贵的橡木桶所成就

苏格兰威士忌、法国白兰地、波多尔红酒……

它们都在橡木桶中度过了漫长的岁月

蓝带1844,中国首款橡木桶酿制的啤酒

它只选取美国百年白橡树的20%作为橡木桶的原料

成桶之前,还必须经过3年以上的风干和祛味

再按照木板的纹理,用人工斧劈的方式精致而成

这样它的每个毛孔才能与酒液保持零距离的深度呼吸

这些复杂的橡木桶制作工艺

都是酿造蓝带1844啤酒不可缺少的稀有元素

它们神奇地左右着蓝带1844的品质和口感

使其呈现出琥珀般的流金色泽和交响乐般的丰富层次

由此成就真正意义上的啤酒珍品

蓝带 1844 啤酒是什么啤酒？不用看内容，只看标题就知道。蓝带 1844 啤酒是用橡木桶酿制的啤酒。什么是有效的广告？这就是有效的广告。或许，人们不会看所有广告内容。但是，仅仅是广告标题，就向人们传递出了一个清晰的品牌概念——用橡木桶酿制的啤酒。这就是有效的广告——建立在品牌定位基础上的广告。

【结语】 广告这种传播工具，曾经是一种有效的营销武器。如今，广告这种营销武器，正在渐渐失去自身的"作战效能"。具有讽刺意味的是，这种营销武器失效的根本原因，恰恰因为广告这种营销武器"过分强大"，以及企业对广告这种营销武器的"过分依赖"。从一个方面看，广告这种传播工具完全操控在企业自己手里，因而降低了广告的"可信性"；从另一方面看，广告这种传播工具被大肆应用到各个角落里，从而提高了人们对广告的"防御性"。在营销战争过程中，广告这种传播工具依然扮演着常规"作战武器"的角色。然而，如果打算凭借广告发动一场正面进攻，那么可能仅能取得"杀敌一千，自损八百"的战果。广告这种营销武器，尽管正在逐渐失去作战效用，但是依然能够产生杀伤作用。广告发挥作用的前提是：选择有效的射击视角——直接命中敌人的要害，一枪命中人们的心智。那种狂轰滥炸式的广告攻击，不再是广告的有效运用手段。广告的角色将发生转变——从"进攻武器"转向"防御武器"。这就是广告的角色与命运。

2.3 营销：不是一场产品战！

"好产品"的痴迷

【观点】 企业普遍坚信"营销是一场产品战"。企业普遍信奉

"好产品定律"。从本质上看，所谓"好产品定律"，就是一套营销竞争逻辑——凭借"好产品"赢得营销战争的胜利。如果企业能够开发出"好产品"，那么"好产品"就能满足消费者的需求。如果"好产品"能够满足顾客需求，那么"好产品"就能赢得营销战争的胜利。所谓"好产品定律"，隐含着一种思维逻辑假设。如果企业开发出"好产品"，那么消费者就能识别出"好产品"。如果消费者认识到"好产品"，那么消费者就会购买"好产品"。如果消费者都购买"好产品"，那么"好产品"就能赢得营销战争的胜利。因此，所谓"好产品定律"，并不是一种客观规律，而是一种逻辑推理。按照"好产品定律"逻辑，不难得出一种逻辑结论——如果企业拥有"好产品"，那么就能最终赢得营销战争的胜利。人们普遍信奉"好产品定律"。对"好产品"的痴迷，使企业坚信"营销是一场产品战"。

【案例】 奥迪汽车（Audi）拥有许多先进的创新技术。在汽车制造业领域，奥迪汽车拥有强大的技术创新能力。其创新技术包括：四轮驱动、燃油直喷、TT 跑车和敞篷车的先进设计、12 缸 A8 发动机，以及铝制发动机。对于奥迪汽车，不会有人怀疑其技术与产品不够先进。凭借这些先进技术，奥迪公司期望打造出一个全球高级汽车品牌。

奥迪公司董事会主席马丁·温特科恩（Martin Winterkor）宣称：到 2010 年，奥迪汽车将成为全球领先的高级品牌。2007 年，奥迪公司美国区执行副总裁约翰·德·纳斯申（Johan de Nysschen）表示：在美国市场上，奥迪汽车将成为一个高级汽车品牌，是一个代表着尖端、高雅、豪华的品牌，其长期销售目标为：到 2015 年达到 20 万辆。

奥迪公司开始加速行驶，先后推出了售价 11 万美元、拥有 420 马力、立体框架的 R8 跑车型汽车，以及售价 82675 美元、拥有 420 马力的遥感敞篷车，还有售价 51275 美元、拥有 354 马力的 S5 跑车型汽车。奥迪公司美国区的副执行主管迈克·特拉汉（Mac Trahan）表示：这些新推出的跑车型汽车，有助于强化奥迪汽车全部意义所在，有助于阐述奥迪汽车全部意义所在。

在美国市场上，奥迪汽车拥有 34 年的历史。但是，在人们心智里，奥迪汽车不占有高级地位。在高级豪华轿车里，奥迪汽车不是第一个市场进入者。第一个市场进入者，是梅赛德斯—奔驰汽车（Mercedes-Benz）。在人们的心智里，梅赛德斯—奔驰代表着高级豪华轿车。2007 年，奥迪汽车卖出了 93506 辆（从未超过 10 万辆）。同一年，梅赛德斯—奔驰汽车卖出了 253277 辆。与奔驰汽车的销售量相比，奥迪汽车的销售量差距是 159771 辆。

由此看来，仅依靠先进技术，奥迪汽车"跑不过"奔驰汽车，奥迪跑车"跑不过"保时捷汽车（Porsche）。放到赛道上比一比？没有什么用处。即便是在赛道上比赢了，在人们心智里依然是落后者，在市场上自然还是落后者。在人们的心智里，奥迪汽车固然很不错，但是没有奔驰汽车那么高贵。奥迪跑车或许一样不错，但是不如保时捷跑车更好。奥迪汽车再好，也改变不了人们的看法。只要人们还有这种看法，奥迪汽车就赢不了。"产品好"——营销作用有限。

"好产品"的局限

【观点】⊕ "好产品"观念已经根深蒂固，"好产品"定律已经变成真理。与此同时，企业都认为自家产品胜人一筹，至少不会比竞争对手逊色。从这个视角上看，所有产品都是"好产品"，没有产品不是"好产品"。什么是"好产品"？从消费者角度上看，"好产品定律"要想起作用，有其自身的前提约束条件。这个约束条件是：消费者具备产品分辨能力，能够分辨产品的优劣与好坏。如果不具备这种分辨能力，那么就不存在"好产品"。当然，亦不会存在"坏产品"。由此可见，"好产品定律"能不能起作用，关键在于能否被识别为"好产品"。问题的关键在于：在产品同质化竞争环境里，人们很难分辨产品的好坏与优劣。或者说，人们很难分辨出"好产品"，人们很难识别出"好产品"。那么，什么是"好产品"？重要的不是"产品本身怎么样"，而是

"人们认为怎么样"。这就是说,人们认为"哪个产品好",哪个产品就是"好产品"。什么是"好产品"?秘密尽在于此。"好产品"的营销局限性很大。"好产品定律"未必能发挥作用。

【案例】⊕ 摩托罗拉公司(Motorola)——"全面质量管理先锋",其所采用的"六西格玛"质量管理方法,对产品有着近乎苛刻的质量要求。在100万个产品里面,仅允许有3~4个不合格产品。美国《财富》杂志高度评价摩托罗拉公司,称其为"全面质量管理巨头"。但是,"TQM先锋"这个称号(TQM为"全面质量管理"的英文缩写)对摩托罗拉公司没有太大帮助。在电脑业务中,"TQM先锋"根本无能为力。1985~1994年间,摩托罗拉公司开展了多项电脑业务,结果都以彻底失败告终。

时间	事件	结果
1985年	生产:一批个人电脑	无人问津
1990年	生产:一批工作站电脑	不了了之
1992年	尝试:生产大型商用电脑	宣告失败
1994年	开发:Power stack桌面电脑操作系统	没有踪影

"好产品定律"为什么不能发挥作用?摩托罗拉公司所生产的电脑产品,或许品质与质量确实很好,但问题的关键是:消费者是否如此认为。在人们的心智里,是否已经存在更好的电脑品牌?1985~1994年,在大型商业电脑制造业里,IBM公司一直居于领导地位。在桌面电脑操作系统领域,Microsoft公司一直处于领先地位,此外还有IBM公司"OS/2"操作系统和苹果公司"麦金塔"(Macintosh)操作系统。Sun Micro Systems公司很早开发出了工作站电脑;1976年,苹果公司推出了Apple I型个人电脑。从此以后,许多个人电脑品牌相继诞生。在人们的心智里,这些早已成为了领先品牌。在这样的竞争格局里,摩托罗拉公司的产品又会好到哪里去?可以肯定,不会好到哪里去!在竞争尚未开始之前,失败就已经成为定局。

"好产品"的误区

【观点】 我们处在一个"快速创新"的时代。同时,我们处在一个"快速复制"的时代。一种可见的产品差异优势,不是被竞争对手"快速模仿"所消除,就是被竞争对手的"快速创新"所超越。在这样一种环境里,产品技术越来越复杂,产品品质越来越趋同。对于消费者的分辨能力来说,这两个方面产生了同样的结果。(1)新技术快速发展,新产品层出不穷,消费者目不暇接。结果:人们无从客观地判断"哪些产品好",无法客观地判断"哪些产品差"。(2)竞争者快速仿效,替代品蜂拥而至,消费者眼花缭乱。结果:人们无从客观地判断"谁的产品优",无法客观地判断"谁的产品劣"。面对复杂而又同质的产品,人们很难辨别出"好坏与优劣"。或者说,人们缺乏分辨产品"好坏与优劣"的知识与经验。在许多时候,人们几乎成为分辨产品"好坏与优劣"的文盲。遗憾的是,企业人看不到这一点。企业对未来的希望,似乎永远寄托在"好产品"身上。问题的关键是:仅仅凭借"好产品",企业往往难以实现美好的愿望。

【案例】 在中国家电企业里,海信(Hisense)公司是技术派的代表。在技术创新方面,海信公司总是走在行业的前面。在家用电器领域以及商用电器领域,海信公司的技术均处于领先水平。在电视、手机、空调、冰箱、电脑等诸多方面,海信公司都曾经充当技术创新先锋。

产品领域	技术地位
9英寸黑白电视机	第一台:海信
22英寸彩色电视机	第一台:海信
纯平彩色电视机	第一台:海信
大屏幕彩色电视机	第一台:海信

续表

产品领域	技术地位
CDMA 彩屏手机	第一部：海信
变频空调	第一部：海信
3C 产品研发	第一个：海信

在多项技术领域，海信公司均处于领先地位。在技术领域，海信公司是先锋企业。在营销领域，海信公司做得怎么样？令人难以置信，海信公司无一项业务取得领先地位。在海信公司的经营领域里——包括彩电、电脑、手机、空调、冰箱——海信公司无一项居于领先地位。

营销领域	领先次序	海信地位
空调领域	第一阵营：格力、美的、海尔	第二阵营
冰箱领域	第一阵营：海尔、新飞、西门子	第二阵营
电脑领域	第一阵营：联想、戴尔、惠普、方正、同方	第三阵营
手机领域	第一阵营：诺基亚、摩托罗拉、三星、索爱	第三阵营
彩电领域	第一阵营：创维、TCL、长虹、康佳	第二阵营
数字电视	创维：抢先进入市场	——
平板电视	高端：夏普领先；低端：海信领先	——

有很多人认为，海信公司是技术型企业代表，对市场营销不十分重视。但是，事实并非如此。在市场营销方面，海信公司投入的资金不比竞争对手少。海信公司的问题在于：陷入了产品技术误区，认为依靠技术领先，就能赢得营销战争。问题的关键在于：营销不是一场产品战，营销也不是技术战。从根本上看，营销是一场认知战。

在消费者心智里，很少有人相信海信公司技术领先。这不是因为海信公司的宣传力度不够大，是因为人们心智里的领先位置已被占领了。在海信公司的经营领域内，已经存在着各种专业级品牌，如格力——空调产品代表品牌，诺基亚——手机产品代表品牌，TCL——电视产品代表品牌，海尔——冰箱产品代表品牌。这些专业级品牌被认为技术更先进，产品更优秀。这是海信公司销售落后的真正原因。

心智认知的道理十分简单。但是，懂得这个道理却十分困难。海信公司依然不懂这个道理。海信公司先后收购科龙（Kelon）、容声（Rongsheng）这两个品牌，从而拥有了三个冰箱品牌——海信、科龙、容声。请注意，不是拥有更多的品牌，就能卖出更多的产品。如何处理这三个品牌之间的关系？海信公司面临着巨大的挑战。这三个品牌分别充当什么角色？在消费者心里各自代表什么价值概念？不解决这些问题，海信公司永远没有领先机会。

【案例】 海信公司怎么了？患上"先进技术肥胖综合症"——凡是先进技术，海信公司都要"我要有"；凡是赚钱的项目，海信公司都要"我要干"；凡是配套功能，海信公司都要"我经营"。海信公司不断地吃着，同时也在不断地变胖……这就是海信公司的经营状况。

海信公司所涉及的广泛经营领域

- 软件领域：智能商用设备、智能交通解决方案、商业管理软件解决方案。
- 电脑领域：台式机电脑、笔记本电脑、液晶显示器。
- 通讯领域：光通讯、移动技术、移动终端。
- 家用电器：空调、冰箱、冷柜、洗衣机、商用空调、家电服务。
- 电视领域：电视机、机顶盒、智能芯片、专业电视、数字家庭、高清播放器、交互电视系统。
- 辅助领域：工业设计、地产开发、财务融资、物业管理、模具工业。

海信公司应该怎么办？肥胖症患者怎么办？做减肥手术。在经营管理领域，这叫做"牺牲法则"。海信公司必须做出取舍，必须做出牺牲。海信公司应该回到本来的核心上——保留电视、空调、冰箱，其他经营项目全部舍弃。为什么？战略，首先是确定不做什么！这就是理由。令人感到担心的是，海信公司不会主动减肥。这一点都不奇怪！女人以"瘦"为美，企业以"肥"为美。对"美"的追求，二者都孜孜不倦。最终，二者又都会达到病态的程度。除非这种"病态"危及生命，否则谁都不会停止下来。然而，到了那个时刻，往往一切都为时已晚。海信公司明白这个道理吗？不会明白。继续加速前进！这就是海信公司的选择。现在做一个假设：海信公司这个"肥美人"想瘦身。病症已经找到了，剩下的就是开出药方了。

（1）在电视机领域，将来的主流是什么？数字化高清平板电视。在人们心智中，谁拥有这个概念？还没有人拥有这个概念。这仍然是一片心智空白领域，仍然没有品牌占领者这片空白。尽管创维（Sky Worth）最早推出了数字化电视机，但是创维从未代表数字化这个概念。因此，海信应该集中兵力，争夺这个制高点。告诉人们：海信——数字化高清电视的领先者。海信这个品牌名称，就用来代表数字化高清电视。为此，海信公司应该借助一下自己的历史成就，演绎海信公司在电视机领域的领先地位。海信——××××年，生产出中国第一台9英寸黑白电视机；××××年，生产出中国第一台22英寸彩色电视机；××××年，生产出中国第一台纯平彩色电视机；××××年，生产出中国第一台大屏幕彩色电视机……如今，中国进入了"数字化高清电视"时代，海信依然是电视技术的领先者。海信这个品牌就代表这个概念。海信这个品牌，应该赶快行动，抢占这个心智制高点！

（2）在空调机领域，必须放弃海信这个品牌名称，将所有空调产品聚集到科龙这个品牌名下。海信犯下的错误之一是：科龙这个品牌名称被改成海信—科龙（Hisense Kelon）。这等于告诉人们：科龙这个品牌不行了，结果被海信收购了。要知道，科龙这个品牌本来就是空调产品品牌，受欢迎程度曾经超过格力。

〔背景资料〕科龙这个品牌在1984年就已经诞生了，而格力这个品牌在1991年才来到世界上。不同的是，前者更会做产品——拥有许多先进技术；后者更会做营销——拥有更广的销售渠道。前者抢先进入市场——中国第一台分体式空调机的生产者，后者抢先进入人们的心智——中国第一大空调品牌。

科龙怎样打翻身仗？依靠海信的变频技术。科龙必须戴上一顶花冠——变频空调全球领先者。海信推出了世界上第一台变频空调，并一直保持该领域的全球领先水平。海信的"变频双高效节能技术"，能效比达到了 7.2（GB/T7725-2004 标准为 8.05），第三次创造了空调节能的世界纪录。问题的关键还不在这里。问题的关键在于：格力、美的（Midea）都在争夺这个品牌地位——正在运用广告武器，告诉人们自己是变频空调的领先者。格力在不断地告诉人们，自己的变频技术可以节能 30%。2010 年冬季，格力、美的在大打"变频空调"领先者争夺战。对于空调这类产品来说，发动冬季广告攻势实属罕见。为什么？争夺"变频空调"技术的领导者地位，以期在下一个销售旺季到来之前，彻底占领人们的心智高地。谁是变频空调技术的发明者？海信。那么，在人们的心智里，谁会占领变频空调技术的制高点？从目前的情形来看，这个制高点不会属于海信。如果科龙不赶快投入战斗，告诉人们谁是变频技术的领先者，那么"变频节能空调"的顾客心智领先地位，必然会被竞争对手抢走。那时再想抢夺回来，几乎没有这种可能性！科龙需要拿出证据，告诉人们谁是"变频空调之王"。令人感到遗憾的是，科龙就是不动！海信公司，醒醒吧！营销是一场心智争夺战！

（3）在电冰箱领域，品牌统一使用"容声"这个名称。同时，其他产品停止使用容声这个品牌，使容声成为专门的冰箱品牌。在中国大陆市场上，还没有一个专门的电冰箱品牌。在冰箱这个领域里，容声曾经给消费者留下了很好的印象。经常能够听到人们赞许容声——容声冰箱不错。在人们的心智中，容声拥有冰箱的品牌地位。但是，像许多其他品牌一样，这个品牌不太会做营销。在许多曾经辉煌的企业身上，都印有非常深刻的时代印记，习惯于"供不应求"时代的做法——只会卖产品，不知道同质化竞争时代的做法——卖品牌。海信公司应该将冰箱的力量与技术，集中到容声这个品牌之下，全力打造一个专业级的冰箱品牌。借助已有的顾客印象，容声应该大声告诉人们：容声——专业的冰箱品牌。买冰箱，就要买专业级的品牌。专业级的品牌，这就是容声冰箱的差异点。容声冰箱正在干什么？看不懂在干什么——"原汁、原味，原生态。I Feel……"这就是容声冰箱的电视广告。容声难道是一种口味，还是转行开餐馆了？歇歇吧，这样根本不管用！

海信会听取这些意见吗？不会。海信会在这些领域取得优势地位吗？估计不会。原因很简单：海信不相信自己患上了"先进技术肥胖综合症"。相反，海信认为自己很健康，而且变得越来越健壮。呜呼！还记得"扁鹊见蔡桓公"的故事吗？真到了病入膏肓的那一天，神仙都没办法。快点醒醒吧，海信！

"好产品"的失败

【观点】在产品同质化竞争的时代，"好产品"变成了商家一厢情愿的幻觉。在产品同质化竞争的时代，仅靠"好产品"很难获得持续的优势。在产品同质化竞争的时代，仅凭"好产品"很难赢得最终的胜利。问题的关键在于：商家自己认为是"好产品"，顾客不一定承认是"好产品"。由于这个原因，"好产品定律"失去了竞争效力，"好产品定律"丢掉了营销优势。这不意味着不需要再生产"好产品"，而是意味着竞争重心开始"向上移"。这就是说，竞争重心从"产品本身"上升到"顾客心智"，竞争焦点从"产品品质"升级到"品牌认知"。前者与后者的关系是：前者（好产品）是后者（好认知）的基础；后者（好认知）是前者（好产品）的关键。或者说，前者是参与竞争的基本条件，后者是决定胜负的关键所在。简单地说，如果顾客不认为是"好产品"，那么"好产品"注定遭遇失败。事实确实如此——"好产品"经常失败。

【案例】IBM公司前首席执行官郭士纳（Louis V. Gerstner）从IBM退休之后写了一本回忆录——《谁说大象不能跳舞》。在这本书中，作者回顾了IBM公司起死回生的岁月，总结了IBM公司改天换地的经验。郭士纳写道：以我在营销方面20年的经验来看，我们在软件领域最大的竞争对手，并非是技术出色的公司，而是营销做得最好的公司。郭士纳为何有如此感受？

在多次软件评比中，IBM公司的OS/2操作系统屡次战胜微软的

Windows 95 操作系统。例如，美国《电脑世界》（*PC World*）杂志——最权威的电脑专业杂志——组织测评操作系统软件。结果，IBM OS/2 操作系统获胜，赢得了"年度最佳产品"荣誉。那么，市场情况怎么样？微软的 Windows 操作系统成为大赢家，控制着超过 90% 的市场份额。有多少电脑使用 OS/2 操作系统？很少。那么，其他操作系统——如 Mac OS 操作系统与 Windows 操作系统相比怎么样？美国最著名的技术专家——《华尔街日报》（*The Wall Street Journal*）的沃尔特·莫斯博格（Walter Mossberg）指出：苹果公司拥有比微软更好的硬件、更好的操作系统，以及更好的捆绑软件。尽管拥有这些优势，但是苹果公司只拥有 4% 的市场份额。苹果公司的操作系统 Mac OS 难敌微软的 Windows 操作系统。

2009 年 9 月，美国权威市场调查公司——Net Applications——公布了操作系统市场占有率调查结果。Microsoft Windows 操作系统的市场份额达到 91.77%，其中：Windows XP 占 71.79%；Windows Vista 占 18.80%；Windows 7 占 1.18%。剩下不足 10% 的市场份额，由一群小蚂蚁帮助消化。Mac OS X 10.5 占 3.45%；Mac OS X 10.4 占 0.99%；Linux 占 0.94%；其他操作系统占 4.72%。谁的操作系统最好？人们肯定地回答："微软的 Windows 操作系统最好。"很少有人使用过其他操作系统，人们依据什么认为"Windows 操作系统最好"？这是因为：人们愿意相信"Windows 操作系统最好"。市场营销这场战争究竟是一场产品之战，还是一场认知之战？产品决定胜负，还是认知决定胜负？答案是：认知，认知，还是认知！

【案例】⊕ 2003 年，中国重汽（Sinotruk）与沃尔沃卡车公司（Volvo）成立了一家合资公司——华沃卡车有限公司（Huawo）。成立之后，这个合资项目就陷入纠纷，基本上处于瘫痪状态。然而，此次合资生产卡车的事件，给人们留下了一个概念——中国重汽与沃尔沃卡车公司合资生产商用卡车。合资生产卡车的经营项目失败之后，中国重汽开始自己研发卡车产品。2004 年 12 月，中国重汽自己研发的"豪沃"

(Howo)卡车投放市场。这给人们一个错觉——"豪沃"卡车：沃尔沃公司与中国重汽的合资产品。这个错觉给"豪沃"卡车带来了好处。这是因为：在中国卡车市场上，"沃尔沃"连续多年位居进口品牌销量之首，已经在中国消费者心智里建立起"最好"的认知。

2006年5月，东风汽车公司（Dongfeng）推出了"东风天龙"重型卡车。这是由东风汽车、雷诺卡车（Renault）、日产柴油发动机（Nissan）以及康明斯（Cummins）等多家公司联合开发的产品。东风汽车公司对此寄予厚望。东风汽车公司总裁认为：从中期来看，事业计划的成败，取决于商用汽车的成功。商用汽车的成败，取决于"东风天龙"。可以说，"东风天龙"重型卡车集世界先进卡车制造技术于一体，是由世界级企业联合打造的优质产品项目。2006年10月，在"中国国际卡车节油大赛"上，"东风天龙"一举获得8个奖项，包括"最省油奖"和"跑得快奖"。试验结果显示，与同类车型相比，"东风天龙"节油5%~18%。2007年，在"2006企业创新产品盛典"上，"东风天龙"赢得了"最具知名度创新产品"的荣誉。2009年11月，在"中国国际卡车节油大赛"上，"东风天龙"荣获6项大奖，再次成为大赢家。一个技术先进的产品项目，能否在市场竞争中获胜呢？从常理的角度上看，这似乎不是一个令人担心的问题。然而，产品销售经常与产品品质背道而行。"东风天龙"技术更好，那么有没有可能战胜"豪沃"，成为中国重型卡车的领先品牌？从营销的角度上看，这种可能性很小。

时间/年度	东风/天龙	豪沃
12个月	6000辆	10000辆
2006年	10000辆	25000辆
2007年	23000辆	65000辆
2008年	40000辆	100000辆
2009年	48000辆	120000辆

2006年，整个重型汽车行业平均增长幅度不到25%。"豪沃"的销售数量达到25000辆，中国重汽实现了40%的增长。其结果是：中国重汽的销售数量位居行业第一，奠定了其市场领先地位。时间到了2009

年,"豪沃"当年的销售超过 12 万辆;"东风天龙"累计销售超过 10 万辆。为什么差距如此之大?原因是:营销是认知之战,不是产品之战。"东风天龙"的问题出在哪里?

(1)时机问题。2004 年 12 月,"豪沃"卡车进入市场;2006 年 5 月,"东风天龙"卡车进入市场。与后者相比,前者整整提前了 18 个月。18 个月的时间,足以将一个品牌送入人们的心智,进而成为人们心智里的领先品牌。一旦"豪沃"卡车取得领先地位,"东风天龙"就很难成为"更好的产品"。这有什么道理?这个道理很自然——记得"先入为主"那个成语吗?谁抢先进入人们的心智,谁就在人们的心智里占据了主动地位。反之,地位就十分被动。

(2)名称问题。"豪沃"这个名字与"沃尔沃"如此相近。这个名字本身就能与"沃尔沃"联系在一起。人们本能地认为:这是与"沃尔沃"的合资产品。在中国汽车市场上,"沃尔沃"这个名字代表高品质的卡车产品。凡是被称为"沃"(Wo)的汽车品牌,都可能被人们与"沃尔沃"联系在一起。"东风天龙"这个名字则显得十分本土化。"东风汽车"这个名字给人们留下的印象是什么?本土汽车制造企业。这意味着什么?俩字——落后。

(3)认知问题。从事实上看,"豪沃"与"沃尔沃"二者之间没有任何关系。"华沃"合资事件以及"豪沃"这个品牌名称,让人们认为"豪沃"就是合资产品。虽然事实并非如此,但是问题的关键在于:在消费者认知里面,这是一个可信的事实。这就导致了一个结果——几乎 80% 用户认为:"豪沃"卡车就是一种合资产品。人们依据这个认知来判断产品的好坏。

令人遗憾的是,企业人不了解这个基本法则。企业坚信营销是一场产品之战,坚信"好产品"终能赢得营销的胜利。问题在于:这是企业一厢情愿的幻觉。在市场营销的世界里,根本没有所谓的"客观的事实"存在,唯一存在的是消费者心智里的认知。这种消费者心智里的认知,就是消费者坚信的客观事实。离开认知这个出发点,一切营销管理工作以及品牌推广工作,轻则"隔靴搔痒,事倍功半",重则"南辕北辙、浪费资源"。尊重并且借助消费者头脑里的认知，把这种认知作为营销战略的出发点，则会取得事半功倍的效果。古人云："得民心者得天下。"孙子曰："攻心为上，攻城为下。"其中的道理，值得揣摩。

【案例】⊕ 在中国重型卡车市场上，"豪沃"已经成为领导品牌，控制着大部分市场份额。"东风天龙"的技术更加先进，但是却远远落在后面。"东风天龙"怎么办？要想获得成功，"东风天龙"需要一个焦点，运用这个焦点在人们心智里占据一席之地，以此来抗衡"豪沃"的领先地位。或者说，要让这个焦点形成一个简单的词汇，用这个简单的词汇攻占人们的心智。这种攻心策略，就是聚焦策略。

"东风天龙"应该聚焦在何处？"东风天龙"本身有很好的可选焦点，这个可选焦点越来越重要。这个焦点是什么？对于重型卡车来说，最大使用成本是什么？是燃油成本。如今，所有的汽车拥有者——包括私人轿车的拥有者，无不把燃油视为最大的成本。如今，石油这种产品被人们称为"黑色黄金"，其价格已经达到前所未有的高水平。因此，"东风天龙"的品牌焦点，就应该选择在燃油上面——最省油的卡车。

〔背景资料〕（1）2006年10月15日，在"中国国际卡车节油大赛"上，"东风天龙"获得了"最省油奖"和"跑得快奖"。此外，"东风天龙"还获得了唯一一个"整车省油成就奖"。"东风天龙"装载的dCi-11发动机，获得了"最省油发动机奖"。在本次比赛中，"东风天龙"共获了8个奖项，成为了最大的赢家。（2）2008年2月20日，"中国卡车年度车型评选"揭晓：凭借高可靠性、长寿命、低油耗等性能特点，以及安全舒适的驾乘环境，"东风天龙"获得了大赛测评专家的一致肯定——成为"2007年度唯一受欢迎的车型"。同时，"东风天龙"的高回报运输模式，获得了众多商业用户的肯定。（3）2008年12月13日，"中国物流商用车用户满意度调查"结果公布，"东风天龙"获得了"2008年度最佳物流用车—危化物流用车"奖项。（4）2009年11月2日，在"中国国际卡车节油大赛"上，"东风天龙"再次获得6项大奖，成为最大的赢家。各项试验结果显示，与同类车型相比，"东风天龙"节油5%~18%。

"节油"这个品牌焦点,就像一种有力的作战武器——具有很大的市场杀伤力。但是,"东风天龙"不太善于运用这个武器。获得比赛奖项自然是一件好事。但是,奖项不能只摆在陈列馆里当成荣誉——看,我们获奖啦,我们真不错。同时,奖项不是拿来给竞争者看的证明——看,我方获奖啦!我方比你强!这些都没有实际意义。比赛奖项确实是一种证据与证明——证明给消费者看。看看吧,这就是证明——"最省油的重型卡车"。在"中国国际卡车节油大赛"上,"东风天龙"连续两次成为大赢家,足以证明其优异的节油性能。这就是品牌焦点的有力支撑点。

找到了品牌焦点,找到了有力证据,这些还远远不够。必须利用这些证据,把这个焦点送入人们的心智里。必须利用这个证据,让这个焦点扎根在人们的心智里。"东风天龙"需要一套整合性的营销战略。什么是营销战略?所谓营销战略,就是所有营销活动都要围绕着品牌的焦点展开。或者说,围绕着品牌的焦点,展开一致性的营销活动。这些整合性营销活动,不但要与品牌焦点保持一致,而且还要构成一套营销活动体系,把品牌及其焦点发射到人们的心智里。这就像一个联合作战舰队,要想完成作战任务与目标,关键要保证把飞机送上天空。"东风天龙"应该如何构建营销战略?

(1)品牌命名。对于中国消费者来说,"东风"这个名称可能意味着汽车史,但是不意味着是好汽车。"东风"与"天龙"不应该放在一起。"天龙"这个名字不是一个好名字。在公路上跑的产品,飞上天空一定变成大麻烦。但是,对此没有什么更好办法。这是因为:"天龙"这个名字已经与重型卡车联系在一起。因此,品牌命名——放弃"东风",保留"天龙"。或者,以"天龙"为基础,起一个更恰当的名字。

(2)广告传播。"天龙"需要一个宣传口号。简单易懂、易于传播、焦点清晰,这三个方面是宣传口号的基本要求。"天龙"的口号是什么?"跑得快,最省油"。这个口号意味着省油与动力的完美结合。这个口号拥有强有力的支点——在"中国国际卡车节油大赛"上,"天龙"连续两次成为获奖最多的品牌，其中的关键奖项包括"最省油奖"和"跑得快奖"。此外，还有"整车省油成就奖"以及"最省油发动机奖"。这可以演绎出一个品牌故事——"天龙"如何诞生的故事。如果故事与品牌名称相互契合，那么将形成一个完美的传播组合。

（3）渠道推广。对汽车销售渠道的管理，不是把产品交给经销商就完事了。别忘了，谁直接接触客户？经销商。经销商怎么向顾客介绍产品？不知道。这就是问题所在。"天龙"需要开发一套产品介绍方案，其核心内容必须围绕着省油展开。同时，对所有经销商销售人员进行培训，形成统一的产品推介方向。要让销售人员知道并学会推销视角——从节油的角度推销产品。否则，节油这个品牌概念，只能存在于企业的头脑里，而不能存在于顾客的心智里。

（4）公共关系。高举"卡车节油技术"的大旗。不管竞争对手节油技术如何，"天龙"必须扮演"卡车节油技术领先者"角色。为什么？看看比亚迪汽车的效果，就应该知道这个角色有多么重要。"比亚迪"是什么？新能源汽车的领先品牌。尽管比亚迪不卖电动汽车，但是这面旗帜一直被比亚迪汽车抓在手中。因此，"天龙"应该持续开展系列公关活动，并将这些活动规范化与常规化，扮演"卡车节油技术"的倡导者，成为"卡车节油技术"的领导者。

（5）客户服务。节油这个结果由谁来实现？卡车司机。如果卡车司机认为"天龙"不省油，那么"天龙"的技术再好都无法省油。卡车司机的驾驶习惯与方式，直接影响着卡车的实际油耗。无论"天龙"卡车，还是"豪沃"卡车，在这一点上全部都一样。对于"天龙"的客户来说，仅仅拥有一辆可以省油的卡车还不够，还必须有可以省油的卡车司机，这是"天龙"客户服务的关键点。"天龙"应该抓住这个关键点，在节油产品的基础上，提供"更加节油"的售后服务。只要实现了这一点，"节油"这个品牌焦点，就会牢牢地掌握在"天龙"手里，就会深深地印刻在客户心智里。

（6）产品研发。"天龙"产品的研发，应该围绕着节油技术持续不断地进行下去。就像沃尔沃轿车一样——安全永远是产品研发的核心。

"天龙"产品的研发核心,就是整体的燃油节省技术。在这个方面,"天龙"要不断自我积累,不断自我超越,建立绝对的技术领先地位。这并不意味着营销是一场产品战。没有"节油"这个品牌焦点,这种技术领先就失去意义了。或者说,节油产品的研发,还是要为这个品牌焦点服务。否则,"天龙"就又回到老路上去了。

"天龙"应该构建这样一套战略系统。这个系统的构成要素看起来十分简单,与平常的一些做法并无二致,这是十分明显的事实。问题的关键:不在于这些做法上,而是在于品牌焦点上——在那个"担负攻占人心任务"的核心上。所有的战略构成要素,都是为了把品牌焦点送入人们的心智。这个品牌焦点,是对抗竞争对手、产生营销成效的关键。这个焦点的选择或者寻找,才是战略体系里面最关键的东西。在一般情况下,这个焦点必须保持不变,而其他要素则可以进行调整改变。这就像是核弹头,可以选择用飞机投送,可以选择用火箭发射。这意味着:构成营销战略的要素,可以根据实际情况进行调整或者改变。但是,如果对战略要素进行调整或改变,那么必须要围绕着那个核心进行。

【结语】⊕ 不管过去还是现在,企业都会把产品当成"终极竞争武器"。即便是在将来,企业依然会把产品当成"终极竞争武器"。不仅企业认为产品是"终极竞争武器",消费者同样也会认为产品是"终极竞争武器"。无论是对于营销者,还是对于消费者,"好产品"都是一种"终极诱惑"。当"营销者的意愿"与"消费者的愿望"相互契合时,自然就产生了一个看似合理的营销竞争定律——"好产品定律"。然而,在消费者告诉企业需要"好产品"的时候,营销者开始犯下一个致命的错误——不知道消费者早已芳心暗许,暗中看上了别人的"好产品"。不知内情的营销者,满怀期待地为消费者"准备好了玫瑰"。然而,当营销者出现在消费者面前的时候,消费者冷酷无情地告诉营销者:这不是我所要的"好产品",我心里的那个品牌才是"好产品"。这种营销悲剧时刻都在上演,受伤的总是"一厢情愿"的营销者。这并不意味着:营销者不应该为消费者"献上玫瑰"。这只是想告诫营销者:

在向消费者"献上玫瑰"之前，先搞清楚消费者内心的想法——是否已经接受了他人献上的玫瑰。如果明白了这个道理，那么就应该明白另一个道理——营销不是一场产品战！

2.4 营销：本是一场认知战！

人们根据认知做选择

【观点】 如今，世界绝大多数商品市场，都呈现出"供过于求"的市场状态，都进入了同质化的竞争时代。这不仅意味着消费者拥有了极大的选择权力，同时也意味着消费者步入了丰富的品牌选择时代。然而，当面对众多品牌选择的时候，人们无法用眼睛分辨出产品的好坏与优劣。人们不可能对所有品牌进行"一对一"的比较，然后从中选出"品质最好"的产品及品牌。那么，人们根据什么选择产品呢？人们根据对品牌的认识与理解，对品牌做出最终选择与购买决定。或者，人们以对品牌的认识与理解为基础，对品牌做出最终选择与购买决定。这就是同质化竞争时代的特征。

【案例】 第二次世界大战后，日本企业瞄准欧美市场，开发出了许多优质产品。在电器和汽车等方面，"日本制造"获得了广泛的市场认可。在消费者心智里，"日本制造"的电器产品，成为"好产品"的代表。绝大多数消费者都认为"日本制造"的电器最好。

有人曾经做过一个试验，有900名消费者参加了试验。首先，找一台RCA公司（美国无线电公司）生产的电器，将商标更换为SANYO——日本三洋电器的商标。然后，这件带有SANYO商标的RCA电器，与RCA生产的其他电器放在一起。这就是说，这两台电器均由RCA生产，一台贴着RCA的商标，一台贴着SANYO的商标。最后，让消费者对两台电器进行比较判断。试验结果表明，有80%消费者认为，

SANYO 的产品质量更好，RCA 的产品质量较差。实际上，这两个产品只是商标不同而已，产品本身则完全相同。

这说明什么问题？在顾客做出判断之前，"SANYO 电器好"的观念已经存在。当看到 SANYO 的时候，根据对 SANYO 的认知，大多数顾客做出判断，认为 SANYO 的产品质量更好。人们根据什么做选择？人们根据自己对品牌的认知做选择。这说明什么问题？人们把观念当成了事实。

【案例】⊕ 1998 年，福建长富乳业公司成立。2003 年初，长富乳业公司开始在中央电视台黄金时段投放广告，正式启动了征战外地市场的广告攻势。当时，长富乳业公司占据着环境最好的牧场，并拥有存栏规模最大的奶牛，同时配有世界先进的设备。长富牛奶的品牌焦点，集中在奶源基地上。在广告宣传方面，长富牛奶宣传"绿色天然牛奶"、"真正顺滑香浓的好奶"。在公关策略方面，长富乳业公司召开媒体新闻发布会，抨击牛奶行业收购标准落后，指出乳制品微生物含量过高。同时，长富乳业公司展示了在武夷山区的奶源基地——中国最大、最好的奶源基地，证明其拥有"高品质奶源"的优势。在促销手段方面，长富牛奶频频开展"牛奶免费大派送"活动。长富乳业公司认为：连续品尝 35 盒长富牛奶后，人们就会喜欢上这种牛奶。因此，长富牛奶促销力度极大——"买 24 送 15"。在中国南方市场苦战两年之后，长富牛奶始终没能取得成效。2005 年 7 月，长富牛奶撤回福建本地，征战外地市场的战役宣告失败。2005 年 10 月，长富乳业公司与伊利实业公司合作，为伊利实业公司生产品牌牛奶产品，成了伊利牛奶的牧场基地。双方的收购谈判一直在进行之中。长富牛奶到底做错了什么？

（1）选错了时。1996 年，伊利公司在股票市场上公开发行股票。1998 年，长富乳业公司成立；1999 年，蒙牛乳业公司成立。对于长富与蒙牛来说，市场机会十分均等——二者都有机会成为中国牛奶的第二品牌。不同的是，"蒙牛"忙着做品牌，"长富"忙着做产品。"蒙牛"运用"比附策略"，将自己与"伊利"等同起来，告诉人们"蒙牛"位居第二。与此同时,长富乳业公司建起了中国最大的奶牛牧场,占据着中国最好的奶源基地,拥有中国最多的奶牛数量。结果是:"蒙牛"这个品牌后发先至。时间到了 2003 年,"伊利"与"蒙牛"这两大品牌的市场范围已经覆盖了整个中国大陆。此时,"长富"才从地方市场走出来,开始进攻华南市场。"长富"所面临的局面是:二虎拦路,凶多吉少。仅仅在 4 年之后,一切都变得不可同日而语了。

(2) 说错了话。长富牛奶的品牌焦点,集中在奶源基地上。这有其一定的道理:内蒙古大草原水土流失严重,日益被风蚀沙化;而武夷山区地处北纬 27 度,具有"中国澳洲"之称。问题的关键在于:消费者不这样认为。在人们的心智里,最好的奶源基地是内蒙古大草原,不是在武夷山区。经过伊利、蒙牛的多年宣传之后,"内蒙古牛奶好"已经深入人心。尽管长富乳业公司没有说错事实,但是无法改变人们已经形成的认知。这个认知就是:"最好的奶源基地,在内蒙古的大草原"。消费者有了这种认知,长富牛奶说什么都没用。从这个角度看,长富牛奶还是说错了话。

(3) 做错了事。"牛奶免费大派送"活动——"买 24 送 15",损害了高品质牛奶的形象。无论是什么东西,如果达到了"买 24 送 15"的促销程度,那么人们绝对不会认为是一种"好产品",人们会怀疑这到底是真货还是假货。一旦人们产生了这种想法,多好的牛奶都不会有好的味道。尽管是"买 24 送 15",但是人们根本不敢买。长富牛奶为什么失败?看看蒙牛乳业公司推出的高级牛奶品牌——特仑苏牛奶,找到失败的原因一点都不难。高级品牌需要有匹配的高级要素——高级身份、高级形象、高级行为。回过头来看,如果长富牛奶采用"特仑苏式"的策略,那么其命运或许会有极大的不同。

(4) 起错了名。从字面意义上看,"长富"这个名字很好。从语音意义上看,"长富"这个名字就不好了。"长富"与"娼妇"谐音,汉语拼音都是"ChangFu"。试试在键盘上输入"ChangFu",电脑屏幕同时显示"长富"与"娼妇"。不要小看这个名字,名字绝不仅仅是符号,名字在人们心智里代表着某种含义,这种含义在悄然地发挥着作用。你想喝什么？我想喝"ChangFu"；你想要什么？我想要"ChangFu"；你想买什么？我想买"ChangFu"；你喜欢什么？我喜欢"ChangFu"……只要这个谐音被发现，"长富"这个品牌就彻底完蛋了。凡是女性购买者，无论已婚者还是未婚者，绝对不会把"ChangFu"买回家。尽管这仅仅是一个谐音词，但是人们依然会当成事实。

"长富"牛奶的失败经历，再次证明了一个事实：藏在人们心智里的东西，会被人们当成事实来看待。不管是对于营销来说，还是对于政治而言，事实都是如此，没有什么例外。从本质上看，政治和营销都一样，都是意在夺取人心。得人心者得天下，这个道理对营销与政治一样重要。古代人早已经看穿了这个小秘密，现代人则蒙着眼睛四处寻找营销办法。如此还不感到悲哀吗？！营销是一场认知战，不是一场产品战。记住！人们的认知与产品事实不是一回事，二者是完全不同的两回事。懂得这一点，就懂得了营销。如果有谁再推出一个牛奶品牌，将伊利、蒙牛、特仑苏统统击败，那么不用一天喝一斤牛奶，中国人自然会强壮起来！

【案例】⊕ 人们总是从成功者身上寻找成功。这导致了一个严重的后果——对成功者大肆模仿。岂不知，成功者之所以获得成功，皆因在人们心智里与众不同。模仿的结果是：只能活在领先者的阴影之下，永远被人们当成二流货。一个失败的营销项目，永远是人们批评与嘲笑的对象。岂不知，失败者的背后埋藏着失败的反面——成功。无论对于已经取得成功的人，还是对于想取得成功的人，失败的教训都更加具有价值。或许，失败的教训不能告诉人们如何获得成功，但是却一定能告诉人们如何避免失败。假设：时间回到2003年，长富牛奶应该怎么做？

（1）避实。2003年，谁是市场上第一牛奶品牌？伊利。谁是市场上第二牛奶品牌？蒙牛。人们需要第三个牛奶品牌吗？或许需要。在人们的心智里，"长富"能成为第三个牛奶品牌吗？不能。为什么？第三品牌的位置早被地方品牌占领了。人们需要第四个牛奶品牌吗？如果与其他品牌一样，那么就不需要第四个品牌了。为什么？因为已经足够了。这就是长富牛奶面对的市场难题。当"长富"以相同面目出现的时候，人们心智里已经不需要这个品牌了。同时，"长富"不得不面对伊利、蒙牛这样的强大敌人。要想在这样的竞争格局里取胜，长富牛奶必须避开这些强大的对手。

（2）击虚。面对两个领先品牌——伊利与蒙牛，"长富"根本无法从正面进攻。那么，"长富"应该怎么办？避实击虚。"长富"应该发动一场侧翼攻击战，在伊利与蒙牛不设防的地带，对领先者发起猛烈的突然袭击。这个侧翼阵地就是高级牛奶——2006年，蒙牛对伊利展开的侧翼攻击。高级牛奶这个阵地，就是伊利与蒙牛的空虚之处，两大品牌都没有高级牛奶品牌。这个时机十分有利，因为"两强"正在鏖战，无暇顾及一个"狭小"的阵地。这给"长富"提供了很好的战机，"长富"应该抓住时机迅速出击，在人们心智中迅速抢占"高级牛奶"的制高点。遗憾的是，"长富"却选错了攻击点。

（3）命名。在某种意义上，品牌名称比产品本身还重要。因为品牌名称能够传递出品牌的价值意义，帮助品牌在人们心智里构建价值地位。"长富"这个名称，不是一个好的品牌名称，不但容易产生歧义，而且显得有几分俗气。在贫困地区或者穷苦时代，穷人经常给小孩起这样的名字。对于长富乳业公司来说，应该为品牌起什么样的名字？一个与高级牛奶相匹配的名字，一个能够解释为什么高级的名字。长富的牛奶高级在何处？武夷山区——位于北纬27度，中国南部，水草丰茂，环境优美，因此被称为"中国澳洲"。这样一个奶源基地，与高级牛奶十分配称。长富乳业公司应该为高级牛奶品牌起什么名字？南澳——中国南部的澳洲。告诉人们：南澳高级牛奶——来自中国南部的澳洲。

（4）转化。在人们的意识中，中国最好的奶源基地不在福建武夷山区，而是在内蒙古大草原。尽管大草原多数已经严重沙化，但是人们依然认为那里水草丰盛。这是伊利与蒙牛占据的有利地形。直接与内蒙古比奶源，无法在人们心智里赢得胜利。怎么办？化被动为主动。告诉人们：中国有两大天然奶源基地——一处在中国北方，一处在中国南方。北方的奶源基地，在内蒙古大草原；南方的奶源基地，在福建武夷山区。牛奶分为两种——一种是南源牛奶,一种是北源牛奶。伊利、蒙牛——北源牛奶;南澳牛奶——南源牛奶。通过这种对立与分类,建立起武夷山奶源基地的顾客心智地位。从本质上看,这就是借助人们已有的认知——对内蒙古大草原的认知,以及对伊利牛奶与蒙牛牛奶的认知,建立对武夷山区的认知,以及对南澳牛奶的认知。这种策略叫做"对立比附"。如果时间回到2003年,那么"长富"仍然应该采用这个办法。

(5) 类比。南源牛奶——南澳牛奶——到底好在哪里?通常的做法是:自说自话,一一列举。这种直接的方法往往有自夸之嫌。有更好的办法吗?拿出可信的第三方证据——拿不出直接的第三方证明,就找间接的第三方证据。在福建武夷山区,出产什么最高级的产品?大红袍!顶级的茶叶。告诉人们大红袍的珍贵程度吧。真正的大红袍1克卖多少钱?好像只有拍卖会上卖过,平时有钱也买不到!为什么?可以讲讲大红袍的故事。最后,不要忘了最关键的一点——告诉人们一个事实:只有武夷山区才能种植出"大红袍",只有武夷山区才能生产出"南澳奶"。为什么?因为地理位置独一无二。剩下的故事不难编!绕了一个大圈子,终于说出想要说出的东西了。不绕这个弯子行不行?不行。必须借助人们心智里已有的东西,诠释想要卖给人们的东西。否则,人们不好理解,而且更加难以接受。在许多时候,营销没办法走直线。绕个圈子,或者换个角度,才能走进人们心智的大门。遗憾的是,如今多数人都在走直线。

(6) 拙速。《孙子兵法》曰:兵闻拙速,未睹巧之久也。笨一点不怕,但是必须快一点。快一点干什么?快一点抢占有利地形,快一点占领人们的心智。在人们心智里,快一点建立起领先地位,快一点占据心智制高点。伊利、蒙牛不会给对手太多时间。"南澳牛奶"不抢占制高点,会再次被"后来者居上"。这是一个关键时期,一方面需要筹集大量的资金——武器弹药,另一方面需要迅速将部队投入战场——产品投放进入市场。所有的任务,都要围绕这个要点进行。如果没有足够的武器弹药,那么这场侧翼攻击就无法奏效。这是因为:要把"南澳牛奶"

送入人们心智，必须借助广告这个烧钱的机器。同样，要把"南澳牛奶"投入市场，需要大量的生产周转资金。在这个时候，资金规模决定着进攻的速度。许多好的产品，还有许多好的创意，都夭折在这个上面。如果没有足够的武器弹药，那么"南澳牛奶"应该怎么办？没办法。只能在一个区域市场打游击。备好粮食，跑步前进！

剩下的事情则需要围绕着定位展开。产品、渠道、价格、广告、包装等营销要素，都要围绕着高级牛奶展开。值得一提的是：如今，营销变得很悲哀。本末倒置、先后不分、轻重不明，这是营销的最大问题。营销是一场认知战，不是一场产品战。赢得认知战争，首先需要策略，关键在于策略，其次才是4P的组合运用。如果没有前者，那么后者只是在撞大运。撞上了，成功；撞不上，失败。在一个新兴经济体里，本来没有那么多品牌，同时也不存在激烈竞争，对4P进行简单的组合就能见效。这给人们造成了一种假象，认为营销就是对4P的运用。如今，到处都是同质化的产品，到处都是同质化的竞争，4P很难发挥有效的作用。不幸的是，人们对4P非常痴迷，从而乐此不疲。人们心智认知的作用与意义，永远成了营销人看不见的盲区。营销人，醒醒吧！睁开眼睛，往人们的心智里瞧一瞧啊！

人们把认知当成事实

【观点】⊕ 在产品同质化竞争的时代，人们依据对品牌的认知做出选择。这就是说，人们所拥有的唯一"产品测量工具"，就是头脑里已经存在的品牌认知。正是由于这个原因，要想被顾客选择，品牌不能仅靠产品本身。品牌必须首先给人们留下独特的印象，必须抢先让人们产生独特的认识。对于顾客来说，顾客头脑里的认知，就是顾客所认定的事实。人们往往是把对事物的认知当成事实，人们往往把认知和事实混为一谈。反过来说，人们所谓的事实，往往是头脑里积累的认知而已。此外，人们所认定的事实，不是在经过实验或测试之后所得出的"与客观事物保持一致"的准确结论。

【案例】⊕ 大众汽车公司（Volkswagen）一直以生产体积较小、相对低价的汽车著称。2003 年，大众汽车公司宣布，推出辉腾（Phaeton）系列高级豪华轿车。辉腾系列汽车拥有两款车型，包括售价 68655 美元的 V-8 系列高级豪华轿车，以及售价 100255 美元的 V-12 系列高级豪华轿车。大众汽车公司董事会主席费迪南·皮耶希（Ferdinand Piech）长期以来都在酝酿辉腾汽车这个产品项目，对这个项目寄予了很大的期望。对于辉腾汽车这个项目，媒体一见钟情，纷纷给予好评。例如，《商业 2.0》（Business 2.0）、《福布斯》（Forbes）、《今日美国》（USA Tody）等主流商业媒体均给予了高度评价。辉腾汽车所获得的赞美之词，达到了无以复加的程度，例如：款式很漂亮，动力也正好，驾驭感极棒，舒适超想象；最引人注目的豪华汽车；一辆杰出的汽车，一辆伟大的汽车；内部装饰，高档与品味结合的典范……不管在大众汽车公司眼里，还是在主流商业媒体眼里，辉腾系列汽车前途充满光明，没有人会怀疑这一点。

令人意想不到的是，市场跟媒体开了一个大玩笑。2009 年，辉腾系列汽车被迫撤离美国市场。这一点都不令人感到奇怪！从 2003 年至 2009 年期间，辉腾系列产品仅卖出 3354 辆。大众汽车公司不得不发布撤退命令。《商业 2.0》总结道："大众汽车公司不能放弃这个产品。只有两个小小的错误——大众汽车公司的标志，不应该出现在车头和车尾。"《商业 2.0》没有说错，就是这么两个错误，使一个伟大、杰出的产品遭遇失败。但是，《商业 2.0》没完全说对。这绝对不是两个小小的错误，这是两处绝对大大的错误——两处致命的大错误。

当看到"四环相连"的标志，人们会作何感想？这是奥迪汽车，一辆德国高级轿车。当看到"椭圆环绕'∠'符号"的标志，人们会作何感想？这是雷克萨斯汽车（Lexus），一辆日本豪华轿车；当看到"圆形里一颗三叉星"的标志，人们会作何感想？这是奔驰汽车，一辆尊贵的轿车；当看到"黑圆套着内圆，内圆蓝白四瓣"的标志，人们会作何感想？这是宝马汽车，一辆终极驾驶机器；当看到"银色小飞人"的标志，人们会作何感想？这是劳斯莱斯（Rolls-Royce）汽车，一辆贵族气质的汽车……当看到"圆圈里 V 站在 W 上面"的标志，人们会作何感想？这是大众汽车，结实耐用，价格实在，款式很多。在人们的心智里，这是"大众"的真实样子。

这个观念不对！大众汽车公司有辉腾系列汽车——高级豪华轿车。辉腾系列？高级豪华轿车？或许是吧。"V 站在 W 上面"的汽车，不会真是高级豪华汽车。这同样是人们心智中的真实想法，谁都别想改变这种想法。尽管起了一个不再叫"大众"的名字，但是依然穿着"一般大众汽车"的外套。人们一看就知道这是大众汽车。或许，这正是大众汽车公司想要的结果。谁说我们只能生产质优价实的普通汽车，我们还能生产品质卓越的豪华轿车。辉腾系列汽车就是有力的证明。因此，辉腾系列汽车穿上了大众的外衣。但是，这仅仅是大众汽车公司自己的想法。消费者不会这么想。只要穿着"大众"的外衣，消费者就认为这是大众汽车，而不是其他别的什么东西。这就是认知在起作用了。

【案例】 大众汽车公司不是第一个错误制造者，当然也不会是最后一个错误制造者。日本丰田汽车公司就犯过一模一样的错误。20世纪60年代，丰田汽车公司沿着大众汽车公司放弃的航向，用小型车撬开了美国汽车市场。同时，"丰田"这个品牌名称，便与"小型、廉价、低档"联系在一起。丰田汽车公司与大众汽车公司一样，被"丰田"这个名字蒙住了眼睛。穿着丰田汽车的外衣，丰田皇冠（Toyota Crown）高级轿车进入了美国市场。与大众汽车公司略有不同，丰田汽车公司在车头放上了王冠形状的标志，但依然露出了丰田汽车的尾巴。在皇冠汽车的车尾上，仍然摆上"椭圆里的牛角"标志，同时大摇大摆地写上了"Toyota Crown"，然后又加上"Royal Saloon"（皇家轿车）这样一个备注。王冠形状、Crown 名称，还有 Royal Saloon，这些真是很不错！只是又有一个小小的错误，"丰田"这个品牌名称不该出场，哪怕只是出现在汽车的屁股上面。结果，丰田皇冠（Toyota Crown）败走麦城。如今，丰田皇冠（Toyota Crown）依然还活在市场上。但是，与后来推出的雷克萨斯汽车相比,简直不可同日而语。

1989年,经过四年的精心筹划之后,丰田汽车公司在美国推出了雷克萨斯高级豪华轿车。这次与上一次完全不同,丰田汽车公司吸取了经验教训。丰田公司能够成为世界上最大的汽车企业,或许正是因为这样的原因。相反,大众汽车公司却毫无希望。在雷克萨斯轿车身上,闻不到一点丰田汽车的味道。独立的品牌名字——雷克萨斯;独立的标识——椭圆环绕"∠"符号。丰田汽车公司认为,这些仍然远远不够。雷克萨斯这个轿车品牌建立了专门的产品销售渠道,单独设立了品牌专卖店。尽管如此,丰田汽车公司认为,这些还不足以显示品牌的高级程度。在很长时间内,丰田公司不允许雷克萨斯品牌的轿车在日本本土市场销售。直到2005年,雷克萨斯轿车才出现在日本本土市场上。一切都与丰田这个品牌迥然不同。如今,在美国市场上,雷克萨斯这个高级轿车品牌甚至超过了梅赛德斯—奔驰汽车,成为销售数量最大的高级豪华轿车。这又是为什么?梅赛德斯—奔驰汽车同样在犯低级错误。梅赛德斯—奔驰拥有多少种轿车级别?有S级、C级、E级、M级、R级共五个级别。梅赛德斯—奔驰想为所有人造出所有级别的汽车,因此,它恐怕离麻烦不远了。

【案例】 ⊕ 大众汽车公司仍不死心。在暗自咒骂美国人的同时,又把希望寄托在中国人身上。美国人不识货,又狂妄自大。中国人客观公正,又老实本分。这么好的产品,为什么不卖给中国人?所以,辉腾系列轿车又出现在中国市场上。然而,大众汽车公司死不悔改。"V站在W上面"的标志,依然贴在车头和车尾。大众汽车公司认为,中国人没见过高级豪华轿车。与此同时,为了证明物有所值,大众汽车公司大幅度提高了产品价格。在中国市场上,辉腾系列高级豪华轿车最低售价为79.25万元人民币,最高售价为225万元人民币。结果会怎么样?好不到哪里去!2010年,大众汽车公司沉不住气了。在一次降价促销活动上,辉腾豪华轿车的价格下降了9万元人民币,降价幅度超过标售价格的10%。低级错误又犯一次!大众汽车公司又搞错了——高级品牌不能这样大幅度降价。如果要花上 80 万人民币，那么人们会购买什么汽车？如果花费超过 200 万人民币，那么人们又会选择什么汽车呢？正面的答案不得而知。但是，反面的答案则可以肯定：大多数人不会购买"V 站在 W 上面"的大众汽车。

　　辉腾系列汽车的尴尬地位，可以用来编创一个幽默故事。几个有钱人在一起聚会，谈到各自的驾车体验。第一个人说：驾驶宝马汽车的感觉棒极了。在高速公路上加速的时候，像是有一股力量在后背上使劲推。第二个人说：我主要考虑乘坐舒适、空间够大。我还是喜欢奔驰汽车。第三个人说：我喜欢越野汽车，在野外必须考虑吉普车，所以我选吉普。第四个人说：我刚刚购买了一辆辉腾汽车，大众汽车公司生产的汽车，开着感觉很不错。于是，有人接着说：速腾（Sagitar）、迈腾（Magton）、辉腾（Pheaton）都是同一个系列的车型吧？第四个人说：不是同一个系列的产品。速腾汽车、迈腾汽车最多就卖 20 万元，辉腾汽车最低都要卖 70 多万元，最高要超过 220 万元。有人提出疑问：都是大众汽车，怎么相差这么大？第四个人默然无语。气氛有些尴尬！有人出来调解气氛，对第四个人开起玩笑：你就戒酒吧……免得再酒后购车啦！问题的关键在于：对于"V 站在 W 上面"的汽车，人们只会认为这是一辆普通的大众汽车，不会认为这是一种高级轿车。

好产品存在于心智里

　　【观点】⊕人们会把认知当成事实。对于己方品牌或者竞争品牌来说，这个结论意味着什么？这个结论意味着：人们对己方品牌或者竞争品牌有什么样的认知，在人们头脑里就有什么样的事实。所谓的"好产品"，不过是人们头脑里形成的品牌认知而已。在产品同质化竞争时代，"好产品"不是存在于企业的工厂里，而是存在于人们的头脑里。在产品同质化竞争时代，只有存在于人们头脑里的概念和认知，不存在所谓"好产品"这种客观与事实。正是由于这个原因，人们头脑里的认知，就是企业所要面对的市场事实。从这个意义上讲，必须首先考虑人们头脑里有什么样的认知（事实），然后才能考虑在人们头脑里建立什么样的认知（事实）。

【案例】⌖日本有三大汽车品牌——丰田（Toyota）、本田（Honda）、尼桑（Nissan）。在美国和日本两个消费市场上，日本三大汽车品牌的表现存在着很大差异，不但销售数量排名不同，而且销售数量差距很大。在美国市场上，日本三大汽车品牌的销量排名为：本田、丰田、尼桑。在日本汽车市场上，日本三大汽车品牌的销量排名为：丰田、尼桑、本田。在日本汽车市场上，丰田汽车的销售数量超过本田汽车的4倍。日本三大汽车品牌的市场表现，差别为何如此之大？

日本三大汽车品牌所推出的新产品，几乎都是在美国与日本两个市场上同步推出。这意味着：在日本与美国两个市场上，日本三大汽车品牌各自所销售的汽车完全相同。由于日本汽车企业之间相互模仿十分严重，因此日本三大汽车品牌的产品品质几乎完全趋同。那么，市场表现为何如此不同？显然不是产品的原因。事实上，原因十分简单。丰田这个品牌依靠制造汽车起家，本田这个品牌依靠制造摩托车起家。在日本人眼中，丰田这个品牌代表着汽车，本田这个品牌则代表着摩托车。但是，对于美国人来说则没有这样的观念差别。美国消费者认为，丰田与本田均为日本汽车制造商。

人们对品牌的认识差异，从人们对品牌的理解方式上可以得到验证。如果告诉一位美国人你想要购买一辆本田，那么美国人会这样问：打算购买哪一种汽车？购买Civic、Accord还是Prelude？如果告诉一位日本人你想要购买一辆本田，那么日本人会这样问：打算购买哪一种摩托车？购买Shadow、Rincon还是Silver Wing？这是因为：在美国人眼中，本田这个名字代表着一家小汽车制造商。在日本人眼中，本田这个名字代表着一家摩托车生产商。正是由于这种原因，在美国市场上，本田汽车能够超过丰田汽车。在日本市场上，丰田汽车必然领先本田汽车。在日本市场上，本田汽车不可能超越丰田汽车。

在美国和日本市场上，日本三大汽车品牌各自表现出的市场差异，并不是由于产品不同所引起的结果,而是由于认知不同所引起的结果。因此,这就导致了一种结局——同样的产品,不同的命运。由此看来,产品无论多么优秀,产品自身都无法决定自己的命运。那些严重同质化的产品,更加难以决定自身的命运。这说明了一个问题:从营销作用的角度上来看,品牌在人们心里的价值概念,远远优于产品形态本身。仅仅依靠产品本身,很难赢得营销战争的胜利。

【案例】⊕沃尔玛(Wal-Mart),全球最大的超级市场连锁店品牌。同时,沃尔玛所出售的商品整体价格保持最低。因此,在消费者眼里,沃尔玛这个品牌名称变成了"便宜商品"的代名词。这本不是什么坏事!正是由于这个原因,沃尔玛获得了巨大的商业成功。人们愿意走进沃尔玛超级市场,完全是因为那里的商品价格便宜。离开了这一点,沃尔玛就没有竞争力。

人们总想提升地位,企业总想提高层次。沃尔玛打算提升消费层次。如果仅售卖"便宜商品",沃尔玛似乎感到有些抬不起头。沃尔玛公司认为,不能仅仅销售"便宜商品",必须引入"昂贵商品",还要引入"时尚商品"。因为时尚与昂贵,永远代表着高消费层次。沃尔玛公司做了什么呢?向时尚与昂贵看齐。

(1)瞄准塔吉特(Target)——高级时尚百货连锁店品牌。聘请塔吉特的高级管理人员,出任沃尔玛公司的领导人。

(2)瞄准第五大道(Fifth Avenue)——曼哈顿(Manhattan)最具有代表性的时尚大道。在第五大道上,沃尔玛公司设立了办公场所。

(3)瞄准《Vogue》杂志——世界上历史悠久、广受尊崇的时尚杂志。在《Vogue》杂志上,沃尔玛公司刊出了8个页面广告。

(4)瞄准纽约(New York)——世界最大的商业中心与金融中心。在纽约,沃尔玛公司举办了一场时尚秀(fashion show)。

(5)瞄准时尚商品——沃尔玛商场开始出售"时尚与昂贵"的商品,如价值9988美元的钻石戒指。

这些行动没有一项奏效。在消费者的心智中,沃尔玛的地位依然不会改变——一个出售"便宜商品"的超级市场连锁品牌。《华尔街日报》报道：沃尔玛公司的时尚失言了。在沃尔玛商场的过道里，堆满了卖不掉的衣服。即便是打折处理，仍然无法挽回败局。

人们眼睁睁地看着一场悲剧在上演。这场悲剧的起因是：一个"便宜商品"超级市场连锁品牌，盲目地进入不属于自己的领域——时尚与昂贵商品。无奈之下，沃尔玛公司领导人引咎辞职。人们总是搞错一个事实——谁是悲剧的真正导演。人们普遍认为是企业领导人。不对。通常，企业领导人仅仅是悲剧中的受害人。真正的导演是消费者。确切一点说，真正的导演，是消费者的心智认知——如果购买"时尚与昂贵的商品"，那么就不应该走进沃尔玛超级市场。

在心智里建立价值地位

【观点】 "好产品"不能保证在营销战争里获胜。获胜的关键是：在人们的心智中，建立起一个价值概念或者价值认知。"存在于人们心智中"的价值概念与价值认知，才是品牌真正的营销价值与营销意义所在。如果在人们的心智里拥有某种价值概念或者价值认知，那么品牌才具有真正意义上的营销价值与营销意义。品牌在人们心智里的这种价值概念与价值认知越清晰、越稳固，品牌给人们的选择理由就越明确、越充分。一个成功的品牌，一定在人们的心智里代表着某种独特的价值和利益。正是这种独特的价值与概念，为人们在心智里提供了选择的依据和理由。

【案例】 在美国市场上，梅赛德斯—奔驰汽车已经保持了14年持续销售增长。从1993年到2007年，梅赛德斯—奔驰汽车在美国市场上的销售数量从61899辆增长到253277辆，增长幅度达到309%。在销售增长过程中，一直伴随着负面的媒体报道——梅赛德斯—奔驰汽车的品质下降。但是，在人们的心智中，梅赛德斯—奔驰汽车却依然是一个好品牌。

2002年2月4日,《华尔街日报》报道:工程质量的标杆倒下了。近几年,梅赛德斯—奔驰汽车质量排名有所下降。2003年7月21日,《商业周刊》报道:梅赛德斯—奔驰汽车在调查中暴露出质量问题。2003年10月27日,《财富》杂志报道:梅赛德斯—奔驰汽车正在走上坎坷路。人们的抱怨正在增加,汽车转卖的价格正在下跌。

然而,对于营销结果来说,这没有产生太大的影响。或许,梅赛德斯—奔驰汽车不是一个更好的产品。但是,梅赛德斯—奔驰汽车仍然是一个更好的品牌。这个更好的品牌,不是体现在在汽车产品上,而是体现在人们的心智里。在人们的心智中,梅赛德斯—奔驰依然是高级豪华轿车的代表品牌。只要这种代表意义仍然存在于人们心智中,那么梅赛德斯—奔驰就依然是一个更好的品牌。

【案例】⊕一些饮料生产企业认为,营销是一场口味之战。从某种意义上而言,更好的产品有时意味着更差的品牌。所谓更好的产品,仅仅是在试验测试上"更好",而不是在人们心智里"更好"。可口可乐(Coca-Cola)与百事可乐(Pipsi-Cola)这两个品牌十分相似。在"蒙眼"口味测试过程中,百事可乐优于可口可乐。但是,在市场竞争中,这种测试优势没有太大意义。

在美国市场上,可口可乐一直领先于百事可乐。在全球市场上,可口可乐同样领先于百事可乐。这一事实证明了另一个事实。百事可乐或许是一个更好的产品。但是,可口可乐则是一个更好的品牌。在消费者心智中,可口可乐具有与众不同的价值意义——真正的可乐饮料。可口可乐——第一个可乐饮料、原创的可乐饮料、正宗的可乐饮料。正是由于这个原因,可口可乐变成了"一个更好的品牌"——可乐饮料的代表品牌。

1984年,可口可乐公司曾经做过一次公开调查,调查涉及对象达到20万人。调查内容为:品尝测试三种可乐饮料口味。三种可乐饮料分别是:可口可乐、百事可乐、新可乐(New Coke)。可口可乐公司计划,在测试获得满意结果之后,将推出新可乐这个品牌,以取代可口可乐。测试结果表明:新可乐口味最好,百事可乐口味居次,可口可乐口味最差。

1985年,可口可乐公司花费历史上最大一笔的预算,终于如愿以偿地隆重推出了新可乐,以取代可口可乐。那么,市场反应如何?非常糟糕。可口可乐的拥护者极其不满,引发了声势浩大的抗议活动,可口可乐公司产品整体销售数量一落千丈。老产品——可口可乐忠实的消费者,开始囤积老可口可乐。

6个月之后,可口可乐公司被迫改变计划,停止新可乐产品计划,重新推出经典可口可乐。直到今天,在全球饮料市场上,尽管可口可乐测试口味最差,但是仍然为可乐饮料的第一品牌。尽管新可乐在测试中的口味最好,但是却早已经夭折了。今天,在可口可乐的饮料罐上,所印制的Classic(经典)这个字样,就是新可乐事件留下的证据。

在测试中,新可乐产品的口味更好,为什么会失败?因为在人们的心智里,可口可乐才是正宗的可乐饮料,才是真正的可乐饮料。新可乐则是一个地地道道的二流货。这说明了一个真相——一个品牌的价值,不在产品本身上,而是存在于人们的心智中。在人们心智里的价值,才是真正的品牌价值。否则,那只是产品的实用价值。然而,实用价值的货币代表值很低。因此我们说,营销是一场认知之战,不是一场产品之战。

企业应该用品牌赚钱

【观点】 ⊕ 企业要用品牌赚钱,而不是用货品赚钱。或者说,企业要用品牌赚钱,而不是用产品赚钱。从本质上讲,产品与货品没有区别。这两个概念均为物质意义上的概念,均从物质角度对描述对象进行了概括。如果一定对这两个概念进行区别,那么货品这个概念,则更加给人一种大宗商品的感觉——大规模生产、大批量销售的无差异产品。在此,我们采用了"货品"这个概念。货品与品牌有什么区别?其关键区别在于：货品更加倾向于物质概念，品牌更加倾向于心理概念。产品及其专有名称，当被人们赋予一定价值意义的时候，这个产品及其名称就变成了品牌。不但如此，品牌的价值意义与专有名字之间的联系更加紧密，与物质意义上的产品本身联系相对较远。这就是说，尽管物质意义上的产品构成了心理价值的基础，但是人们经常用品牌名称来代表这种心理价值。从这个意义上看，品牌是"被赋予心理价值意义"的产品。所以，品牌更像一个心理概念。品牌与产品的区别，关键就在于此。卖货品与卖品牌的差别在哪里？如果仅是在卖货品，那就只是在卖一种物质上的实用功能。如果是在卖品牌，那就是在卖一种社会性的价值代表。这二者之间的具体区别在于：（1）从范畴的角度上看，产品一般不能包括品牌，品牌一定能够包括货品。（2）从功能的角度上看，产品主要获得功能满足，品牌同时获得心理满足。（3）从社会的角度上看，产品获得社会认同较少，品牌获得社会认同较大。（4）从竞争的角度上看，产品经常应对竞争挑战，品牌极少遭遇竞争挑战。（5）从层次的角度上看，产品可能陷入价格竞争沼泽，品牌则进入了价值竞争阶段。（6）从收益的角度上看，产品能够获得社会平均收益，品牌则可以获得超额溢价收益。（7）从生存的角度上看，产品竞争生存能力较弱，品牌竞争存活机会很大。这些差别及其相应意义，决定了企业应该"卖什么"。企业应该"卖品牌"，不应该"卖产品"。

【案例】⌖中国经济取得了备受瞩目的增长。这仅仅意味着"中国卖出了更多的产品"，而并不意味着"中国卖出了更多的品牌"。全球富裕的地区或者国家，多数依靠品牌去掏别人钱包里的金钱。有能力掏别人钱包的品牌越多，这个国家或者地区就会变得越加富裕。用低价将产品售卖出去，只能让别人变得越来越富裕。实际上，低价产品卖得越多，与富裕地区或者国家的差距就越大。在全球商品市场上，许多工业加工产品，如食品、玩具、服装、家具……其市场命运大都如此。

（1）在全球咖啡产品市场上，大部分咖啡原料产品都在南美洲种植。但是，咖啡产品的全球品牌，大多数由欧洲或北美洲的企业所拥有。例如，雀巢（Nestle）是瑞士的咖啡品牌，意利（Illy）是意大利的咖啡品牌，星巴克（Starbucks）是美国的咖啡品牌。事实上，南美洲的咖啡种植者始终过着比较贫困的生活。但是，欧洲和美国咖啡品牌的所有人，则过着富裕而奢华的生活。

（2）在全球服饰产品市场上，大部分运动服饰产品由亚洲工厂生产。但是，大多数全球性运动服饰品牌，则由美国或欧洲企业所拥有。例如，耐克和锐步是美国的运动服饰品牌，阿迪达斯是德国的运动服饰品牌。事实上，亚洲运动服饰生产商所能赚到的生产加工费用很少。但是，欧洲和美国运动服饰品牌的所有者从品牌身上所能赚到的销售利润，则能够堆满运动服饰产品生产商的厂房。

如果仅仅售卖东西本身，那么就很难赚到更多的利润。有更好的办法吗？有效的途径为：首先赋予这些产品某种价值意义，然后让人们出高价购买这些产品。这就是说：不要梦想着依靠"卖产品"能够赚大钱，要寻找办法依靠"卖品牌"来赚大钱。在全球化经济背景下，谁手里掌握着强势品牌，谁就有能力掏取别人的钱包。从这个意义上看，未来属于品牌。掌握着全球性的品牌，就掌管着全球人的钱包。

【案例】⊕ 在全球经济一体化背景下，中国大陆变成了"世界工厂"。在全球各地市场上，随处都能看到中国产品——"Made in China"（中国制造）。但是，几乎很少看到中国品牌。绝大多数"Made in China"的商品，都贴着外国知名品牌的商标。这些外国知名品牌企业，难道都在中国大陆设立了工厂吗？不是，根本不是那么回事。事实上，"Made in China"的国际知名品牌，绝大部分都是在中国大陆贴牌生产。这就是说，中国大陆本土的生产企业，按照国际知名品牌的生产标准，生产出符合这种标准的产品，然后贴上国际知名品牌的标识，销往世界各地市场。在这个过程中，外国知名品牌在世界各地市场的销售价格，远远高于其"生产成本"与"加工利润"。这就是说，从事贴牌生产的加工企业，从中所赚取的利润很少。人们所看到的国际知名品牌，大多数都通过这种"贴牌"方式生产。

裕元工业集团公司是一家专门从事运动鞋生产的企业。该公司的网站上写道：裕元工业集团公司（联交所股份代码：551）是全球最大的品牌运动鞋及便服鞋制造商，分别在中国、越南和印尼设有生产设施。本公司是多间大型国际品牌公司的原设备制造商、原设计制造商，如Nike、Adidas、Reebok、Asics、New Balance、Puma、Timberland 及 Rockport 等。裕元工业集团公司的优势在于：能够为客户提供综合完善的供应链基础设施，配合专业灵活的生产及研发设施。裕元工业集团公司长期为Nike、Adidas等品牌做OEM代工生产，其代工生产的规模占Nike、Adidas总销量的40%~50%。

这意味着什么？裕元工业集团公司从Nike或者Adidas接受订单，不是按照品牌商提供的图纸依样生产。品牌商只需描述所要生产的产品，如要传达什么样的理念，适应什么样的文化，满足什么样的标准，剩下的工作——从设计到生产，再到产品检测，再到出厂发货……全部都由裕元工业集团公司代工厂独立完成。这意味着：裕元工业集团公司拥有设计、研发、生产、配送等一系列配套能力。现在的问题是：中国本土生产企业，为什么不贴上自我品牌标识，以同样的价格把产品销往世界各地？中国生产加工出来的产品，为什么却让别人赚了大钱？

关于这个问题，事实十分清楚。中国大陆本土企业制造的产品，如果不贴上国际知名品牌的商标，则根本就卖不到如此高的价格。中国本土工厂生产的运动服饰，如果贴上Nike、Adidas等国际品牌的商标，那么产品立刻就会身价倍增。如果不贴上国际品牌的商标，那么产品就会永远低人一等，就登不上大雅之堂。在品牌竞争的世界里，这些产品只能是三流、四流的货色。无论是在中国，还是在外国，这种情况不会有什么差别。因此我们可以得出一个结论：设计能力、研发能力、生产能力、物流能力……这些都是辅助性的竞争能力，核心能力或者关键能力则是品牌创造能力。如果缺少这种能力，其他能力都发挥不出价值作用。

【案例】 中国大陆人口众多，劳动力资源极其丰富。与发达国家相比，劳动力的工资水平极低。同时，中国本土生产企业的制造水平在不断提高，在许多领域都达到了世界先进水平。这就是说，中国本土企业有能力生产、加工、制造出优质产品——能够生产出与发达国家一样的"好产品"。这并不意味着：在全球市场竞争体系中，中国本土企业的市场竞争能力变得强大起来。其关键原因在于：中国本土企业缺少世界性品牌，仅能赚取低廉的加工制造费用与利润，很少能够赚取到高额的品牌附加价值与利润。正因为如此，中国本土企业生产出来的"好产品"，只能交给别人实现其自身价值，只能贴上别人的知名品牌商标，以此让消费者相信"这是个好产品"。

今天，中国的媒体与言论正在鼓吹一个新名词——"中国创造"（Made by China）——由"中国制造"朝着"中国创造"转变，期望借助技术与产品的创新，彻底改变"中国制造"的被动局面。好像凭借"中国创造"这样一个概念，就能在技术与产品上赶上所有的竞争对手，甚至超越所有的竞争对手。技术与产品创新固然十分重要。但是，超越技术积累深厚的竞争对手，机会与概率究竟会有多大？中国本土企业人，难道都是到达地球的外星智慧人类，能够轻易赶超技术积累雄厚的竞争对手？别忘了，那些技术强劲的竞争对手，不会睡着大觉等待被人超越！"中国创造"的出路，不在于搞出什么先进的高技术、新技术。所谓高技术与新技术，不过是"集体自卑心理"的自我补偿。真正的出路，是创造"世界品牌"。创造世界品牌，不一定必须要用"高技术与新技术"。

看一看人们的日常生活，有多少世界知名品牌依赖于"高技术与新技术"？例如，红牛（Red Bull）、立顿（Lipton）、耐克、锐步、飘柔（Rejoice）、潘婷（Pantene）、佳洁士（Crest）、高露洁（Colgate）、麦当劳（McDonald's）、肯德基（KFC）、星巴克、棒约翰（Papajohn's）、可口可乐、百事可乐、阿迪达斯、皮尔·卡丹（Pierre Cardin）……人们趋之若鹜的世界性消费品牌，有几个依靠"高技术与新技术"？要明白一个常识性的道理：影响消费者购买的主要因素，是消费者心智里的品牌地位，而不是生产者掌握着的生产技术。要想在市场上赚得丰厚利润，首先要依靠品牌及其心智认知，其次才是产品及其生产技术。征服市场的武器，首先是征服人们心智的品牌，不是高技术与新技术。在这种竞争环境里，技术最终都会走向均衡。相反，人们心智里的品牌，则很少处在均衡状态之中。

【结语】营销是一场认知战。这个论断意味着什么？这意味着：营销的战场，不在别的什么地方，而是在人们的心智里。人们的心智空间，构成了营销的"终极战场"。或者说，要想赢得营销战争的胜利，就必须用品牌攻占人们的心智空间——在人们心智里建立起强大的品牌地位。这意味着：许多营销资源和营销行动，从根本上说用在了错误的地方与方向上，因此难以收到期望的营销成效。企业必须重新思考营销的方法问题——如何才能让品牌在人们心智里拥有地位。

2.5 营销：认知性竞争时代！

【结论】营销不是一场产品战，而是一场认知战。如果营销是一场心智争夺战争，那么敌人就是竞争品牌，战地则是顾客的头脑空间。人们头脑空间里面的高地，则是敌我双方品牌争夺的焦点。这就是说，要在人们心智里构建起一种独特的价值认知，由此在人们心智里占据一个有利的竞争地位。相反，如果品牌不能占据一种有利的价值地位，那么就很难给人们一个有力的购买理由。营销进入了认知性的品牌竞争时代。

【阅读】商业机构对营销神经学十分热衷。但是，所谓的"购买穴位"是否真实存在？[《扫描消费者的大脑》——载于《商业周刊》(2008年12月刊)，作者：斯蒂芬·贝克（Stephen Baker），翻译：陈逸]。

如果看过关于医院的电视节目,那么人们一定非常熟悉这样一种场景:已经固定好体位的病人,被推进核磁共振成像设备狭窄的管状仪器之中。在几分钟之内,医生就可以对病人大脑内部的工作状况进行扫描,以便诊断出是否长了肿瘤,或者是否受到了某种程度的损伤。那么,脑部扫描能不能揭示人们的想法——人们是否喜欢诺基亚手机,或是惊悚影片,或是哈雷摩托车的轰鸣声呢?这是营销神经学的前提,这既是当前十分热门的趋势,也是马丁·林斯特龙(Martin Lindstorm)的著作《买》一书所研究的课题。

马丁·林斯特龙告诉人们,从事营销神经学研究已经历时 3 年的时间,花费了 700 万美元——8 家跨国公司为此提供赞助资金。研究区域几乎跨越全球,包括多项实验测试,涉及全球上千个议题,共有 200 多名研究者、10 名教授和博士以及一个伦理委员会参加了研究。但是,《买》这样一本来之不易、有时甚至让人有些困惑的书,只占了这项研究的一小部分内容。在这本关于大脑如何进行购买选择的书中,马丁·林斯特龙探讨了在促销活动中对性吸引力的运用,研究了一些历来影响不大的广告,并讲述了在墨西哥啤酒里添加青柠檬片的起源。马丁·林斯特龙的研究引人入胜,似乎解释了人类的许多行为,但是说得又有些遮遮掩掩。

这项关于购买行为的研究,归纳出了一个重要的趋势——商家正在享受全新的消费者数据。商家可以追踪人们在互联网上的漫游,以及在超级市场里购物的行踪,从而预测个人的消费习惯。对脑部的扫描——不管是使用改进版的脑电图,还是使用更加昂贵的核磁共振成像设备——都提供了充足的新数据流。但是,要从中得出一个十分明确的结论并不太容易。科学家已描绘出人脑里主导欲望、愤怒、注意力、防护本能以及其他许多功能的部分。但是,当这些区域因为某种活动而闪亮起来时,科学家却不清楚:人们接下来将有什么样的举动,或是人与人之间会有怎样不同的举动。科学家对这些脑部活动的了解程度,就像早期制图师对地理的了解一样不得要领。

在《买》一书中,马丁·林斯特龙深入研究了产品定位的价值所在——包括品牌电话、便携电脑、酒精饮料。由于观众能够借助科技手段，将传统的 30 秒广告快速略过，这时定位就显得尤为重要。但是，产品定位是否真的有用呢？马丁·林斯特龙及研究人员，为观看电视节目《美国偶像》（*Pop Idol*）的观众戴上监测脑部活动的帽子，然后研究观众对于节目中广告的反应。这些广告产品包括：评审员轻呷的可口可乐、节目片段之间插播的福特汽车广告，以及 Cingular Wireless 通讯服务——观众只能通过 Cingular Wireless 参加节目评选。除此之外，可口可乐、Cingular Wireless 通讯服务这两个品牌与福特汽车一样，在节目片段之间插播 30 秒的广告。

实验研究结果显示：对可口可乐与 Cingular Wireless 通讯服务，观众的印象要深刻得多。福特汽车的广告效果在这 3 个品牌中得分最低。对此，马丁·林斯特龙做出了解释。可口可乐因为巧妙地融入节目之中，取得了较好的成效——评委面前都摆放着可口可乐饮料；在进行思考时，评审员与该饮料有个互动过程；评委及参赛者坐的椅子，以及沙发的外围轮廓，都设计成可口可乐饮料瓶的形状；在选拔前后，参赛者都会进入一间房间——四周的墙壁上涂满了代表可口可乐的红色油漆。

Cingular Wireless 通讯服务如同电视观众的一种工具——观众只能使用 Cingular Wireless 通讯服务，通过发送短信方式参与节目评选。福特汽车公司则仅仅是为了广告而广告——仅在节目片段之间插播广告。最终，这家汽车制造商不仅输了广告播放效果，还不能传递出所要表达的信息。观众看过广告之后，对福特汽车的记忆反而不如观看之前。马丁·林斯特龙更进一步评论说：福特汽车被挤出了人们的头脑——这是可口可乐产品定位的作用。福特汽车一年投入高达 2600 万美元的赞助费，却反而失掉了人们的注意力。

像该书的许多内容一样，这一结论可圈可点。或许，对福特汽车的美好感觉，存在于观众的潜意识里，几个月之后才会真正浮现出来。谁会知道呢？即使运用最新技术，人脑的活动依旧无从观察，或者说无法解读。例如，当在火车上阅读的时候，旁边的一对情侣在不停地唠叨着什么。尽管阅读者努力克制自己的注意力，可还是忍不住在听这对情侣的谈话。这时，如果阅读者戴着大脑检测帽，那么根据脑部活动模式就会得出结论：他被这两个人的谈话吸引住了。但是，这是不是就意味着阅读者对他们有好感？绝对不是。大脑控制情绪的区域，会不会发出"恼火或者无可奈何"的信号呢？那个大脑区域是不是亮度增大呢？破译大脑活动极其不易。不过，包括马丁·林斯特龙在内的营销神经学者，正在为此而努力钻研。

第 3 章
认知规律：奠定基础性的定位理论依据

【题义】 营销是一场认知战。定位是针对人们头脑展开的行动，而不是针对产品本身采取的措施。市场营销的终极战场，是人们的头脑空间或者心智空间。只有清楚地了解头脑的运行规律，才能有效地展开针对头脑的定位行动。因此，要研究人们头脑的运行规律——探索头脑接受与拒绝信息的规律，明白头脑存储与使用信息的方式。首先，只有了解了头脑面临的信息困扰问题，掌握了头脑采取的应对方式，才能更好地理解定位的法则与策略。其次，定位行动的策略与方法，必须符合头脑的运行规律。因此，只有首先掌握了头脑处理信息的普遍规律，才能在人们的头脑与心智里建立起品牌的价值定位——在人们的头脑与心智里，为品牌建立起一种独特的认知价值，为品牌构建起一个有力的竞争地位，为品牌争取到一个合适的容身之地。头脑的运作与认知规律，是定位法则与策略的理论基础。

3.1 头脑备受骚扰

信息对头脑围追堵截

【头脑】 在信息过度化传播的时代，企业总想通过传播信息，解决自身市场竞争问题。商业机构不断制造信息——想尽各种各样的方法，利用各种各样的媒体，传播各种各样的信息。所有广告信息都在争夺人们的头脑，争着在人们的头脑中建立容身之地。人们的头脑空间与心智空间，成了广告信息争夺的核心战场，成了广告信息瞄准的射击标靶。信息的过度化传播带来了严重的恶果。广告信息：大肆入侵、无时不在、无孔不入。广告信息：时刻不停、围追堵截、不断侵袭。广告信息：如影随形、防不胜防、令人无处藏身。人们时时刻刻暴露在广告信息的攻击范围之内，人们随时随地都在遭遇着广告信息的立体轰炸。

【定位】在信息过度化传播的时代，各种广告信息混杂在一起，制造出各种嘈杂的信息噪音。信息噪音的受害者，不仅限于信息的接收方，而且还有信息的传播方。消费者与营销者，同时为过度传播付出代价。企业传播出去的品牌信息，受到信息噪音的严重干扰。许多信息还没等到传播到位，信息噪音就会将其淹没得无影无踪。这意味着：品牌所传播出来的声音，会被信息噪音所抵消掉。为了突破信息噪音干扰的障碍，企业普遍采用一个简单的办法——增加投入，加大音量，让己方的声音高过对方的声音。在各种媒体上，企业不断投放各种广告，就如同重磅炸弹一样，对潜在顾客展开狂轰滥炸。这些重磅炸弹一样的广告，由于缺乏"制导装置"，多数无法有效击中目标——潜在顾客的心智。"大量而又有限"的资金，白白浪费在媒体黑洞之中。在争夺头脑的战争里，这种"直线强攻"的方式并不可取。

【案例】1994 年，博士伦公司（Bausch & Lomb）的营销经理罗纳德·扎雷拉（Ronald Zarrella）加入了通用汽车公司，担任营销主管职务。罗纳德·扎雷拉说道：汽车行业有一个旧信仰——产品就是一切。但是，事实不应该这样。《今日美国》（USA Today）报道：罗纳德·扎雷拉打算粉碎汽车行业"产品为王"的旧信仰。

罗纳德·扎雷拉不愧为营销经理出身。他表示：未来，通用汽车公司会像依赖"好产品"一样依赖"好营销"。于是，罗纳德·扎雷拉下达了一个营销命令——引入品牌管理方法。在通用汽车公司，罗纳德·扎雷拉所做的第一件事情，就是启动广告宣传的发动机。那么，通用汽车公司花钱得到了什么？

1995～2000 年通用汽车公司广告支出

年度	广告花费	广告排名
1995 年	21 亿美元	第 3 大广告客户
1996 年	24 亿美元	第 2 大广告客户
1997 年	31 亿美元	第 1 大广告客户
1998 年	30 亿美元	第 1 大广告客户
1999 年	41 亿美元	第 1 大广告客户
2000 年	30 亿美元	第 1 大广告客户

1994～2001 年通用汽车公司市场份额

年度	市场份额	趋势
1994 年	34.0%	—
1995 年	33.9%	↓
1996 年	32.3%	↓
1997 年	32.1%	↓
1998 年	30.0%	↓
1999 年	29.6%	↓
2000 年	28.1%	↓
2001 年	26.3%	↓

2001 年，罗纳德·扎雷拉离开通用汽车公司，回到了博士伦公司。此时，罗纳德·扎雷拉的想法有了 180 度的大转变。他认为：在这个行业里，产品就是一切。奇怪！当产品不起作用的时候，似乎广告就变成了一切。当广告不起作用的时候，似乎产品就变成了一切。人们似乎脱离不了这个怪圈。

事实上，广告不是一切，产品不是一切。那么，什么才是一切？大多数营销经理根本不知道问题的答案。品牌在人们心智里的印象，这个东西才是一切！唯一的问题是：如何在顾客心智里创造一个有利的品牌印象？但是，广告在这方面的表现很差。仅凭广告的狂轰滥炸，很难击中人们的心智。要想让广告发挥作用，首先应该锁定攻击目标的位置，然后再安上制导装置，最后把广告炸弹投放出去。

头脑建立起防御机制

【头脑】人们的头脑无法消化不断入侵的信息。于是，人们的头脑便建立起了信息防御机制。人们普遍的对策是：努力收紧头脑的入口，尽量避开信息的侵扰。人们通过"不注意"的方式，"拦截掉"不必要的信息。人们通过"不保留"的方法，"过滤掉"不必要的信息。绝大部分商业信息都出现在人们头脑中"不必要"的清单上，被拒绝在头脑的大门之外。信息过度化传播的特征是：信息传播越多，人们接收越少。在信息传播过度的时代，信息的传播量越大，信息的接收量就越小。正是由于这种原因，在通往头脑的信息通道上，出现了严重的信息交通堵塞。大部分信息很难传播到达人们的心智中。

【定位】在信息过度化传播的时代，真正能够传播到位的信息，必须符合一定的传播条件。这种传播条件为：简化信息，削减信息，削尖信息。或者说，必须保持信息"清晰"而又"明确"，必须保持信息"简洁"而又"有力"，必须保持信息"拥有核心焦点"。简化所要传播的信息，信息才能产生穿透力。保持信息简洁，根本原因在于：（1）信息传播通道"嘈杂"且又"堵塞"；（2）头脑防御机制"警惕"且又"挑剔"；（3）顾客心智空间"有限"且又"拥挤"。因此，在信息过度化传播的时代，进入人们头脑的有效方法，就是简化所要传播的信息，传递极其简单的信息。进一步来说，不能把所有信息都和盘托出，必须把信息聚焦在一个焦点上，仅用一个词或者一句话，表达品牌的核心价值焦点。借助这个词或者这句话，带着品牌核心价值焦点，钻入潜在顾客的心智空间。简单地来说，要用一个词或者一句话，在人们头脑里占据一个有力的竞争地位。

【案例】企业名称总是被用于命名品牌名称。对于品牌来说，企业期望看到品牌大统一。品牌大统一的结果，就是品牌名称前面被安上企业名称。事实上，这两种名称不应该被安排在一起。品牌名称有品牌名称的含义及作用，企业名称有企业名称的含义及作用。这二者放在一起，结果就是混乱不清——对于消费者来说，最多记住企业名称，很难分清企业名称之下的品牌名称，以及这些品牌名称代表的概念。

在"福特"这个品牌名称之下，福特汽车公司出售着17款不同的汽车。福特汽车公司为这些汽车都起了自己的名字。但是，这些名字都是"乳名"，"大名"仍然叫"福特"。或者说，福特汽车公司拥有17种不同款式的福特汽车。这些汽车的名字——"大名"，全部都叫"福特"。

中文名称	英文名称	中文名称	英文名称
皇冠维多利亚	Crown Victoria	爱仕混合动力	Escape Hybrid
福星	Fusion	征服者	Expedition
500	Five Hundred	探索号	Explorer
福克斯	Focus	F系列	E Series
野马	Mustang	自由式	Freestyle
金牛座	Taurus	逍遥	Ranger
爱虎	Edge	特使	Taurus X
爱仕	Escape	俱乐部旅行车	Club Wagon
E系列	E Series		

福特汽车公司生产的所有汽车都叫福特。福特这个品牌旗下的车型太多了——不但十分混乱，而且无法统一。尽管这些汽车都有自己的名称——乳名，但是依然没办法体现这些汽车的特点。福特汽车公司似乎意识到这个问题。于是，在"福特"这个品牌名称旗下，所有车型都制定了一个标志性的宣传广告。这似乎十分妥当——各个品牌都有自己单独的宣传口号。

年度	汽车品牌	广告口号	英文口号
2008年	爱仕混合动力汽车	坚韧·爱	Tough·Love
2008年	35MPG 福克斯	省油与娱乐结合	MPGs meet MP3s
2008年	福星	安全·快速	Safety·Fast
2008年	爱虎SYNC车载通信和娱乐系统	道路精灵	Street Smart

这些品牌的宣传口号，就像自己的乳名一样，不但含糊不清，而且毫无营销价值。品牌的营销口号，应该一语道破品牌价值——对！这就是选择这个品牌的理由。简单——仅是品牌价值的一个方面，清晰——才是品牌力量的关键所在。福特汽车公司应该为各个品牌找到独特的价值概念——简单、清晰、有力的品牌营销口号。但是，福特汽车公司不想那么麻烦。为所有品牌都找一个有用的营销口号？这样做起来太麻烦了！不如只找一个口号，然后涵盖所有品牌。

福特汽车公司希望找到一个简单的口号——用一个简单的口号，涵盖所有车型，统一所有品牌。世界上有如此便宜的事情吗？问题的关键在于：兼顾所有品牌的口号，往往没有任何价值与意义。福特汽车公司全然不顾这种结果。对于福特汽车公司来说，做到这一点似乎并不困难，它很轻松地就找到了一个简单的口号——福特，开吧（Ford. Drive One）。福特，开吧！对消费者能够产生吸引力吗？对竞争者能够产生攻击力吗？实事求是地说，不管对消费者，还是对竞争者，都不会起到任何作用。

【案例】⊕企业高层管理者总是遵循一种思维模式。首先看看市场上出售什么产品，然后果断地发布第一个命令——扩展产品线，我们要卖一样的产品。不但如此，无论要卖什么产品，必须统一到企业这个品牌之下。这样，才能显示出企业的实力——多么强大有力，多么无所不能，多么声名远播。接着，企业高层管理者果敢地发布第二个命令——营销工作必须快速跟进，制定出一套综合性营销战略，兼顾所有产品线与品牌，推动产品线全面增长。最终，结果似乎无一例外，品牌找不到价值立足点。

在"雪佛兰"（Chevrolet）这个品牌名称旗下，雪佛兰汽车公司拥有16种不同款式的汽车。雪佛兰汽车公司为这些汽车都起了自己的名字。但是，就像福特汽车一样，这些名字都是"乳名"，"大名"仍然叫"雪佛兰"。或者说，雪佛兰汽车公司拥有16种不同款式的"雪佛兰"汽车，这些汽车的名字——"大名"——全部都叫雪佛兰。如果使用一个品牌命名所有东西，那么这个品牌就很难代表任何一种东西。相反，人们对于品牌的认知，会陷入"模糊与混乱"。

中文名称	英文名称	中文名称	英文名称
乐骋	Aveo	科罗拉多	Colorado
科宝	Cobalt	春分	Equinox
考维特	Corvette	西尔维拉多	Silverado
羚羊	Impala	郊外	Suburban
HHR	HHR	塔荷	Tahoe
美宜堡	Malibu	快速	Express/Gvan
蒙特卡罗	Monte Carlo	开拓者	Trail Blazer
雪崩	Avalanche	优普兰	Uplander

雪佛兰是什么？大型汽车，小型汽车；便宜的汽车，昂贵的汽车；家用汽车，商务汽车；乘用汽车，货运汽车。雪佛兰这个品牌名称，涵盖了所有这些产品。在一个品牌名称之下，所涵盖的东西越来越复杂，所代表的概念就越来越模糊。这样一个包含太多东西的品牌，很难找到一个独特的焦点。正是因为如此，雪佛兰这个品牌名字，既不能代表其中任何一种产品，又不能代表汽车的独特方面。除了代表一家汽车生产企业之外，不可能再代表任何价值含义。问题的关键在于：世界上有如此多的汽车制造商，仅仅代表着一家汽车制造企业，在竞争中没有任何特别之处。雪佛兰凭什么赢得消费者的选择？凭什么抵御竞争者的进攻？

大多数打算购买汽车的消费者，在走进汽车展厅之前，已经对品牌进行过全面的选择。那么，人们根据什么做出选择？品牌在人们心智里的价值概念，决定着人们对品牌的选择。一个处在竞争格局中的品牌，必须为消费者提供充分的选择理由，必须拥有一种差异性的价值概念。在处于饱和状态的产品类别里，品牌唯一能够"行得通"的竞争办法，就是代表一种简单的价值概念。如果各种产品都使用同一个品牌名称，那么又如何能够体现出差异性的品牌概念？结果必定是模糊品牌概念。任何一个品牌都必须拥有一个自己的核心概念。核心的含义为：简单、有力、清晰、明确。简单一点来说，核心意味着成为一个价值焦点。为此，品牌必须简化所要传递的价值信息，品牌必须强化所要代表的价值概念。

"雪佛兰"这个品牌名称，究竟代表什么含义？雪佛兰汽车公司在努力寻找一个明确的定义。结果找到了什么？找到了一个毫无意义的口号——美国的一次革命！对于如此"不着边际"的口号，人们不会真的当回事。如果人们果真当回事，那么人们可能会做出猜想——雪佛兰汽车有一个秘密车厢，车厢空间足以容纳一支突击步枪——AK47。美国的一次革命——这样一句营销口号，确实符合简单这个标准。但是，问题不是出在简单上，问题出在内容上。这样一个"不着边际"的口号，既没有营销价值，又没有竞争意义。一个品牌所传递出来的价值信息，必须能够与竞争品牌区分开来。在信息过度化传播的社会里，品牌信息必须保持简洁。但是，同时必须具备一个前提——明确地传递出品牌的差异性价值。

突破头脑的防御机制

【头脑】⊕ 人们的头脑喜欢简洁，人们的头脑厌恶复杂。在一个"快捷"的时代，人们不愿意花费"太多"时间，倾听一个"复杂而又冗长"故事。人们欢迎"简洁与清晰"的语言，人们抗拒"复杂又难懂"的语言。因此，如果打算向人们传递一个概念，应该使用"简洁与清晰"的语言，避免使用"复杂而又难懂"的语言。从信息接收者的角度上看，无论对于一件复杂的事情，还是对于一个简单的故事，人们都希望从中得到一个简单的概念，否则，人们就难以理解这件事情。从信息传播者的角度上看，无论讲述一件复杂的事情，还是讲述一个复杂的故事，讲述的故事必须帮助人们产生一个简单的概念，否则，人们就会随意理解这件事情。

【定位】⊕ 保持信息简洁，意味着要进行聚焦。对于一个品牌来说，保持品牌信息简洁，必须提炼品牌价值焦点，否则，品牌将失去营销价值。由于这个原因，品牌必须选取价值焦点，品牌必须拥有价值焦点。那么，在什么地方寻找品牌焦点？在品牌独具特色之处寻找价值焦点。品牌所要寻找的价值焦点，必须能够为己方独自占有，而不应该被对方抢先占有。品牌在找到价值焦点之后，必须寻找一个准确的词语，或者使用一个有力的口号，将品牌价值焦点表达出来，产生一个简单的价值概念。品牌需要借助这种价值概念，在人们心智里建立起竞争地位。品牌拥有的价值焦点或者价值概念，如果能够成为人们选择品牌的驱动力，那么聚焦就具有了战略性的营销意义。在产品同质化竞争的时代，这种"具有竞争价值"的焦点，成为吸引人们选择的决定性因素，成为企业战胜竞争对手的力量来源。这个"具有竞争效力"的焦点，构成了企业的经营与运营活动的核心，这就形成了所谓的聚焦战略。聚焦战略的含义为：企业的经营与运营活动，都应该围绕着品牌焦点展开。

【案例】⊕ 牙膏这种产品，是一种严重同质化的产品。在牙膏市场上，所有的牙膏品牌都有自己的特性，如防蛀、增白、清新口气、治疗作用、天然成分和先进技术……可供牙膏品牌使用的特性很多。但是，不会有品牌宣称同时拥有几种不同特性，甚至不会有品牌宣称同时拥有两种不同的特性。例如，Crest 注重防蛀效果，Aim 注重口味，Ultra Brite 注重增白，Close-Up 注重口气清新，Toms of Maine 主张天然成分，Mentadent 强调碳酸氢钠和过氧化氢漂白技术。在其他产品类别里，那些获得成功的品牌，同样都把焦点集中在一种简单独特的价值上，以形成占领人们心智的定位焦点。例如，富国银行（Wells Fargo）强调"快捷"这个概念，沃尔沃汽车拥有"安全"这个地位，李斯特灵漱口液（Listerine）宣传"杀菌"这种价值。几乎所有"成功且又成熟"的品牌，都会运用一个简洁的价值词语，强调一种简单的价值特性。因此，在实施聚焦战略之前，首先计划好使用哪种价值特性，然后再抢占消费者的心智空间。

大多数人认为应该借助市场调研，搞清楚消费者喜欢什么。一个值得注意的问题是，对于价值属性的选择，不应该轻信市场调研的结果。在市场调研过程中，消费者可能会说喜欢什么样的产品。但是，消费者不会说谁拥有这样的产品，不会说相信谁拥有这样的产品。这意味着，从消费者那里获得的价值焦点，可能早已被其他品牌所占有，己方品牌很难拥有同样的价值焦点。如果轻信了这样一种调研结果，那么后果可想而知。市场调研活动，当然应该为品牌抢占消费者的心智空间服务。市场调研活动的关键，在于搞清楚竞争品牌在人们心智里已经占据了什么地位，搞清楚己方品牌在人们心智里能够占据什么位置。在市场调研过程中，应该得到的重要信息，既不是消费者的喜好，又不是消费者的建议。真正具有战略价值的信息，是己方品牌以及竞争品牌在人们头脑里的印象与地位，是己方品牌以及竞争品牌在人们头脑里的优点与弱点。这就是说，首先要做到知己知彼——知道敌我双方的虚实，然后据此制定相应的品牌定位策略——选择有力、有效的价值焦点。

【案例】⊕ 在《买》一书中，作者讲述了一个关于汽车广告的实验。在各种汽车品牌的电视广告上，我们经常看到一种广告现象：各种品牌或者厂家的汽车，虽然存在着许多不同的地方，但是所有广告场景几乎都会出现惊人类似的一幕——似乎无人驾驶的崭新汽车，在沙漠中飞速疾驰，突然来了个急转弯，同时扬起一大片尘土——相同的急转弯、相同的转向、相同的沙漠、相同的尘土……这些汽车广告，在电视上经常播放。

为了验证这些广告的有效性，研究人员进行了一项关于品牌个性的实验。首先，实验人员录制了 60 条汽车品牌电视广告——这些电视上播出的广告，由 20 家汽车公司制作。然后，将这些广告片断制作成一个"蒙太奇式"的电影——将一个个的镜头组成一个小片段，再把一个个小片段组成一大片段，然后再把一个个大段组织成为一部电影。最后，观看这部广告电影，看看能否区分出广告中的汽车品牌——丰田（Toyota）、尼桑（Nissan）、本田（Honda）、奥迪（Audi）、斯巴鲁

（Subaru）……究竟存在着什么样的价值差异，究竟拥有什么样的品牌特性，让人们一眼就能够看出这是哪个汽车品牌。

实验结果怎样？十分令人沮丧。在看过广告电影之后，观众根本不能分辨出角色——广告中的汽车究竟是哪个品牌。这就是说，人们在观看了一段汽车广告之后，根本不能把里面的汽车与相应的品牌对号入座。这是一个十分令人沮丧的结果。但是，这又恰恰说明了一个问题：这些品牌及其广告，没有突出的品牌特性与焦点。电视广告的现状确实如此。对于一个品牌来说，这是十分危险的行动。这说明什么问题？品牌定位缺乏创意与个性，完全相互模仿，根本无法区分。最终，各个品牌都会成为失败者，因为观众根本无法分辨这些品牌。人们看过一个又一个汽车广告，结果人们唯一能记住的东西，只是一辆闪闪发光的无名汽车，以及沙漠里飞扬起来的尘土。

人们已经观看过无数广告。但是，人们记住了多少广告信息？什么因素能够决定：哪些信息会进入人们的意识空间？问题的关键在于：人们的大脑时刻不断地接触和过滤信息。其中一些信息会进入长期的记忆"存储区域"——简单来说，就是进入人们的记忆。但是，对于大脑来说，大多数信息无足轻重、杂乱无章，这些信息很快会进入大脑的"遗忘区域"。大脑处理信息的过程，就是一个瞬间的、无意识的过程，这个过程时刻都在进行着。

消费者为什么对某些品牌及其广告感兴趣？如果能够解开这个秘密，那么不仅可以改变广告业的未来，亦将彻底颠覆营销人的思维及行为方式。问题的答案与人们的大脑有关。营销人员必须清楚地意识到一个问题——人们大脑里的意识，为什么选择一个品牌，而不选择另一个品牌？哪些信息顺利通过了大脑的过滤器，哪些信息被大脑挡在了大门之外？这才是品牌塑造的真正秘密所在。

努力把信息武器削尖

【头脑】⊕信息的流量越来越大，信息的内容越来越多，消费者被迫从信息的包围之中突围出来。在信息越来越丰富的市场上，消费者接收的产品信息却越来越少。我们正处在一个"浅尝信息式购买决策"的时代（Sound Bite Decision Making）。在这片信息的汪洋中，人们只能"蜻蜓点水式"地获取零星的信息，然后再把获取的碎片整合起来，重新组织成某种知识，并按照头脑里的知识行事。这意味着，要为人们传递"一口之量"的信息。传递过多的信息，人们不但难以"品尝"，而且还会被全盘"抛弃"。因此，企业必须把用以占领人们头脑的信息武器削尖。这就是说，品牌所传递出的信息，必须要集中在一个"锐利"的尖点上，才能突破头脑的信息防御机制，进而在人们心智中占有一席之地。不但如此，品牌所传递出的信息，还要保持高度的一致，消费者才能拼出一幅清晰的品牌图像。为此，对于品牌所传递出去的信息，必须经过权衡和选择，必须做出取舍和牺牲，才能形成一个"锐利"的信息焦点，才能突破人们的头脑对信息构建起来的防线。

【定位】⊕ 要保持信息简洁，必须做出取舍与牺牲。取舍与牺牲价值，在于产生聚焦效应。如果没有"取舍与牺牲"，那么品牌就没有"聚焦与焦点"。如果没有"聚焦与焦点"，那么信息就不会"简洁与有力"。牺牲与聚焦，就像一枚硬币的两个面，本身就是一个统一体，两个方面具有同样的战略意义。从这个意义上看，所谓战略定位，首先不是确定"要做什么"，而是首先确定"不做什么"。对于一个品牌来说，牺牲意味着多层含义。(1) 从信息传播的角度上来看，品牌所传播的信息必须有所取舍——删掉"所有复杂而又难懂"的信息，删掉"容易使人产生歧义"的信息，删掉"与人们认知不一致"的信息，删掉"已被他人抢先占有"的信息，以此保持信息"简洁而又有效"。所谓"简洁而又有效"的信息，就是在人们的心智中代表独特价值概念的信息。(2) 从品牌概念的角度上来看，品牌所代表的概念必须有所取舍。在人们的心智中，一个品牌只能代表一种概念，一个品牌只能扮演一个角色。如果一个品牌代表多种概念、扮演多个角色，那么不但会引起信息传播的混乱，而且还会引起品牌价值的模糊。因此，品牌所扮演的角色必须有所取舍——放弃引起人们心智混乱的品牌角色，放弃不符合人们认知的品牌概念。（3）从运营活动的角度上来看，企业所从事的活动必须有所取舍。在市场竞争的过程中，品牌所扮演的角色是什么？品牌所扮演的角色是：市场竞争的基本作战单位。在市场竞争的过程中，企业要依靠品牌赢得营销战争的胜利。因此，企业必须围绕着品牌——这个基本作战单位——进行运营活动的安排与实施。这意味着：如果品牌的角色和概念需要做出取舍，那么企业的运营活动必须做出相应的取舍。事实上，牺牲意味着进行"多位一体"的取舍——运营活动的取舍、品牌概念的取舍、信息传播的取舍，而且要在内涵上保持紧密的一致性，从而形成一个强大的品牌焦点。在品牌成功的背后，隐藏着一系列战略取舍。战略取舍包含着多层面的取舍——市场取舍、业务取舍、运营取舍、产品取舍、品牌取舍、属性取舍。如果没有品牌背后的取舍，那么将很难形成品牌的价值焦点。反过来说，如果品牌想要拥有一个强大的价值焦点，那么就必须在各种层面上做出相应的取舍。值得注意的是，在进行取舍的过程中，不要忽视显而易见的东西。越是显而易见的东西，对于人们的头脑越显而易见，越具有在人们心智中定位的效力。

【案例】⊕ 1964 年，保时捷汽车公司推出了 Porsche 911 车型——市场上唯一车型独特的汽车——6 个汽缸、空气制冷、后置引擎。Porsche 911 获得成功后，保时捷公司自然开始进行产品线延伸：1975 年推出了 Porsche 924 车型，1977 年推出了 Porsche 928 车型，1981 年推出了 Porsche 944 车型，1991 年推车了 Porsche 968 车型。保时捷这个品牌一只脚踏上了多条船。保时捷汽车成为了什么样的汽车呢？发动机位置——或前置引擎，或后置引擎；制冷方式——或空气制冷，或水式制冷；汽缸数量——或 4 个汽缸，或 6 个汽缸，或 8 个汽缸；汽车价格——或廉价，或昂贵。保时捷汽车开始失去品牌焦点——变得越来越复杂，走得越来越遥远。

"保时捷"是什么?"保时捷"这个名称代表着一种昂贵的跑车。如果一个高价品牌推出低价产品,那么必然会带动便宜产品的销售。保时捷汽车适合这种情况。由于价格相对比较便宜,Porsche 924 型汽车和 944 型汽车受到了市场的热烈欢迎。1986 年,在美国汽车市场上,保时捷汽车公司的销量达到巅峰,总销售数量为 30000 辆,其中 64% 的销售来自便宜车型——924 车型、944 车型,27% 的销售来自核心车型——Porsche 911 车型,销售数量为 8000 辆。这样一种比例结构,实际上并不令人感到奇怪,如果购买一辆 Porsche 924S 型汽车仅花费 23910 美元,那么为什么还要花费 63295 美元购买一辆 Porsche 911 型汽车?

从长期的角度来看,保时捷这个品牌的核心价值必将遭受严重损害。保时捷汽车公司拥有充足的理由聚焦经营——集中经营 Porsche 911 型汽车。便宜不是保时捷汽车的特征。1992 年,保时捷汽车公司的销售数量大幅度下滑,亏损金额达到 1.33 亿美元,滑向濒临破产的边缘。1993 年,在美国汽车市场上,保时捷汽车销售量下降到了 3700 辆,市场损失十分惨重。问题出在哪里?问题的关键在于:保时捷汽车偏离了品牌在顾客心智里的概念——人们对 Porsche 911 车型的认可。保时捷汽车公司到底应该怎么办呢?保时捷这个品牌,应该回过头来重申原有的概念——回归 Porsche 911 车型。在品牌回归焦点之后,保时捷汽车公司从死亡线上挣脱了出来。今天,"保时捷"成为跑车品类的主导者。在美国跑车市场上,保时捷汽车的市场占有率已经超过 50%。

2003~2005 年北美市场销售数据

车型	2003 年			2004 年			2005 年		
	数量	增减	比例	数量	增减	比例	数量	增减	比例
911(996)	9935	+18%	33%	10227	+3%	31%	10653	+4%	31%
Boxster	6432	+38%	21%	3728	-42%	11%	8327	+123%	25%
Cayenne	13661	—	45%	19134	+40%	57%	14524	+24%	43%
合计	30028(+33%)			33289(+11%)			33859(+2%)		

2006~2008年北美市场销售数据

车型	2003年			2004年			2005年		
	数量	增减	比例	数量	增减	比例	数量	增减	比例
911（997）	12702	+19%	35%	13153	+4%	36%	8324	-37%	30%
Boxster	4850	-42%	14%	3904	-24%	11%	2982	-24%	11%
Cayman	7313	—	20%	6249	-17%	17%	3513	-44%	13%
Cayenne	11141	-23%	31%	13370	+20%	36%	12898	-4%	46%
合计	36095（+7%）			36680（+2%）			27717（-24%）		

2009年美国市场销售数据

车型	数量	增减	比例
911（997）	6839	-17.8%	35.00%
Boxster	1909	-36.0%	9.69%
Cayman	1966	-44.0%	9.98%
Panamera	1247	—	6.33%
Cayenne	7735	-31.0%	39.27%
合计	19696（-24.3%）		

保时捷公司似乎并未从过去的失败中吸取教训。情况刚开始好转，保时捷公司就又走回老路上——推出低价车型。不同的是，保时捷公司为低价车型取了"乳名"——Boxste、Cayman、Panamera。这些低价保时捷汽车，被人们称为"入门级"跑车。"保时捷"是什么？一种昂贵的跑车。"入门级"跑车不是真正的"保时捷"。因此，从销售数据上看，"入门级"跑车——Boxste、Cayman、Panamera，并没有受到人们的广泛欢迎。如果要购买一辆保时捷汽车，那么多数人还是愿意选择Porsche 911汽车。如今，保时捷这个品牌仍然需要继续聚焦。从销售数据上看，Porsche 911（跑车型汽车）以及Porsche Cayenne（SUV型汽车）所占销售比例超过70%。保时捷公司应该把焦点集中在这两种产品上。同时，Cayenne这个乳名应该转成正式名称，从保时捷这个品牌中脱离出来。这样，Porsche拥有了一个简单的概念——昂贵的跑车。Cayenne拥有一个简单的概念——昂贵的SUV汽车。

【案例】 德国大众汽车公司以生产紧凑的小型汽车著称。凭借一款丑陋不堪的小型汽车——甲壳虫（Beetle），大众汽车公司启动了美国小型汽车市场。1965年，在美国汽车市场上，大众汽车公司仅提供一种汽车——甲壳虫。在美国进口汽车市场上，甲壳虫汽车的市场份额达到了67%。在某一年中，甲壳虫汽车销售数量，超过排名第二位的进口汽车19倍。在汽车发展史上，甲壳虫汽车创造了销售奇迹——累计销售超过1500万辆，打破了福特T型车所创造的历史纪录。《战争论》（*On War*）的观点认为："集中优势兵力，这是战争的基本原则。不论在什么地方，这都是应该首先争取的原则、尽量争取的原则。"

在小型汽车上获得成功后，大众汽车公司信心倍增，决定生产大型汽车，推出多种大型汽车，如乘坐8人的大众汽车、四门411型大众汽车、412型大众汽车、娱乐型大众汽车——被称为"达舍"（Dasher）、吉普型大众汽车——被称为"这家伙"（The Thing）。从营销的角度上看，在同一个品牌名称之下，如果推出多种不同产品，那么无疑是在分散精力与兵力。大众汽车公司的局面太危险、防线太薄弱。

大众汽车公司试图说服消费者相信：大众汽车不仅能生产小型汽车——像甲壳虫一样的小型汽车，还可以生产大型汽车。在广告中，大众汽车公司说道：各种大众（Volkswagen）汽车，竭诚为大众（public）服务。大众汽车公司试图面向所有人，为所有人做所有事情。但是，大众汽车公司所生产的更长、更宽的汽车，从未获得过消费者的青睐。1993年，在美国汽车市场上，大众汽车公司的市场份额还不到3%。

在人们的心智里，大众这个品牌名称代表着小型、可靠、经济的汽车。假如重新推出新型"甲壳虫"汽车，那么大众公司可能会大获成功。因为在人们的观念里，大众汽车就是一种小型、安全、经济的汽车。大众汽车公司应该怎么办？应该回归到人们头脑里固有的观念上。这是因为，人们头脑里的观念不会轻易发生改变。

大众汽车公司又把甲壳虫汽车重新推向市场，人们又开始蜂拥而至。令人感到遗憾的是，大众汽车公司只能回归到甲壳虫汽车上，而无法重拾小型汽车这个概念。在大众汽车公司犯错误的时候，日本汽车公司——丰田、本田、尼桑，扛起了小型汽车的大旗，突破了大众汽车公司的薄弱防线。今天，大众这个品牌无法代表任何独特的东西。原因就在于：大众这个品牌，早已经失去了品牌焦点。

【案例】 2006年，大众汽车公司销售额达到1384亿美元，净利润为36亿美元，净利润率仅为2.6%。相比之下，保时捷汽车公司销售额仅为102亿美元。净利润为17亿美元，净利润率高达16.7%。几乎所有管理界人士都持有一个相同的观点，他们认为：世界上最难做的行业，就是汽车制造行业。那么，在汽车制造行业里，保时捷汽车公司为什么能够获利很高？

保时捷汽车公司为什么获取如此的成功？其中的关键在于：保持狭窄的产品线。在人们心智里，如果能够建立起具有代表性的品牌价值地位，那么无论在什么行业都能获得丰厚的回报。在汽车制造行业里，如果拥有一个简单清晰的品牌焦点，那么成功就会变得容易很多。对于大众汽车公司来说，如果能够聚焦于一个狭窄的产品领域，那么结果不会相差很多——相对于保时捷汽车公司，其获利能力不会相差太多。

凭借16.7%的净利润率，保时捷汽车公司足以跻身于最盈利企业之列，其获利水平能够与哪个世界级企业相媲美？可口可乐公司——净利润率为20.7%；宝洁公司——净利润率为13.5%；通用电气公司——净利润率为12.9%；IBM公司——净利润率为10.5%。保时捷汽车公司的获利水平，足以与这些世界级企业相媲美。

【结语】 头脑备受骚扰。对于定位来说，这意味着什么？要想突破人们头脑的防御机制，必须让品牌信息具有穿透力——保持品牌信息简洁。所谓简洁，就是指所传递的信息保持简短——一个简短的词或者一句简短的话，用一句话或者一个词来占领人们的心智空间。所谓有力，就是指所传递的信息保持清晰——所使用的话或者所使用的词，能够传递出"明确而又清晰的"价值概念，能够传递出"与产品相契合的"品牌内涵。这意味着：品牌价值概念，必须具有焦点，必须做出取舍。否则，便不能保持品牌信息的简洁与有力。这引出了两个重要的定位法则——聚焦法则与牺牲法则。

3.2　头脑十分有限

头脑记忆空间有限

【头脑】⊕人类心智记忆能力极其有限，只能记忆有限的信息。哈佛大学心理学教授乔治·阿米蒂奇·米勒（George Armitage Miller）是美国历史上伟大的认知心理学先驱。1956年，在《心理学评论》（*The Psychological Review*）杂志上，他公布了一个研究报告——《神奇的数字 7±2：我们的信息处理能力如此有限》（*The Magical Number Seven, Plus or Minus Two：Some Limits on Our Capacity for Processing Information*）。在认知心理学发展历史上，这篇文章具有里程碑式的意义。经过大量实验与研究，乔治·阿米蒂奇·米勒发现年轻人的记忆跨度很短，大约只有7个信息元素，这些单位元素被称为"块"。不管这些元素是数字、字母，还是单词以及其他内容，记忆跨度都不会超过7"块"信息。科学家进一步研究表明：信息"块"的跨度，取决于"块"的种类。例如，数字"块"的跨度一般为7，字母"块"的跨度一般为6，单词"块"的跨度一般为5。记忆"块"跨度的长短，还取决于"块"本身的特征。例如，短词汇的跨度更长，长词汇的跨度更短。1995年，在《英国心理学杂志》（*British Journal of Psychology*）上，休姆·查尔斯（Hulme Charles）、卢登瑞斯·斯蒂芬（Roodenrys Steven）、布朗·戈登（Brown Gordon）、默瑟·罗宾（Mercer Robin）联合发表一篇文章——《长时记忆在记忆广度中的任务》（*The role of long-term memory mechanisms in memory span*）。这篇文章认为，在一般情况下，口头记忆内容——如字母、数字、单词，记忆"块"跨度的长短，取决于大声朗读这些内容花费的时间（次数），以及这些词汇的地位——朗读内容包含的词汇是否已经为朗读者所熟知。其他一些因素——如情感、兴趣、经历、新闻……同样会对记忆"块"的跨度产生影响。由此可见，头脑对信息记忆的跨度值，不会限定在某一数值上。2001年，在《大脑与行为科学》（*Behavioral and Brain Sciences*）上，纳尔逊·科安（Nelson Cowan）发表了一篇研究文章——《短时记忆里的神奇数字4：再议心智记忆存储能力》（*Magical number four in short-term memory：A reconsideration of mental storage capacity*）。这篇文章认为，年轻人的工作记忆能力达不到7个信息"块"的跨度，其跨度一般仅为4个组块，儿童和老人则会更低。

【定位】⊕ 在一个产品类别里，人们不能存储超过7±2个品牌信息。由于个体能力上的差异，或者由于个体兴趣上的差异，人们对品牌的记忆数量，会出现上下浮动的现象。在一般情况下，这个浮动范围不会超过±2个单位。在大多数情况下，在同一个产品类别里面，人们对品牌信息的存储记忆，不会存储超过4个信息单位。这意味着：头脑对品牌信息的存储记忆，实际数量可能十分有限，达不到理想的平均值。一个品牌想要获得成功，必须挤入非常有限的头脑记忆空间——在人们有限的头脑空间里，品牌必须争得一个容身之地。一个处在竞争格局里的品牌，必须面对这个极其现实的营销问题。在7±2这个记忆范围之内，抑或在一个更加狭窄的记忆范围之内，一个处在博弈格局里的品牌，在人们头脑的记忆空间里，究竟能够排在第几位？抑或根本排不上位置？品牌在人们心智里的价值地位，决定着品牌在市场上的竞争地位。定位策略与方法的终极目标是：挤进人们极其有限的头脑记忆空间。这就是说，要在人们有限的心智空间里，让品牌拥有一个简洁的价值概念，使品牌占据一个有力的竞争地位。

【案例】⊕ 在美国瓶装水市场上，大约存在着几百种矿泉水品牌——从"大巨头"到"小厂商"，品牌数量数不胜数。一个叫做"春天守护神山泉水"（Keeper Springs Mountain Spring Water）的品牌，拥有一种引人关注的差异性价值——没有利润。"春天守护神"隶属于"云之泪公司"（Tear of the Clouds）——这是一家环保组织，致力于为"清洁被污染水道的事业"筹集资金。

"春天守护神山泉水"的品牌区分创意，呈现在矿泉水的瓶子上面——所有的利润将全部用于环境保护。"云之泪公司"带着一种奇妙的构想，推出了"春天守护神山泉水"——你只需要喝上一口，你对环境的贡献就会大于多数政治家。品牌广告代理公司的总裁说："我们有一个非常明确的差异点，我们认为应该全力推广。"这个创意很好！把利润都用来做好事，不失为一个独特的品牌主张，而且肯定不会招来太多的模仿跟随者。

头脑信息选择机制

【头脑】⊕ 头脑对信息的处理能力，在生理上具有先天的局限性，不能处理无限的信息。人们的头脑既没有足够的知识处理过多的信息，又没有足够的经验处理过多的信息。头脑对信息的处理过程由四个主要环节构成——注意、接收、扭曲、保留。这个过程及其环节具有高度的内容选择性。头脑不会"注意"、"接收"、"处理"、"保留"所有新信息，而是对新信息进行选择性的加工和处理。头脑运用自身"内在"的防御筛选机制，决定"注意"、"接收"、"加工"、"保留"什么样的新信息。在处理信息的过程中，头脑把"新信息"与"老信息"进行对比，然后决定"拒绝"、"接受"、"改造"、"保留"哪些新信息。如果新信息"符合"、"支持"或者"增强"既有的"老观念"，那么新信息会被"加入到"既有的"老观念"里面。如果新信息"不符合"、"不支持"或者"不增强"既有的"老观念"，那么头脑就会做出判断性选择——要么"拒绝"接受新信息，要么以新信息"替代"老信息。

【定位】⊕ 不要在产品本身上寻找解决问题的办法，不要在自己头脑里寻找解决问题的办法,要在潜在顾客头脑里寻找解决问题的办法。如果要想"进入并占领"人们的头脑空间,在人们头脑里建立一个"强大又独特"的价值概念,那么首要任务不是忙着向顾客传递信息,而是认真地对待顾客头脑里"已有的老观念"。定位,首先应该从人们的头脑开始,首先应该搞清人们头脑的状况。(1)人们的头脑里有什么观念,人们的头脑里没有什么观念。(2)人们的心智愿意接受什么观念,人们的心智不愿意接受什么观念。(3)己方品牌在人们的头脑里占据了什么样的位置,竞争品牌在人们的头脑里又占据什么样位置。这就是说,首先要弄清人们头脑里的心智地图,找到进入人们头脑的路径与策略,然后再采取攻占人心的营销行动。否则,一味乱闯乱撞,人们的头脑就会"说不"。

【案例】⊕ 在可乐饮料生产企业中,像许多其他可乐生产企业一样,百事可乐公司曾经只是一个"小不点儿"。不但如此,百事可乐公司多次面临生存危机,多次主动邀请可口可乐公司,请求对其进行收购。但是,百事可乐公司主动发出的邀请都遭到了拒绝。直到1961年,百事可乐公司终于找到了自己的进攻路径。耐人寻味的是,百事可乐所找到的进攻路线,不是来自于自己头脑中的想法,而是来自于人们心智中的观念。或者说,百事可乐在消费者的心智中找到了攻击点——可口可乐强势里固有的弱势。

经过对消费者心智认知进行调查,百事可乐公司发现:在人们的心智中,可口可乐是可乐饮料的发明者,因而代表着正宗的经典可乐饮料。但是,在人们的心智中,可口可乐的形象过于正统,比较守旧,且又有些傲慢。百事可乐则恰恰相反。在人们的心智中,百事可乐更加具有朝气,具有挑战精神。但是,人们同时还认为:百事可乐显得不那么稳重,给人感觉不那么成熟。于是,针对可口可乐——针对领先者在人们心智里的强势地位,以及这种强势地位里面的固有弱点,百事可乐找到了自己独特的战术视角——百事可乐将自己定位为"年轻人的可乐"。

百事可乐抓住"新一代的选择"这个视角,展开了自己的营销攻势。沿着"年轻人的可乐"这个方向，百事可乐发动了一场营销攻心战。结果，百事可乐取得了辉煌的战果，甚至一度超越了可口可乐。可口可乐公司被百事可乐逼得慌不择路，反过来追随百事可乐。可口可乐公司放弃了经典的可口可乐，推出了新可乐。结果如何？消费者一点儿都不买账，纷纷表达了强烈的不满与抗议——新可乐改变了美国的象征。

利用信息选择机制

【头脑】⊕ 人们头脑的信息接收机制，表现出了明显的"顺受逆拒"特征。凡是与人们观念相冲突的新信息，一般都会被人们的头脑"过滤掉"。凡是与人们观念相违背的新信息，一般都会被人们的头脑"筛选掉"。凡是与人们观念相一致的新信息，一般都会被人们的头脑"所接受"。凡是与人们观念相符合的新信息，一般都会被人们的头脑"所吸收"。在大多数情况下，新信息传递都会遭遇失败。关键原因在于：传递者所传递出来的新信息，无法与接收者头脑里的信息系统"相互对接"，无法与接收者头脑里的经验领域"取得一致"。简单来说，如果新信息"对不上"人们头脑里既有的观念，那么新信息将遭遇"被拒绝"的失败命运。对于头脑里尚没有认知概念（心智空白）的新信息，在获得相关证据支持的基础上，抑或在一致性强化传播的基础之上，人们的头脑会逐步接受新信息。对于与头脑观念不完全一致的新信息，在经过某种程度的修正（扭曲加工）基础上，与头脑里的既有认知相吻合，头脑便会接受新信息。否则，意味着新信息传播失败。有鉴于此，首先必须关注接收者认知领域——经验、观念、知识、兴趣、情感、空白，然后才能确定传播者的策略——内容、方式、时机、场合、渠道。

【定位】⊕ 营销者经常犯原则性错误——营销者主观主义错误。

对于营销者来说，正确的方向与态度，应该是坚持消费者主观主义。这个意思是说，应该从消费者头脑里的观念出发，不应该从营销者头脑里的想法出发。这样，可以尽量避免与顾客的认知相冲突。同时，可以从顾客的头脑里找到营销的出发点——竞争视角。要想突破人们头脑的防御机制，营销人员必须学会逆向思考问题：首先研究"接收者"那一头，然后研究"传播者"这一头。首先考虑"接收者"那一头，然后考虑"传播者"这一头。首先关注"接收者"那一头，然后构思"传播者"这一头。关键原因在于：仅从"传播者"这一端出发的营销方案，根本不会起到什么营销作用。要想使营销传播方案发挥作用，必须先从"接受者"这一端开始寻找线索。定位的策略应该源自顾客心智，然后又回归顾客心智。如果营销人员真把顾客放在第一位，那么就不应该违背顾客头脑里的意志。营销者不是要试图改变顾客头脑里的观念，而是应该试图遵循顾客头脑里的观念。令人感到遗憾的是，营销者的想法总是与消费者的想法相冲突。问题的根源在于：营销者不顾消费者头脑里的想法，独自构思自己头脑里的想法。营销者往往制定自己认为合适的策略方案，而不是消费者能够接受的传播方案。不幸的是，在营销信息传递出去之后，大部分遭到消费者的拒绝，消散在消费者的心智大门之外。在许多时候，这样做还会产生"严重而又隐蔽"的副作用。

【案例】⊕百事可乐的定位策略——"新一代的选择"，对可口可乐产生了强大的攻击效果。可口可乐公司慌了手脚，动摇了对可口可乐的信心。可口可乐公司认为：可口可乐过时了，人们需要一种新可乐（New Coke）。于是，可口可乐公司开始研发新可乐。为了确保新可乐万无一失，可口可乐公司进行了有史以来最大规模的饮料测试——在美国13个城市191000人身上测试了新产品。测试结果显示，与可口可乐相比，超过55%的测试者表示，新可乐的味道更好。由此看来，新可乐确实万无一失。

1985年4月，新可乐轰轰烈烈地推向市场。在24小时之内，绝大多数美国人知道了这个消息——新可乐。结果如何？一开始就显得情况不妙。新可乐在摆上货架 4 小时之内，可口可乐公司接到了 650 个投诉电话。到 1985 年 5 月中旬，顾客投诉频率上升到 5000 次／天。在此期间，可口可乐公司收到大约 40000 封消费者批评信。大多数人反对新可乐——人们认为新可乐改变了美国的象征。可口可乐忠实的消费者，开始储存可口可乐，可口可乐的价格一路上升。在一封典型的投诉信里，一位消费者这样说道：我很高兴认识你。35 年来，你是我大部分时间里的朋友。说实话，如果我当初喜欢百事可乐，那么我就会购买百事可乐，而不会购买可口可乐。

到了 1985 年 6 月份，与可口可乐相比，选择新可乐的消费者大幅度下降了 30%。1985 年 7 月 11 日，可口可乐公司做出决定，重新开始出售老产品——经典可口可乐。这一举动如此重要，以至于美国广播公司（ABC）中断了电视节目，插播可口可乐的新闻。可口可乐公司由于获得了很高的媒体曝光率，引起了支持"老产品"的浪潮。许多人甚至认为，"新可乐"事件演变为一场公共关系的胜利。在"新可乐"事件的背后，隐藏着一个很少为人所知的结果——1985 年，可口可乐产品销售增长了 10%，销售利润增长了 9%。

新闻对记忆的影响

【头脑】 罗珀·斯塔奇环球公司（Roper Starch Worldwide）长期研究新闻与记忆的关系，所得出的结论是：人们对具有新闻性质的标题记忆深刻。具有新闻性质的标题，胜过那些不具有新闻性质的标题。新闻信息的吸引力在于"不知道与想知道"。新闻意味着"人们不知道的东西，或者人们想知道的东西"。对于不知道的东西，人们总是充满好奇心。如果人们认为正在传达重要信息，那么人们就会睁大眼睛、竖起耳朵、全神贯注，聆听所要传达的信息。人们头脑的信息防御机制，对新闻信息实行宽松政策。在大多数情况下，对于新闻性质的信息，头脑更愿意开放进入通道。对于人们的心智来说，新闻性质的信息具有特殊效力——更加具有公信力与穿透力，更加具有可信度与精准度。原因是：人们往往把新闻当成可靠的信息来源，人们往往把新闻视为客观的事实证据。

【定位】⊕对于"构建品牌价值地位"来说，新闻性信息的传播价值，远远大于广告信息的价值。对于"打造一个优势品牌"来说，新闻报道所发挥的作用，远远胜过广告宣传的作用。广告的特点是：操作十分简单，攻击效度较低，可以大量运用。广告这种传播武器，犹如空投没有制导装置的炸弹——先飞到预定目标上空，再投下大量炸弹。新闻的特点是：操控技术较高，进攻效果较好，运用时机有限。新闻这种信息传播工具，更像是一枚激光制导炸弹。对于"打造一个优势品牌"来说，公共报道的方式——具有新闻性质与意义，相对于"广告轰炸的方式"而言，更加具有威力和效力。从传播效果的角度看，"新闻信息"远远优于"广告信息"。对于"构建品牌价值地位"来说，企业应尽量运用新闻报道手段，努力避免广告轰炸方式。

【案例】⊕奎因比亚克大学（Quinnipiac）位于美国康涅狄格州（State of Connecticut）汉姆顿镇（Hamden），是一所小型私立高等教育学校。奎因比亚克这个名字很不好记，读起来还比较费劲。可是，从1992年到2002年的10年间，奎因比亚克大学的学生规模，从1900人增长到了6000人，年度收入预算几乎翻了5倍，预算金额达到了1.15亿美元。问题是：在大学招生不断下降的背景下，奎因比亚克大学如何会有这样的表现？答案是：奎因比亚克调查。

1987年，约翰·莱希（John Lahey）担任校长职务。他认为，尽管奎因比亚克大学历史悠久、表现优秀，但是仍然需要用某种公共宣传进行品牌传播。因此，奎因比亚克大学推出了"奎因比亚克调查"。这项调查活动的内容，主要是地区性选举和国家性的选举，以及其他社会热点问题。然后，在各种新闻媒体上，奎因比亚克大肆宣传调查结果。在10年的时间里，奎因比亚克大学2500次出现在新闻报道里。2000年，该学校开展了44项"奎因比亚克调查",总计花掉了43万美元。不但如此,"奎因比亚克调查"总是力图抓住热点事件,进行深入的追踪调查。例如,在2000年,希拉里·克林顿(Hillary Clinton)竞选参议员,奎因比亚对其展开的调查活动高达15次,在全年44项调查活动中占了34%。

如果仅做一次新闻调查,可能不会起到什么作用。但是,如果一年做44次调查,不会不起任何作用。如果经常在新闻报道里出现,那么将起到有效的传播作用。正是由于这种原因,奎因比亚克大学这个名字列入了学生、家长和升学指导顾问的考虑范围。奎因比亚克大学的宣传效果来自两个方面。第一个方面,一年内频繁地进行各种调查,频繁地出现在新闻媒体之中。第二个方面,年复一年地进行持续调查,年复一年地出现在人们的视野里。2500次出现在新闻报道里,与任何广告相比都更加有效。正是这个原因,奎因比亚克大学这个品牌名称,深深地印在了人们的心智里。

【案例】 在美国社会,如果提到性感广告的诞生,那么人们马上会联想到CK这个品牌——美国第一大设计师品牌。1968年,服装设计师卡尔文·克莱恩(Calvin Klein)用自己的名字创建了一家企业——卡尔文·克莱恩公司(Calvin Klein)。该公司拥有三大时装品牌——Calvin Klein(高级时装)、CK Calvin Klein(高级成衣)、Calvin Klein Jeans(牛仔时装)。除此以外,Calvin Klein还经营袜子、内衣、睡衣、泳衣、香水、眼镜、手表、休闲服装、家饰用品。从20世纪70年代开始,Calvin Klein采用独特的营销手法,从现代角度重新诠释牛仔裤、内衣裤的含义。Calvin Klein采用全裸或者半裸的模特,不断挑逗着观众的视觉。从此,CK这个时装品牌掀起一阵性感风潮,并与性感画上了等号。

20世纪70年代后期,Calvin Klein推出全新的牛仔装系列,波姬·小丝(Brooke Shields)全裸代言CK牛仔裤。在电视广告上,波姬·小丝以性暗示的方式,宣传CK品牌牛仔裤——"我与我的CK之间没有距离"。由于广告涉及对性行为的暗示，CK 牛仔裤的月销量达到了 200 万条。1982 年，Calvin Klein 推出 CK 内衣系列，又以极具魅惑形象的广告，将内衣从日常生活用品推向众人追求的时尚舞台。从此，"CK" 这个品牌与"性诱惑"紧密联系在一起，二者似乎成了同义词。"性诱惑"这个概念，成为 CK 品牌的核心营销策略。CK 这个品牌保持着一贯的广告风格——一个大眼睛长睫毛的女孩，一个身材健硕的少年；一对半裸的年轻情侣，带着颓废的面部表情；少年穿着蓝色的拳击短裤，挑逗着一个妙龄少女……在 CK 品牌的广告中，身材苗条、胸部丰满的女模特以及年轻潇洒、俊朗坚韧的男模特，创造了巨大的媒介感官效应。

在 CK 品牌的性感之路上，始终伴随着新闻的抨击——带有挑逗性的广告，引起了社会公愤。新闻媒体、公众组织、社会名人纷纷开始进行反击。《新闻周刊》(Newsweek)、《时代周刊》(Time)、《人物周刊》(People) 以及其他杂志纷纷进行批评报道。哥伦比亚广播公司（CBS）、美国国家广播公司（NBC）撤销了波姬·小丝的广告，以表达对性暗示广告的抗议。女性反色情组织（Women against Pornography）强烈反对性暗示广告。美国女权运动的先驱——格洛丽亚·斯泰娜姆（Gloria Steinem）指出，性暗示广告的危害，超过了暴力和色情本身。但是，媒体集体反对的呼声，并没有对 CK 品牌造成影响。效果恰恰相反，CK 品牌牛仔裤销售快速增长。例如，在 Bloomingdale's 百货公司，CK 品牌牛仔裤销量猛增，占所有品牌牛仔裤销量的 70%。

1995 年，Calvin Klein 公司放手一搏，推出了突破性的广告。广告场景完全模仿 20 世纪 70 年代低成本色情电影——在一家廉价汽车旅馆的小木屋里，摇晃的镜头、昏弱的灯光、模糊的画面……伴随着广告画面，一个男性声音从画面外传来，毫无遮掩地询问广告少女——喜欢自己的身体吗？有过在镜头前做爱的经历吗？美国公众被彻底"唤醒"了。美国家庭联合会（Amencan Family Association）给各大零售商写了一封恳切的请求信，希望不要在商店里出售 CK 品牌的服装。美国司法部立案调查 Calvin Klein 公司是否违反了儿童色情法案。为了对外界的强烈抗议做出回应，Calvin Klein 公司否认所有关于色情的控告。Calvin Klein 公司声明，广告内容与色情无关——在普通的场景中，普通人都具备的外在美和内在美。最终，Calvin Klein 公司中止了这些广告。但是，在此之前的争论，为 CK 这个品牌制造了新闻——这简直是免费的宣传造势。

从此之后，CK 牛仔裤的设计师，不断地把牛仔裤尺度"发展到极限"。在新款牛仔裤的设计上，臀部位置采用了特殊的裁剪工艺。为了强调胯部和臀部的曲线，臀部前面和后面的接缝处都提高了。不过，这样做确实有效。这款牛仔裤很快又成为了"年度抢手货"。1999 年，CK 在很多杂志上刊登了整版广告——两个五六岁的男孩，围着沙发跑来跑去，身上只穿了 CK 内裤。不出所料，这个广告又引出了新一轮反色情组织、儿童权利维护者以及广大民众的反对声音。Calvin Klein 公司声明，广告内容与色情无关——一张很普通的家庭照片，抓拍的景象充满温情。一天之后，Calvin Klein 公开宣布撤销这个广告。许多观察者发现，Calvin Klein 被禁播的性感广告，无非是吸引消费者关注的伎俩。Calvin Klein 公司屡次回应抗议，不断撤销性暗示广告的行为，不过是一种公关策略，就像"禁读书"一定会成为"必读书"一样。借助对性感广告抨击的新闻，在 20 世纪七八十年代，CK 品牌迅速发展，其蓝色牛仔裤无处不在。

【案例】⊕ 2002 年，CK 的"重量级对手"——盖普（Gap）攻势凶猛，CK 被迫将业务出售给服装业巨头——PVH（Phillips Van Heusen）。从某种意义上看，多元经营必然会导致这种结果。对于 CK 品牌牛仔裤来说，性感应该是一个不错的概念。但是，对于许多产品来说，性感可能是一个糟糕的概念。如果 CK 这个品牌代表性感，那么就应该停留在可以性感的产品上。如果 CK 这个品牌坚持性感，将性感集中在牛仔裤一种产品上，那么盖普（Gap）的进攻就不会产生很大威胁。但是，竞争品牌学会了 CK 的方法——采用性感广告策略。这些品牌发现："公众舆论"比"性感因素"本身还要有效。有些服装品牌已经深谙此道，利用性暗示制造的轰动效应，甚至比 CK 这个品牌还要成功。

2003 年，A&F（Abercrombie & Fitch）——在美国青少年心目中极富影响力的流行服饰品牌，推出了一个"年末产品目录"——极具挑逗性、带有软性色情因素，遭到了"保护儿童和家庭国家联合会"（National Coalition for the Protection of Children and Families）的强烈抵制。为此，A&F 这个品牌还登上了美国老牌新闻节目——《60 分钟》（60 Minutes）。

D&G（Dolce & Gabbana）是一个美国豪华服装品牌，以独特的服装设计和高水平的剪裁而著称。在一则印刷广告中，D&G 采用了一幅类似轮奸的画面。西班牙、意大利以及美国的女性纷纷表示抗议。为此，D&G 遭受了一些损失。这个品牌的性暗示广告，或许会让消费者暂时避而远之。但是，广告本身所具有的"侵犯性"，却带来了惊人的传播价值，让人们过目难忘。

AA（American Apparel）——美国服饰公司——推出了一则挑逗性的广告。一群看起来未成年的模特，摆出极具挑逗性的姿势。在广告画面上，广告模特张开了双腿，穿着不同程度的暴露服装。结果一如既往——引发了媒体的批评与争论。从 2005 年开始，AA 遭到了来自各方的舆论轰炸。媒体评论认为，AA 是在鼓励强奸行为。AA 遭受强烈指责——贬低女性、宣扬色情。但是，AA 品牌获得了前所未有的成功。2006 年，AA 在 11 个国家开了 151 间专卖店，总销售额达到了 3 亿美元。

借助性挑逗内容的广告，一些品牌获得了销售的成功。那么，其成功是否应该归功于广告内容？或者说，"性暗示"带来了销售增长，还是"性争议"带来了销售增长？这是一个耐人寻味的问题。种种证据表明，"性争议"促成了品牌的成功。当然，性是人类本能的反应，同时也是一种强大的力量，但是，在大多数情况下，"性暗示"造成的媒体宣传影响力，比"性内容"本身还要有效。"性暗示"与"性争议"，本身具有不可分割的联系。如果要问什么因素真正影响了人们的购买行为，那么"性争议"的作用比"性暗示"要大得多。"性暗示"仅仅意味着一种广告。当品牌不断重复这种广告的时候，人们不会感觉有什么特别之处。"性争议"则意味着一种新闻。当新闻不断出现的时候，品牌角色和概念被不断放大，原先的广告变成了一种事实。这就是新闻的推波助澜作用。

兴趣对记忆的影响

【头脑】在许多时候，学习不过是人们对感兴趣的事情进行记忆。意大利文艺复兴时期的科学家和艺术家——列奥纳多·达·芬奇（Leonardo di ser Piero Da Vinci）明确指出了兴趣与记忆的关系。在违背自己意愿的情况下，人们吃东西会损害身体。同样，在毫无兴趣的情况下，学习会损害身体。因为这样会破坏记忆力，头脑里不会留下任何所接受的东西。在大多数情况下，兴趣决定了人们的行为选择。人们头脑里的兴趣，决定了人们想要看到什么，决定了人们想要听到什么。人们只能看到自己想看到的东西，人们只能听到自己想听到的东西。

【定位】罗珀·斯塔奇环球公司曾经花费多年的时间，调查消费兴趣与产品记忆的关系。调查数据显示，对于产品信息的记忆，与人们的兴趣成正比关系。产品信息在头脑里的保存状况，取决于人们对产品类别的兴趣。如果人们对一个产品类别提不起兴趣，那么人们就记不住品类里的品牌名称。当然，对于产品或者品牌的广告，人们同样不会产生兴趣。对于"不被感兴趣"产品，人们头脑所能容纳的品牌信息数量更少。或者说，人们头脑所能拥有的品牌阶梯层级更少。对于"低兴趣度"产品，营销者更要努力寻找消费者的兴趣点——寻找一个独特的概念，或者寻找一种独特的价值，把己方品牌从同类产品里面突出出来。

【案例】 英格伍德医院与医疗中心（Englewood Hospital and Medica Center）位于美国新泽西州（New Jersey）。该医疗机构找到了一种办法，使得自己能够区别于周围的 82 家医院——分布在美国新泽西州（New Jersey），以及新泽西州（New Jersey）、特拉华州（Delaware）、宾夕法尼亚州（Pennsylvania）三个州交界的区域里。英格伍德医院与医疗中心开创了一种"不失血"的手术技术。这种"不失血"的手术技术始于为耶和华见证会（Jehovah's Witness）成员所提供的服务。19 世纪后期，查尔斯·泰兹·罗素（Charles Taze Russell）在美国创立的一个基督教教派——耶和华见证会。他们认为"世界末日"即将到来，主张人与上帝的感应交流。由于宗教信仰原因，这个教派的人士拒绝输血。

当"不失血"手术技术和流程开发出来之后，宣传这个特性不仅吸引到了目标人群——"耶和华见证会"的成员，还吸引了更广泛的普通人群。谁想失血呢？"不失血"手术有很多其他优势，对免疫系统的压力更小，所以病人在手术后恢复更快。此外，"不失血"手术降低了感染发生的几率。在许多时候，产品及其品牌必须开创出一种特性，以让人们对其产生兴趣。

"不失血"手术技术的开创，产生了一个有力的差异化概念——因为人们认为这种手术方法有很大不同。英格伍德医院和医疗中心成为"不失血"手术技术的领导者。来自美国 30 个州和 20 多个国家的 2 万多名病人，在英格伍德医院和医疗中心接受了治疗。英格伍德医院与医疗中心的 200 多位医生接受了"不失血医疗和手术流程"的培训。然后，这些医生再去培训美国各地的其他医生。此外，英格伍德医院和医疗中心还发起了"为了妇女健康而不失血治疗"论坛，900 多人参加了这个论坛。

【案例】 2002 年 6 月，《流行偶像》（Pop Idol）——英国最受欢迎的电视节目之一，横渡大西洋进军美国电视节目市场——名称改为

《美国偶像》（American Idol）。这个电视直播节目在美国一举获得播出成功，成为美国最受欢迎的晚间电视节目之一。这个电视节目的制作过程，就像一场选拔比赛。在节目最初的几个星期，电视节目制作人员和工作人员在整个美国选拔有潜力的参赛歌手。然后，由三位节目评委选出 24 位最终参赛者。《美国偶像》节目的观众，可以拨打语音电话，或者发送手机短信，为自己支持的选手投票。节目选拔赛规则十分简单，一周淘汰一位得票最低的选手。最终，唯一剩下的参赛选手，就成为本期"美国偶像"。在中国大陆，中央电视台（CCTV）引入了这个节目，节目名称改为《星光大道》。

企业经常搞一些赞助活动，借此传播己方的品牌信息。那么，电视广告与赞助活动，二者之间有什么区别？关键区别在于：单纯的电视广告，很难引起人们的兴趣与关注。赞助人们感兴趣的活动，可以借助人们对活动本身的兴趣，提高品牌的传播效果——增强人们对品牌的印象与记忆。那么，赞助活动的效果，是否真的优于电视广告？《美国偶像》主要有三个节目赞助商——可口可乐、辛格勒无线（Cingular Wireless）、福特汽车。这三家企业一样，一年支付大约 2600 万美元赞助费。在这个节目的播放过程中，赞助商及其品牌可以插播 30 秒钟电视广告，或者融入电视节目过程中。

（1）在整个节目过程中，可口可乐通过多种形式，如插播传统广告、运用图像暗示，尽量让品牌出现在节目过程之中。在整个节目过程 60% 的时间里，可口可乐保持着曝光状态。例如，在三位节目评委面前，摆着美国标志性的饮料——可口可乐。节目评委及参赛者坐的椅子或者沙发，外围轮廓都设计成可口可乐饮料瓶的形状。在选拔前后，参赛者都会进入到一个房间，房间四壁涂满了红色油漆——像可口可乐的颜色一样。当然，可口可乐还插播了 30 秒钟传统标准广告。

（2）辛格勒无线，多次出现在节目播出过程之中。节目主持人多次提醒观众，通过辛格勒无线，观众可以发送手机短信，为自己支持的参赛者投票。辛格勒无线——观众唯一可选的短信投票方式，来自其他移动通讯公司的投票短信，将一律被视为无效。这就意味着：要么花钱打电话投票，要么就永远保持沉默。辛格勒无线的品牌标识——像一只猫爪子一样的印记，显示在电视屏幕上——添加在语音电话接听号码之前，以及手机短信接收号码之前。2006年，辛格勒无线宣布，为手机用户提供歌曲铃声下载——在比赛中出现的歌曲被制作成铃声，下载一次收费2.95美元。同样，辛格勒无线插播了30秒钟传统标准广告。

（3）在整个节目过程之中，福特汽车品牌曝光频率最低。福特汽车花费2600万美元的赞助费，仅仅购买了一个传统的30秒广告时段。2000年，福特汽车雇用泰勒·希克斯（Taylor Hicks）——第5期"美国偶像"，为电视台和广播台录制了一首歌曲——《可能性》（*Possibility*），用于年终促销推广活动。在第6期节目里，福特汽车创作了一支MTV——福特汽车出现在录像里，在插播广告时段进行播放。除此以外，福特汽车还参与了《美国偶像》的官方网站活动，合作举办了为期一周的彩票抽奖推广活动。

从某种意义上看，植入在电视节目中的广告，是为了对抗目前流行的新技术——如TiVo（一种数字录像设备，能够帮助人们非常方便地录制和筛选电视上播放过的节目，能够帮助观众跳过电视广告，以收看自己喜欢的节目而不被中途打断）。从本质上来说，对电视节目进行赞助，只是想让人们知道——隐藏、躲避、快进或中途上厕所，这些方法全部徒劳无用，广告在电视节目中无孔不入。这种"广告骚扰"说明了什么？人们对广告本身不感兴趣，对广告产生了本能的排斥。所以，企业开始转变广告方式，寻找人们感兴趣的载体。企业借助这些载体，传递品牌广告信息。那么，在观看电视节目的过程中，人们的头脑能否分辨出广告信息与节目本身？简单一点来说，在观看电视节目的时候，人们能不能剔除广告信息，人们能不能屏蔽广告信息？不能。兴趣打开了大脑所有的闸门。

【案例】⊕《美国偶像》节目中，所植入的广告效果如何？所有经过周密策划、精心植入的产品广告，是否能够渗入人们的长期记忆，并给人们留下长久的印象吗？对于这个问题，大脑研究实验将给出答案。

(1) 实验测试技术。通过 SST 技术装备，可以及时测量出大脑的实时反应。SST 技术能够揭示出：在大脑不同部位之间，如何进行相互联系。例如：①情感投入——人们对观看内容的兴趣程度；②记忆活动——哪个部分的广告内容能够渗透到长期记忆里；③趋避倾向——哪些内容能够吸引人们的注意，哪些内容令人们感到厌恶。当人们观看电视广告和节目的时候，或者接受任何一种视觉刺激的时候，SST 技术装备成为实时检测大脑活动的理想方式。那么，在观看《美国偶像》节目的过程中，SST 技术装备能够检测到观众对广告的哪些反应？针对《美国偶像》节目里的广告，研究人员对 400 名实验志愿者进行了测试。测试目标是：对于节目中出现过的品牌，实验对象能否记住？对于没有在节目里出现过的品牌，实验对象记忆如何？

(2) 广告测试方法。第一步：参加测试的实验对象，连续观看 20 个品牌标识，一个标识出现几秒钟的时间。20 个品牌标识分为两类：第一类，在节目广告时段曾经插播过广告的品牌标识，如可口可乐、福特汽车、辛格勒无线，这些品牌被称为"标记品牌"；第二类，在节目播出过程中没有出现过的品牌标识，如芬达汽水（Fanta）、eBay 网站、为力众电信（Verizon）、塔吉特百货（Target），这些品牌被称为"非标记品牌"。第二步：参加测试的实验对象，首先观看了一段"特别版"《美国偶像》——节目时间长达 20 分钟，然后观看一段其他内容的电视节目，作为验证测试结果有效性的基准参考点。在实验对象看完两个节目之后，以相同的顺序连续观看三遍。

(3) 测试结果之一。在节目播放前的测试中，《美国偶像》节目赞助商——福特汽车、辛格勒无线、可口可乐——产品无论在节目里出现得多么频繁，实验对象对这些产品的记忆，并未多过其他随机选择的产品。这就是说，"标记品牌"和"非标记品牌"在节目之外的广告中打了个平手。在观看过两个节目之后，实验对象对于"标记品牌"的印象表现得更深刻。不仅如此，"标记品牌"还表现出了强大的排他性效果，禁止了人们想起那些"非标记品牌"。换而言之，在看完两个节目之后，实验对象对于"标记品牌"的记忆，远远大于"非标记品牌"，即人们对可口可乐、辛格勒无线的记忆程度，远远高于对百事可乐、为立众电信等品牌的记忆程度。

（4）测试结果之二。人们对广告的记忆度，显示出了明显的差别。可口可乐的广告效果最佳，辛格勒无线的广告效果居次，福特汽车的广告效果最差。福特汽车的广告效果令人感到意外。在节目播放之后，人们对福特汽车广告的记忆程度不但没有增强，反而减退了。这等于赶走了潜在客户。这意味着：实验对象在观看过充斥着可口可乐广告的节目之后，对福特汽车广告的记忆遭到了抑制。对于福特汽车公司而言，赞助《美国偶像》无疑做了一桩亏本生意，尽管提供了2600万美元赞助费，但是结果全部打了水漂。福特汽车这种广告现象，不仅仅令人感到吃惊，而且还给人很大启示。

实验测试结果证明，借助植入式广告——借助人们感兴趣的事情，能够有效提高人们对品牌的记忆度。广告本身或者品牌信息，尽管不是人们感兴趣的对象，但是借助人们感兴趣的东西，依然能够加深人们对广告或者品牌的印象。毫无疑问，人们的兴趣起到了关键性作用。这就是兴趣对记忆的影响。

【案例】⌖《美国偶像》节目播出过程中，福特汽车、辛格勒无线、可口可乐的资金投入规模以及广告插播次数几乎完全一样。可口可乐为什么如此成功？福特汽车为什么如此失败？在这样一场媒体战役中，决定胜负的原因究竟是什么？如果看一看广告的策略，那么就不难找出关键原因。广告与节目的整合程度，决定着广告的播出效果。可口可乐与节目很好地融合在了一起，而福特汽车与节目本身没有关系。或者说，可口可乐成为节目的一个组成部分，而福特汽车仅仅为了广告而广告。

（1）在整个节目60%的时间里，可口可乐都在利用机会展示品牌——巧妙摆放的杯子、产品瓶子形状的家具、标志性的红色墙壁。福特汽车仅仅在广告插播时段播放了传统的电视广告——完全没有在电视节目里出现。这意味着，可口可乐设法把品牌与节目融合在了一起，而福特汽车则完全没有融入节目方面的考虑。在整个节目的播放过程中，观众看不到福特汽车——福特汽车的沙发座椅、福特汽车的品牌标识、福特汽车的试驾场景、福特汽车的比赛奖杯……在整个节目里面，福特汽车什么都没有，什么都不是。对于福特汽车公司而言，尽管在广告上花了2600万美元，但是在节目里却根本没有争取扮演一个表演角色。

（2）在广告插播时段，可口可乐所播出的广告，与节目内容保持了高度一致，广告宣传与节目本质联系在了一起。例如，展翅高飞、出人头地、征服世界……这样一些广告词，充当了可口可乐广告的关键词。可口可乐与"美国偶像"被有效地整合在一起——明星梦想，雄心壮志，异想天开。与此相反，福特汽车公司仅仅是插播传统商业广告，找不到与"美国偶像"的联系。胜利、击败、梦想、仰慕、起立、鼓掌……这些词语和感觉，与福特汽车联系不到一起。《美国偶像》节目的观众不会对这个品牌产生任何感情投入。

在整个节目播放过程中，对于"不扮演角色"的品牌，人们几乎没有什么印象。"不扮演角色"的广告，变成了一种"广告噪音"，很快被人们遗忘在记忆的角落。在节目中"扮演角色"的产品，不仅使观众更容易记住，甚至具有双倍的效果。在整个节目过程中"扮演某种角色"，不仅增强了人们对产品的记忆，还有效地削弱了竞争对手，抑制了人们对其他品牌的记忆能力。这说明了什么？如果想要把品牌送入到人们的头脑里面，那么必须从人们感兴趣的方面入手。一个产品或者一个品牌，可能根本不会引起人们的关注。但是，如果成为人们感兴趣事情的一部分，那么产品或者品牌就成为人们关注的因素了。记住，兴趣可以为品牌提供帮助——敲开人们心智的大门。

情感对记忆的影响

【头脑】《美国精神病学》（American Journal of Psychiatry）杂志曾经刊载过一篇关于情感与记忆关系的研究文章。这篇文章认为，一个人在快乐的时候，更容易想起在快乐的时候所记住的东西。一个人在悲伤的时候，更容易回忆起在悲伤的时候所记住的东西。原因在于：大脑记忆系统与大脑边缘系统，二者之间存在着紧密的联系。大脑边缘系统负责控制人们的情感系统。美国国家心理健康研究所（National Institute of Mental Health，NIMH）曾经就情感对记忆的影响进行过研究。研究发现：大脑的边缘系统充当着信息筛选的开关，决定外部信息是否可以被记录在大脑里。在许多情况下，记忆和情感交织在一起。当情感因素起作用的时候，头脑里的某些信息开关被打开，外部的信息就会牢牢地印在头脑里。在感情受到打击或伤害的时候，同样会有更多的外部信息储存在人们的头脑里。

【定位】⌖对于人们的记忆来说，情感因素起着重要作用。对于许多事情，人们只看到过一次，或者只听到过一次。同时，在整个事件过程中，人们并没有刻意记忆，人们也没有刻意关注。但是，有关事情的信息，却会深深地印刻在人们记忆中，可能在人们头脑中留存一辈子，而不只是留存一个时间段。其中关键的原因在于：情感因素在起作用，信息与情感联系在一起。对于品牌定位来说，如果能巧妙地与人们内心深处的情感联系在一起，那么就可以很容易地把品牌及其概念送入人们的心智里。但是，这不意味着滥用情感因素。对于品牌定位来说，运用情感因素传递品牌信息，应该坚持两个基本原则：第一个原则，品牌所要传递的价值概念与所运用的情感因素，二者之间必须存在着某种明显的合理联系。否则，人们不会对品牌价值概念产生认可。第二个原则，在传递品牌价值概念的过程中，广告传播活动所运用的情感因素，应该充当传达品牌价值概念的线索，不能充当价值概念传播过程的核心。简单一点来说，就是不能喧宾夺主。在传递品牌价值概念的过程中，情感因素只能充当配角，情感因素不能扮演主角。否则，就会演变为传播情感因素，而不是传播品牌价值。人们可能喜欢这个情感因素，但是人们不会关注品牌价值概念。

【案例】 20世纪90年代中期，歌唱家帕瓦罗蒂（Pavarotti）计划拜访丹麦。对于丹麦人来说，这是一个"大事件"，所有丹麦人都欣喜若狂。一切欢迎活动都准备就绪——晚宴、访谈、报道、广播……但在最后一刻，由于喉咙不适，帕瓦罗蒂取消了这次行程。丹麦陷入了"举国失望"的气氛之中。

一个优秀的广告团队想出了一个营销创意。在几小时之内，他们说服一家喉糖生产企业——盖洁尔（GaJoI）——在报纸和杂志上购买了一些广告板块。然后，在报纸上打出广告语："如果帕瓦罗蒂知道盖洁尔喉糖，那么一切都将迎刃而解。"这样一则广告能够产生什么营销效果？

利用丹麦举国性的"情绪灾难"，盖洁尔喉糖获得了新生。在15年之后，盖洁尔喉糖与帕瓦罗蒂，仍然被许多丹麦人联系在一起。这个案例说明一事实——即与情感有关的记忆多么难以消除。营销者应该善于运用情感因素，将一个品牌固定在人们的心智里。

【案例】 如果购买汽车是一种乐趣，那么购买轮胎则意味着一个麻烦。对轮胎这种产品类别，人们没有多少购买兴趣。由于人们对购买轮胎毫无兴趣，因而轮胎广告就成了一个难题。当电视里出现轮胎广告的时候，人们的头脑马上就进入防御状态。米其林轮胎（Michelin）找到了一种方法，成功地避开了头脑防御机制。米其林轮胎使用了一种有力的情感标志，以加深观众对品牌的记忆与兴趣。与此同时，品牌的价值概念一起被送入人们的心智中。在电视广告里，米其林轮胎让一些婴儿坐在轮胎中。这些可爱的婴儿，不仅吸引了人们的视线，而且增强了人们的记忆。最关键的一点是：广告传达出一种"安全"概念。"安全"这种特征，正是轮胎最重要的属性。此外，身材圆胖的"米其林轮胎男孩"，同样强化了优质轮胎的品牌形象。

轮胎的外表看起来都一样——不管是邓禄普（Dunlop）、普利司通（Bridgestone）还是固特异（Goodyear）生产的轮胎——都是一只黑色的橡胶圈。然而，多数人却自动地选择了米其林轮胎。人们知道自己做了正确的决定，但却无法解释其中的原因。实际上，对品牌的偏好与轮胎本身没有太大关系。什么因素促使人们做出这样的决定？米其林这个品牌，曾经小心翼翼地创造出一个"情感标记"——米其林轮胎与可爱的婴儿联系在一起。问题的关键在于：这种看似不相关的"情感标签"，实际上却有意地促进了某种联系——关注幼儿的乘车安全；强健可靠、持久耐用；高质量、顶级的欧洲式体验。这种强大的情感联系聚集在一起，指引着人们做出了决定。这种决定"看似"理性。然而，实际上根本算不上理性。

经历对记忆的影响

【头脑】⊕ 西方现代哲学的开创者弗里德里希·威廉·尼采（Friedrich Wilhelm Nietzsche）对经历与记忆的关系做出定论：人们的心智无法理解没有经历过的事情。美国心理学家詹姆士·詹金斯（James L. Jenkins）阐述了经历与记忆之间的相互关系。对于某个事情或者信息，如果打算加深记忆程度，那么记忆者必须调整记忆角度，选择与经历密切相关的方面，进行更加深入的理解与记忆。或者说，记忆者必须调整思维视角，保持事情与经验相合拍，以从可以理解的地方开始，去记忆一个新东西或者新概念。这就是说，人们要借助过去的老经历，或者借助已有的老经验，才能有效地理解与记忆新东西。

【定位】⊕ 对于"一个新概念"来说，如果打算顺利进入人们的心智，可以借助人们头脑里固有的"老经验"。对于品牌定位来说，可以借助人们心智中的"老观念"，从而把新品类及其新品牌"概念"送入人们的心智。根据营销实践经验，"生活片断"广告，对于增强人们的记忆、扩大品牌销售，更加具有明显效果。关键原因在于：新信息与人们"过去的经历"相关，因而更加容易得到人们的理解与接受。同样,对于传递一种新概念来说,利用"新旧类比"广告,其效果往往更加明显。反过来说,对于"一种新观念"来说,如果能与人们头脑里的"旧观念"联系在一起,那么这种"新观念"会很容易进入人们的心智。从本质上来看,这完全是对人们心智的一种顺应方式。在定位过程中,应该善于借助"老概念",引导传播"新概念"。或者说,借助头脑已有的经验和经历,引入新概念或者新东西。

【案例】⊕ 作为一种新的交通工具,在汽车刚刚诞生的时候遭遇到人们的冷遇——无人问津。主要原因在于:当时买得起汽车的消费者,全部都在乘坐马车。对于当时的背景来说,马车这种交通工具已经达到很高的成熟程度。当时,马车不但已经十分成熟,而且还非常豪华。相反,对于马车来说,汽车这种新型交通工具,当时还显得十分简陋。因此,拥有马车的人们认为,还没有必要放弃马车。这意味着,人们还不愿意购买汽车。为了让人们理解汽车这种新概念交通工具,汽车制造商需要借助人们熟知的"老概念",用来"解释"汽车这种"新概念"。

汽车制造商找到了一个"老概念"——人们熟悉的"马车",用马车来解释汽车。因此,早期的汽车广告标语,竟然借用了马车这个概念——汽车:不用马拉的车。世界上早期销售的汽车,竟然被称为"不用马拉的车"。这种"马车—汽车"概念,便于人们参照已有的交通工具,理解汽车这种新概念交通工具。马车虽然已经富丽堂皇,但是毕竟还要用马拉。饲养马匹不但十分麻烦,而且十分费钱——马匹总要吃喝拉撒,总得有人伺候。汽车具有马车的功能,但是却不用马匹来拉。为什么不试一试?汽车产品的优越性,让整个世界为之改变。一个全新的汽车时代,就这样从马车开始了。

【案例】⊕ 对于贴近生活的事情,人们更加容易理解,同时更加愿意接受。从根本上来说,这与人们的经历或者经验相关。简单来说,对贴近生活的人物和事情，人们更容易产生兴趣，人们更容易产生共鸣。正是由于这种原因，"消费者自制广告"（Consumer Generated Advertising）成为了一种趋势。

广告商渐渐意识到一个事实——对大多数人来说，生活就是一场"现实"表演。因此，企业开始回归人们的生活本身。例如，亨氏食品公司（Heinz）曾经推出了一项消费者参与的活动——"消费者自制广告"活动，由此开展了一场"广告挑战大赛"——邀请人们制作业余广告，然后把自制广告上传到网站，再由网络公众进行评选——选出人们喜爱的广告。例如，肯德基公司（KFC）曾经播出过一则广告——由多个消费者自制家庭录像片段组成，表达了人们对"不含反式脂肪鸡肉系列产品"的看法。再如，多芬香皂（Dove）的广告——"寻回真正的美丽"——取得了巨大的传播成功，关键原因在于：广告活动的题材，取自于各种相貌、各种身材的女性，及其讲述的真实故事。其成功秘密在于：人同此情，情同此人。生活广告的秘密，大概就在于此。

生活片段广告——平凡的广告人物，真实的生活故事——为什么受到观众的欢迎？从心智的角度上看，这源于人们对真实的理解——对于大多数人来说，真实意味着符合人们的经历或者经验。人们自己拍摄的影像片段，之所以能够成为广受欢迎的广告，关键原因在于：在生活片段广告中，"真实的人物"——像观众自己一样的人，讲述"真实的故事"——观众经历过同样的事情。对于普通消费者来说，境况更像自己一样的人物，看起来更加令人感到亲切；讲述如亲身经历一样的故事，听起来更加接近人们的生活。与此相反，明星演绎的广告片段，则距离人们的生活太遥远。无论明星多么光彩照人，多么充满魅力，人们都会产生本能的反应——捏造出来的骗局。对于普通消费者来说，明星不是在"讲故事"，而只是在"做表演"。

假设一个普通家庭主妇，正打算购买一辆汽车。此时，她看到了一则奥迪敞篷汽车的广告。一个时髦的年轻女性——皮肤光滑、长发飘逸、性感妩媚，驾驶着奥迪汽车，在高速公路上飞驰。随后，她又看到了一则斯巴鲁汽车（Subaru）的广告。一个三十几岁、缺乏吸引力的普通女人，正在开着一辆斯巴鲁汽车。或许，她正要赶回家打扫卫生；或许，她正在去学校接孩子的路上；或者，她正在赶着去观看一场足球比赛……这是人们日常的生活场景。家庭主妇会选哪一款汽车呢？或许，这位家庭主妇心里想要一辆奥迪汽车，但是，她最终还是会购买斯巴鲁汽车。这是因为：这位家庭主妇认为，驾驶斯巴鲁汽车的女人，与自己的生活更加一致。如果人们意识到某个东西离自己十分遥远，那么人们会想：这与我没什么关系。品牌要想获得人们的认可，就不能离人们的生活太遥远。

这似乎验证了一种说法：只有那些没有魅力的人，才能够把产品卖出去。这意味着什么？"消费者自制式"广告将逐渐增多。越来越多营销人员，将利用"真人和真事"，推销越来越多的东西。在当今的广告领域里，出现了两个世界的结合——星光熠熠的模特，以及普通消费者——完美和不太完美的"联盟"。一些广告喜欢采用超级模特，一些广告喜欢使用普通人物。

【结语】⊕人们的头脑没有足够的存储空间，不能容纳所有的品牌信息。这就是说，头脑十分有限。对于定位来说，这意味着什么？对于一个品牌来说，如果要想在人们的心智中占据优势的竞争地位，那么首先需要找到进入人们心智的有效途径。但是，品牌信息要想进入人们的心智，必须通过头脑的信息筛选机制。为此，首先需要绘制出一幅心智地图，然后以人们的心智地图为指导，探寻进入人们头脑的有效路径。这意味着一个营销原则：要想找到有效的营销策略，应该以人们的心智为出发点。所谓"以消费者为核心的营销"，意味着以人们的观念为出发点。这就是说，要尊重人们头脑中的观念，不要与人们头脑中的观念相违背；要顺应人们头脑中的想法，不要与人们头脑中的想法相冲突。如果品牌在人们心智里占据了某个位置，那么营销活动必须顺应品牌在人们心智里的地位。在传播品牌概念的过程中，应该注意利用头脑防御机制的漏洞——情感、兴趣、经历、新闻，以便让品牌信息顺利进入人们的头脑。

3.3 头脑很难改变

观念无处不在

【头脑】 ⊕ 所谓观念,是指人们对事物所持有的判断性和描述性的思想。所谓态度,是指人们对事物所持有的认识上的评价、情感上的感受、行动上的倾向。观念是态度形成的基础,态度是行为产生的引线。对于人类思维来说,态度起到了一种界定作用——态度会把事物放入一种思维框架——喜欢或厌恶,亲近或疏远,支持或反对。对于世界上的几乎所有事情,人们都持有自己的观念与态度。这就是说,人类的态度观念系统涵盖范围十分广泛。不管对于"大"的社会问题(如政治、经济、文化、军事、宗教),还是对于"小"的生活问题(如衣食、住行、工作、家庭、娱乐),人们都会持有某种观念和态度。对于世界上的许多事情,尽管人们知之甚少或者无关自我,但是依然会持有某种观念和态度。

【定位】 ⊕ 对于一个品牌来说,人们无论是否真正了解事实,都会持有某种观念和态度。这意味着什么?在人们的心智中,无论是否有意而为,都会对品牌拥有一个概念——人们对品牌持有的观念和态度。因此,营销人员不应该采取放任态度,让人们对品牌形成随意的观念与态度。营销人员应该努力引导人们,以对品牌形成积极的观念与态度,进而为人们选择品牌提供有效的参考依据。这就是我们所说的品牌战略定位。对于营销的性质,营销人员应该认识到一个问题:营销本质上是一场认知的竞争!在这场认知的战争中,必须采用某种合适的策略,使人们形成对品牌有利的观念与态度。政治、军事、营销……凡是具有竞争性的活动,本质上都是要获得有利态势,进而赢得最终的胜利。对于品牌来说,就是要在人们心智中获得有利态势。

【案例】克里夫兰临床医学中心（Cleveland Clinic）成立于1921年，是世界上最受尊敬的医疗机构之一，拥有世界知名的内科医师、外科医师、专科医生、研究人员、护士人员和后勤人员。克里夫兰临床医学中心坚持不懈地进行探索和改进，取得了巨大的医学成就——发现、创新、发明了许多更好的医疗方法。《美国新闻与世界报道》杂志（U. S. News & World Report）多年坚持对美国医院进行评选，克里夫兰临床医学中心连续11年被评选为最优秀的医院。2005年，在美国5000多家医院中，克里夫兰临床医学中心排名第四位。在16个医疗专业领域中，克里夫兰临床医学中心在11个领域名列美国前10名之内。这样一家优秀的医疗机构，还需要建立一种独特的品牌定位吗？

在规模与声望上，克里夫兰临床医学中心都在不断提高，病人甚至来自遥远的中东国家，还为沙特国王及王室成员提供医疗服务——已经提供了多达30多年的服务。事实上，克里夫兰临床医学中心在中东地区建立了分院。但是，该医疗中心仍然被看成是一家区域性的医院。从名字上来看，克里夫兰（Cleveland）这个名字——美国俄亥俄州（Ohio）最大城市的名字，确实会给人留下"区域性医院"的印象。这个名字不像很多竞争者一样响亮，如约翰·霍普金斯医院（Johns Hopkins）、梅奥医学中心（Mayo Clinic）、斯隆·凯特林医院（Sloan-Kettering Hospital）。尽管如此，克里夫兰临床医学中心仍不愿意更改自己的品牌名字。除此之外，其品牌宣传亦有些混乱，在组织内部和组织外部，品牌所传播出的信息并不一致。

2004年，克里夫兰临床医学中心决定重新审视品牌定位，统一品牌传播行为，希望能够提升自己的品牌形象——在高质量医疗保健领域，建立起与其地位相称的广泛品牌认知。同时，克里夫兰临床医学中心还希望品牌的影响力能够向外扩展——在整个美国范围内，吸引更多的患者前来就诊和治疗。因此，克里夫兰临床医学中心需要运用一种商业竞争策略，超越所在区域范围寻求发展，并通过发展来支持研究、创新医疗保健技术。这意味着：克里夫兰临床医学中心需要建立一个清晰的品牌概念，以吸引更多的患者，实现医院的发展战略。那么，克里夫兰临床医学中心应该建立一种什么样的品牌概念？

在一般情况之下，人们在生病的时候不会去外地的医院。但是，如果病情非常严重，或者患有某种顽疾，那么患者往往会去国内最好的医院。克里夫兰临床医学中心需要针对这样的患者，为这样的患者提供帮助，并由医师告诉患者实情。因此，克里夫兰临床医学中心面临着一个定位问题——品牌能够承诺什么？品牌又能传达什么？当人们患上某种可能致命的疾病时，不得不面对强烈且真实的恐惧感。患者可能害怕遭遇误诊或者医疗事故，可能害怕被医生当成没有生命的数字。最后，就像所有人一样，患者会对病症引起的死亡感到害怕。在面对这种病人的时候，必须设法消除患者的恐惧感。因此，医院不但需要安慰病人，还要让病人感到有希望。要让病人知道：不会因为没有找到合适的医生而死去。

努力消除病人的恐惧感，不失为一种积极的定位。但是，克里夫兰临床医学中心则反其道而行之——希望患者自己建立起自信心，而不是单方面地劝说就医者。克里夫兰临床医学中心希望给患者及其家属传递这样一个信息：如果病人选择了克里夫兰临床医学中心，那么可以完全自信地告诉自己：在选择医疗保健方面，自己做出了最明智的选择。这就是"完全自信"的概念。在这种定位之下，克里夫兰临床医学中心需要通过与病人直接对话，消除患者的恐惧和怀疑，让患者知道自己做出了正确的选择，并以此来帮助病人建立信心。这样一个简单的定位，变成了品牌的驱动力——不仅能在外部环境中提升品牌认知，还能让内部运作找到工作重心。这样一种品牌定位，不但将注意力集中在患者身上，同时又能激发出一种不断前进的推动力，塑造一种为患者寻求最大利益的文化。

仅仅找到一个定位概念还远远不够。克里夫兰临床医学中心需要对自己提出一个问题——我们还能再做些什么，以帮助患者及其家属建立起完全自信呢？我们能为患者做哪些事情，以将信心传递给患者呢？这个问题需要由全体人员做出回答——从研究人员到技术人员、从护士到医生、从营养师到后勤支持人员。从商业战略的角度来看，实现这样一个品牌定位，需要品牌概念与运营活动的完美融合。一个医疗组织的全体员工，当受到鼓励帮助患者建立完全自信的时候，不仅会产生更好的治疗效果，而且在商业上会产生巨大的作用。对于克里夫兰临床医学中心来说，能够产生重大影响的品牌传播活动，就在日常的研究、护理、治疗和服务等工作之中。克里夫兰临床医学中心需要通过各种服务运作环节，向患者传递简单而又明确的品牌概念。

从战略的角度来看，定位不仅仅是一个概念，而是还需要一致性的运营活动。品牌需要借助一致性的活动，在人们心智之中构建一个价值概念。为此，克里夫兰临床医学中心从各个部门抽调人员组成支持小组，开展了一系列的演讲和活动，宣传"完全自信"这个概念。实际上，对于3.2万名员工来说，"完全自信"的含义不言而喻，理解起来并不困难。一旦各个部门的员工理解了这个概念，并在工作中体现这种医疗服务理念，那么将形成一致而又强大的品牌传播效果——不但会与众不同，而且又引人注目。这个"完全自信"的定位，成为所有运营活动的驱动力。克里夫兰临床医学中心还需要进行与品牌定位一致的品牌宣传活动。为此，该医疗中心重新设计了网站，重新印制了宣传材料，并举办了一系列相关的培训活动。但是，所有这一切活动，都不及新的品牌定位本身所起的作用。克里夫兰临床医学中心的营销总监吉姆·布莱泽（Jim Blazer）说道："我们将尽最大努力、用一切办法，帮助患者建立起完全自信。这是我们存在的理由。"

【案例】 ⌖ 管理型思维认为，不要把消费者束缚在一个字眼上，不要把消费者固定在一个概念上。如果能够提供很好的顾客体验，那么消费者将很乐意成为回头客。营销型思维认为，仅仅拥有顾客体验远远不够。品牌必须使用一个简单的字眼，准确概括出品牌留给顾客的体验。这就是说，对于期望顾客形成的消费体验，必须使用一个恰当的描述词汇，以把这种体验准确地表达出来。否则，仅凭顾客对品牌形成的消费体验，不能在人们心智中形成准确的品牌概念。宝马汽车（BMW）给驾驶者留下了深刻的印象。那么，仅凭留给驾驶者的深刻体验，是否就足以能赢得营销战争的胜利？事实恰恰相反，宝马汽车（BMW）一直都在强调品牌的核心价值，以在人们心智中留下品牌概念。首先，宝马汽车告诉人们品牌概念——宝马汽车意味着什么？宝马汽车意味着一部终极驾驶机器；然后，让顾客体验"终极驾驶机器"；最后，引导顾客强化品牌概念——"哇，这简直就是一部终极驾驶机器！"这就是体验与定位的关系。

希尔顿酒店（Hilton）是一家历史悠久的著名酒店企业。但是，"有名"不等于有特色，"著名"更不等于有定位。那么，希尔顿是什么？对于这个简单的问题，希尔顿酒店自己似乎也说不清楚。一位酒店行业的记者对希尔顿酒店的副总裁提出了这个问题——希尔顿是什么？希尔顿酒店这位副总裁——负责品牌管理与市场工作，坦诚地回答了这个问题。他坦言：人们并不总是能清楚地解释这个问题。他进一步强调：希尔顿的品牌定位十分明确。他认为：如果希尔顿酒店能够给顾客留下一种感觉——为住希尔顿酒店感到自豪，那么这种感觉将会非常好，这能让顾客感觉到宾至如归。这意味着什么？对于希尔顿酒店来说，这意味着把品牌的价值定位交给了顾客的感觉。关键问题在于：顾客不会花费太多精力，以帮助企业概括自己的消费体验，更不会积极传播这种消费体验。尤为糟糕的是，顾客的体验往往并不准确。

那么，希尔顿酒店如何让顾客感到自豪？希尔顿酒店作为一家豪华酒店，如何与竞争品牌区分开来？凯悦酒店（Hyatt）、万豪酒店（Marriott）、丽笙酒店（Radisson）、欧姆尼酒店（Omni）、华美达酒店（Ramada）、喜来登酒店（Sheraton）、威斯汀酒店（Westin）、温德姆酒店（Wyndham）……面对这些竞争品牌，希尔顿酒店能够告诉消费者什么？消费者是否愿意承认：自己为住希尔顿酒店感到自豪？如果消费者不认为"自己为住希尔顿酒店感到自豪"，那么"为住希尔顿酒店感到自豪"就没有任何意义。事实上，情况确实如此。对于竞争品牌来说，哪个不是豪华而又著名的酒店？哪个不会让顾客产生宾至如归的感觉？希尔顿酒店找不到什么特别之处，以此让消费者产生一种特别自豪的感觉。对于消费者来说，希尔顿酒店仅仅是又一家豪华酒店而已。因此，

"为住在希尔顿而感到自豪",这仅仅是一厢情愿的想法,很难成为品牌的区隔定位。

在品牌竞争的过程中,市场营销策略与活动应该扮演一个什么角色?只是为消费者提供一种体验吗?当然,所有的营销计划都有一种希望——为顾客提供美好的体验。如果连这一点都做不到,那么营销策划多数都会失败。但是,仅仅有美好的体验还不够,还必须做好品牌定位。在20世纪60年代,希尔顿酒店已经负有盛名。在40年之后,对于一个基本问题——希尔顿是什么?希尔顿酒店依然无法给出准确的回答。品牌塑造的职责是什么?运用一个简单的词汇,概括一个基本概念——品牌个性是什么?从而,在人们的心智中让品牌个性发挥营销作用。希尔顿酒店不应该仅仅停留在顾客体验上。从某种意义上看,完全依赖于顾客说不清楚的体验,无疑放弃了企业对品牌概念的控制权。对于希尔顿酒店来说,应该采取一种"积极而又主动"的态度,努力寻找一个"有效而又可信"的定位,从而真正从竞争品牌中突出出来。

观念简化问题

【头脑】人们对事物所持有的观念和态度,使处理相应事物的过程得以简化。对于同一类事物,人们不必进行重新分析与判断,不必做出重新解读与反应,而是借助固有的观念与态度,对于同一类事物做出相似的分析和判断,对于同一类事物产生相同的解读和反应。这样一种处理问题的方式,帮助人们节省了大量的时间与精力,帮助人们节省了大量的体力和脑力。反过来说,如果人们对所有事物都进行重新分析与判断,对所有事物做出重新解释与反应,那么人们恐怕什么事情都做不了。或许,这就是"武断"的意义。这种"武断"方式有其合理的人性基础。无论面对"相似"的事物,还是"陌生"的事物,人们总是借助"武断"方式达到心智能力资源的经济性。

【定位】人们运用头脑中的观念,简化了对事物信息的处理过程。这似乎可以证明一个观点：人类拥有思维惰性。或许正是由于这种思维惰性，人们不愿意改变固有的观念和态度。事实上，在信息过度化传播的社会中，人们不得不采用这种"懒惰"方式，以应对无处不在的信息入侵。关键问题是：这对营销有何意义？在购买的时候，人们不可能对所有产品进行一一比较，而是依据头脑里固有的观念和态度，对产品及其品牌做出购买选择。无论人们是否愿意承认，这都是一个潜藏在心智中的事实。营销人员应该利用人们的"心智懒惰"，预先在人们头脑里建立起独特的价值概念，帮助人们简化对产品及其品牌的选择过程。进一步来说，品牌要借助存放在人们心智里的价值概念，对顾客的选择购买过程施加影响。定位所要解决的核心问题，就是在人们心智中拥有一个简单而又独特的价值概念，从而形成对己方品牌有利的竞争地位。

【案例】⊕ 在经济全球化过程之中，私有化已经成为一种经济发展趋势。许多企业经历了从"国营"到"私营"的转变。西班牙石油企业国家石化机构（National Institute of Hydrocarbons）就经历了这种转变过程。在国营时期，国家石化机构垄断着西班牙的石油业务，拥有唯一的加油站品牌——"坎普萨"（Campsa）。在私有化之后，私营石油企业雷普索尔公司（Repsol）接管了国家石化机构。经过一段时间发展之后，雷普索尔公司拥有了三个不同名称的品牌。（1）雷普索尔（Repsol）——私有化之后推出的新品牌。（2）坎普萨——国营时代就一直存在的品牌。（3）坡特诺（Petronor）——西班牙北部地区性品牌。雷普索尔公司拥有的加油站，大约占西班牙所有加油站的50%。

雷普索尔公司对这三个品牌一视同仁。对外，雷普索尔公司仿佛出售三种不同的汽油。对内，这三个品牌没有什么区别。雷普索尔公司董事长奥斯卡·凡胡尔（Oscar Fanjul）期望，在全球一体化背景之下，能够找出一个更好的品牌经营方法，以应对国际石油巨头的冲击。传统的方法认为，一家企业经营的所有产品，应该统一在一个品牌名称之下，这样可以省下许多运营费用。实践证明，同时经营多个品牌，可以争取到更高的市场占有率。这种采用多品牌战略的方法，可以在战略上实现品牌定位之间的互补。在一家企业旗下经营多个品牌，品牌之间不是相互竞争，而是相互补充、相辅相成。奥斯卡·凡胡尔正需要这种战略。因此，雷普索尔公司所需要的策略，不仅仅是拥有三个不同的品牌名称，更重要的是应该对这三个品牌进行战略定位。

第一个品牌——"雷普索尔"。经过研究发现，在大众的心智里，"雷普索尔"赢得了"创新与技术领先"的评价。事实上，雷普索尔公司首先推出了98号汽油——辛烷值高达98%。当时，即便是美国企业都做不到这一点。由于拥有这些特点，"雷普索尔"的目标消费群体可以锁定在"爱车一族"身上。在西班牙，汽车相当昂贵。在有车阶层里，"爱车族"占有相当大的比例。因此，"雷普索尔"这个品牌应该定位为：高级轿车用油。"雷普索尔"——给爱车用最好的汽油。要实现这个战略定位，"雷普索尔"这个品牌应该以"高级轿车用油"为核心，展开环环相扣的营销活动，其营销精力应该放在以高级轿车为焦点的产品上。除了98号汽油之外，雷普索尔公司应该推出一种新合成机油品牌——"多气门"（Multi-valve），以供新的轿车引擎使用。除此以外，雷普索尔公司还应该考虑，在其加油站设立轿车用品商店，同时应该继续赞助赛车运动。总之，"雷普索尔"的各种运营活动，都应该以"高级轿车的呵护"为焦点。但是，"雷普索尔"要吸引的顾客，可不仅仅是高级轿车用户。

第二个品牌——"坎普萨"。消费者心智调查显示，"坎普萨"汽油普遍受到好评，尤其是在可靠性方面，比其他品牌高出许多，甚至比"雷普索尔"汽油还高出50%。无论在什么时候，品牌都应该从固有的顾客心智地位出发，以此规划品牌定位战略发展。无论企业是否意识到这个问题，品牌固有的顾客心智地位，本身就构成一种潜在竞争优势。因此，"坎普萨"这个品牌应该利用潜在的心智地位优势，强调"服务国民60年"的品牌历史，把品牌定位在"服务"这个特性上。为了实现这个战略定位，"坎普萨"应该将"服务理念"注入所有运营活动中。比如，继续出版相当受欢迎的《坎普萨驾驶指南》（Campsa Driving

Guide),该指南提供了地图、餐馆和饭店等资讯。在"坎普萨"的部分加油站内,已经设立了7-11便利商店。这种做法应该扩展到各地所有的加油站,并且增设一些其他服务项目。例如,在美国,加油站已经普遍使用了信用卡自助付费服务。当然,"坎普萨"的营销活动必须做出取舍。"坎普萨"这个品牌,同样有赞助赛车的计划。但是,赞助赛车这种营销活动,不符合"服务"这种战略定位,因此应该放弃这项赞助计划。相反,赛车赞助这种活动,应该让"雷普索尔"这个品牌去做,这样才能与其定位很好地配称起来。关于"坎普萨"的品牌宣传,自然可以大谈"过去60年来的服务",以提醒人们"坎普萨"这个品牌的历史。此外,"坎普萨"推出了"三小时紧急送油服务"。对于"服务"这个概念来说,这项服务与品牌定位形成了相当优化的配称——突出品牌的服务承诺。

第三个品牌——"坡特诺"。对于"坡特诺"来说,消费者没有什么特别概念。这意味着:"坡特诺"重新定位的空间比较大。因此,不妨对"坡特诺"进行重新定位——自助式加油站,提供有限服务,即时付款结账。要想实现这种战略定位,需要对加油站进行彻底改造,将其打造成"自助式、低价位"的加油站,为此,需要做出一系列运营变革,否则就不可能创造出一个极富价值的定位。当时,西班牙汽油的价格还不成问题。但是,"坡特诺"这个品牌可以构成一种防御屏障。将来一旦爆发价格战,"坡特诺"自然会冒出头来。到那个时候,"坡特诺"这个品牌已经建立起了相互配称的战略运营活动,竞争对手很难跟进仿效。只有"坡特诺"可以宣称"用同样的钱,跑更远的路"。这将产生巨大的吸引力。

雷普索尔公司三个不同名称的品牌,都拥有各自的战略定位。(1)"雷普索尔"——高级轿车用油;(2)"坎普萨"——强调服务;(3)"坡特诺"——自助加油站。由此,雷普索尔公司的运营战略随之而生,以支持、协调三个品牌的发展。例如,对于新科技产品,优先使用"雷普索尔"这个品牌推出。对于新的服务性产品,首先考虑使用"坎普萨"这个品牌。从运营组织方面来看,雷普索尔公司的三个不同品牌,应该拥有各自的独立经营机制，彼此应该进行相互竞争。对于辅助性运营活动来说，则应该考虑在企业内部提供统一的协调服务，各个品牌无需各自为政。除此之外，雷普索尔公司应该成立一个高层管理委员会，负责监督各品牌之间的差异性战略定位，负责管理资源在各品牌之间的合理分配。在企业发展过程中，品牌监督是相当重要的管理活动。这是因为：实行多品牌战略规划，各个品牌常常因追逐市场而失去原本的品牌焦点。

领导者应该采取的最佳策略，就是打一场市场防御战——通过采用不同的品牌，分别占据不同的定位，在不同的细分市场上，建立起品牌主导地位。雷普索尔公司的品牌战略定位，更好地应对了国际石油巨头的进入。在控制了三大细分市场之后，雷普索尔公司构建起了防御体系。国际石油巨头——如壳牌（Shell）、美孚（Mobil）、英国石油（BP）等，实际上就没有多少发挥的空间了。雷普索尔公司借助多品牌、多重战略定位，一直保有着高达50%的市场份额。

观念等于事实

【头脑】在人们的头脑中，如果对某个事物形成了某种"固定概念"（成见），那么这种"固定概念"（成见）就会被人们当成"客观事实"。进而，人们按照"头脑里的客观事实"，对事物加以对待和进行处理。在大多数情况下，人们所谓的"客观事实"，不过是头脑里的观念而已，不过是心智里的概念而已，不过是意识里的认知而已，绝对不是所谓的事实真相——在经过科学验证或者实验测试之后，获得与符合客观事实的结论。在许多情况下，即使存在着与观念相反的事实和证据，人们依然不愿改变心智中固有的态度和观念，人们依然坚持信任头脑中存在的所谓客观事实。这就是说，人们把头脑中的观念当成了事实。

【定位】对于人们的心智来说，品牌拥有什么样的概念，品牌就拥有什么样的事实。在人们的心智中,品牌所拥有的"价值概念",就意味着品牌所拥有的"客观事实"。人们按照头脑中的客观事实,对品牌采取相应的选择行动。对于定位来说,核心任务在于:在人们的头脑中构建一种"客观事实"。在人们的心智中,品牌所要构建的价值概念——"客观事实"——应该具有"针对性",必须具有"差异性",还要具有"竞争性",从而在营销过程中发挥竞争作用——成为人们区分品牌的关键参考因素,成为人们选择品牌的核心竞争因素。在人们的心智中,品牌所拥有的"客观事实"——品牌的价值概念,决定着品牌的价值地位,代表着品牌的竞争力量。

【案例】⌖ 在管理的理论逻辑中,存在一种不完全正确的观点——产品才是硬道理。企业总是错误地认为,首先要有"更好的产品",然后才有"更好的品牌"。事实证明,这是一个不符合现实的逻辑。在许多时候,"更好的产品"不等于"更好的品牌"。所谓"更好的产品"这种逻辑,往往为企业单方面的想法,不代表顾客这个方面的想法。因此,所谓"更好的产品",更像是企业的一种期望——期望获得消费者的认同与认可。但是,如果想要获得消费者的认可,必须首先获得消费者的认知——品牌到底有何不同?

可口可乐与百事可乐二者之间的差别很大吗?在"蒙眼"口味测试过程中,百事可乐优于可口可乐。对于营销来说,这并无多大意义。在"睁眼"品牌测试过程中,可口可乐优于百事可乐。在美国市场上,可口可乐远远超过百事可乐。在全球市场上,可口可乐一样超过百事可乐。

相对于可口可乐来说,百事可乐或许是一个更好的产品。相对于百事可乐来说,可口可乐则是一个更好的品牌。为什么?在人们的心智中,可口可乐这个品牌不但是最早的可乐饮料,而且是可乐饮料的代表者。因此,可口可乐这个品牌被认知为"真正的可乐饮料"——原创的、正宗的可乐饮料。与此相反,百事可乐则是一个彻头彻尾、地地道道的效仿者。

从产品测试的角度上看，百事可乐优于可口可乐。从心智地位的角度上看，可口可乐优于百事可乐。可口可乐与百事可乐这两个品牌各自拥有着不同的客观事实——百事可乐拥有产品上的客观事实，可口可乐拥有心智上的客观事实。那么，在购买可乐饮料的时候，什么因素决定着多数消费者的选择？是品牌在人们心智中的概念。

从某种意义上来说，对"更好的产品"的追求意味着一种竞争心态——对领先者的仰视。落后者经常持有一种心态——因为领先者的产品更好，所以不能战胜领先者。因此，要想在市场上战胜领先者，就必须在产品上超越领先者。但是，在产品同质化竞争的格局中，领先品牌的产品又会好多少？如果以平视的眼光看待领先者，那么领先者的产品本身并不一定具有实质性优势。领先者的优势往往不在产品本身上，领先者的优势往往在人们的心智中——在人们心智中与众不同。可口可乐与百事可乐二者之间的地位差异，验证了心智地位在营销中的价值。

【案例】⊕ 1975年，百事可乐公司开展了一次大型公开测试，这一活动主要针对可口可乐，因而被称为"百事挑战"（Pepsi Challenge）。"百事挑战"测试很简单，就是进行"街头定点测试"（Central Location Test，CLT），随机邀请遇到的消费者——男性、女性、儿童——品尝两杯没有品牌标识的可乐饮料。当然，一杯为百事可乐，一杯为可口可乐。在喝完这两杯饮料之后，品尝者独自做出判断，说出更加喜欢哪一种可乐饮料。如果实验结果像百事公司所期望的一样，那么百事可乐将会获得制胜机会，不但能重创可口可乐公司，甚至有可能彻底颠覆可口可乐——在美国可乐饮料行业中保持的领袖地位。

当统计出测试结果的时候，百事可乐公司的管理层十分高兴，甚至还有一点点疑惑。因为有超过50%的被测试者认为，百事可乐口味更好。这意味着：多数人将会更喜欢百事可乐，而不喜欢可口可乐。如果按照这样一种结果推测，那么百事可乐必将赢得胜利，在市场上超越可口可乐，在可乐饮料竞争中独占鳌头。但是，结果并非如此。"百事挑战"的测试结果，对于营销战争没有起到任何作用。百事可乐依然无法超越可口可乐。对于许多人来说，这确实有些不可思议。

2005年，在《决断2秒间》(Blink)一书中，马尔科姆·格拉德威尔（Malcolm Gladwell）对这个实验进行了一些阐释。他认为："百事挑战"实质上是一次"少量试饮"活动。在饮料行业里，这被称为"街头定点测试"。"街头定点测试"与"喝下整罐饮料"之间存在很大差别，马尔科姆·格拉德威尔认为：在"街头定点测试"的情况下，人们倾向于喜欢较甜的口味。在"百事挑战"测试活动中，一旦人们喝下一整罐百事可乐，就会面临血糖过度升高的危险。按照这样一种观点来解释，百事可乐虽然在口味测试里大获全胜，却仍然无法超越可口可乐。但是，这种解释似乎有些证据不足。

【案例】 2003年，在"百事挑战"28年之后，休斯敦贝勒医学院（Baylor College of Medicine Houston）人类神经影像学实验室科学家瑞德·蒙塔古（Read Montague）博士决定更加深入地研究这一测试结果。这一次，瑞德·蒙塔古采用了大脑扫描技术，对67名研究对象的大脑进行测试。

在品尝两种可乐饮料之后，瑞德·蒙塔古请测试对象说出更加喜欢哪一种可乐，或者是否两种可乐都不喜欢。这一测试所得出的结论，与"百事挑战"的结果几乎完全一致——超过50%的测试对象喜欢百事可乐。同时，大脑扫描技术显示，测试对象大脑做出了一致的反应。当喝下百事可乐的时候，测试对象大脑"腹侧被壳区域"（Ventral Putamen）产生了一阵明显的反应活动。在味觉神经受到刺激的时候，大脑的这个区域就会被激活。在实验的第二个阶段，瑞德·蒙塔古博士发现了不同的结果。

在实验第二个阶段中，在测试对象品尝两种可乐饮料之前，瑞德·蒙塔古告诉测试对象他们将喝什么牌子的可乐饮料，即实验测试对象知道自己是喝了百事可乐，还是喝了可口可乐。实验结果显示：75%的测试对象表示，更喜欢可口可乐。瑞德·蒙塔古发现，测试对象大脑活动区域发生了变化。大脑扫描技术显示，不但"腹侧被壳区域"被激活，同时"内侧前额叶皮质"（Medial Prefrontal Cortex）也被激活。"内侧前额叶皮质"这个区域主要负责人类的深层思考和辨别能力。

瑞德·蒙塔古意识到：大脑的这两个区域，是理性思维与感性思维的"主战场"。在这次"战斗与决断"的过程中，感性因素打倒了理性因素，感性因素占据了上风，决定了人们选择可口可乐。在这一时刻，在人们的头脑里，可口可乐"打了胜仗"——战胜了百事可乐。人们对可口可乐的认知、记忆——历史、地位、标识、颜色、设计、口味、广告，在人们的头脑里发挥着决定性的作用。在人们的头脑中，正宗意义的、毋庸置疑的、势不可挡的、无法磨灭的"可口可乐主义"，战胜了人们对百事可乐理性的、自然的喜爱。

为什么会产生这种现象？人们的大脑通过感性因素，对某种价值和品牌进行"解码"。例如，哈雷摩托车、欧莱雅化妆品……这些代表独特价值的品牌，几乎在历次战斗里都能获胜。当两个品牌对阵竞争的时候，人们头脑里的品牌概念就开始发挥作用。

观念很难改变

【头脑】在人们头脑中存在的观念，意味着人们头脑中的事实。这说明了什么？头脑中的观念与态度一旦形成就很难改变。对事物所持有的观念与态度，构成人们采取行动的关键依据。人们的观念和态度与人们的行为具有相当的一致性。如果人们的观念和态度不发生变化，那么人们的行为也不会发生变化。如果让人们做出选择，或者改变人们头脑中的观念，或者证明不需要改变观念，那么多数人会积极寻找证据，以反对改变头脑中的既有观念。这并不意味着人们的观念和态度绝对不会改变。人们观念与态度上的改变往往需要经历一个漫长的时间过程。人们需要时间收集证据与信息，以决定是调整头脑固有的观念，还是巩固头脑既有的观念。在这个过程之中，人们更加倾向于寻找证据，巩固头脑里固有的观念。对于人们的心智来说，改变自身固有的观念意味着否定自己的正确性，意味着降低心理的安全性。在大多数情况下，对于大多数问题来说，人们会拒绝做出观念改变。

【定位】⊕ 如果一个品牌在人们的头脑里建立起了某种价值概念，那么人们就不会轻易改变头脑里的这种价值概念。不管对于己方品牌，还是对于竞争品牌，人们头脑的态度不会轻易改变。这意味着，无论是己方品牌，还是竞争品牌，都很难改变己方品牌在人们头脑中形成的价值概念，很难取代对方品牌在人们头脑中建立起来的价值地位。但是，这不是一个绝对法则，而是一条相对法则。如果品牌自己犯下了"原则性"的错误，放弃了已经拥有的价值概念，脱离了已经取得的价值地位，那么己方品牌的价值地位，或者己方品牌的价值概念，则很容易被竞争品牌所取代。战略定位这个概念拥有两个层面的含义：第一层含义是，构建品牌在人们心智里的价值概念，建立品牌在人们心智里的价值地位，形成品牌在人们心智里的价值印象；第二层含义是，维护品牌在人们心智里形成的价值认知，强调品牌在人们心智里产生的价值印象，强化品牌在人们心智里拥有的价值概念。

【案例】⊕ 《House & Garden》——一本领先的家装杂志，对几代人产生了影响。这个杂志（品牌）的名字，虽然不能令人产生丰富的联想，但是不失为一个"稳妥、清晰、明了且有意义"的名字。1987年，为了争取更年轻的读者，这家杂志社突然之间弃用了这个名字——已经拥有85年历史的老名字，把名字改为HG——一个时髦的首字母缩写名称。结果如何？灾难降临了。各地的订单被大批退回，杂志的地位遥遥欲坠。在经过5年的艰苦挣扎之后，HG终于在1993年倒闭了。

康德·纳斯特出版公司（Conde Nast Publications）决定使这份杂志起死回生，将其重新推向以装修和园艺为乐趣的一代人。康德·纳斯特出版公司的总裁认为，30岁左右的人正处在"购买房子以抚养儿女"的阶段。那么，重新推出的杂志叫什么名字？还是叫《House & Garden》。既然改变人们头脑里固有的观念行不通，那么不妨重申人们头脑里的旧观念。定位的原则告诉我们,"试图改变人们头脑里固有的观念"这种想法充满了艰难与风险。

【案例】 在《买》一书中,作者讲述了一项关于潜意识广告的实验——对大脑进行 fMRI 扫描试验。fMRI(*Functional Magnetic Resonance Imaging*)——功能性磁共振成像技术,能够精确锁定大脑中 1 毫米的微小区域,测量出消费者对某些商品产生的"情感吸引程度"。

(1)实验基本方法:针对两个香烟品牌——骆驼(Camel)、万宝路(Marlboro),20 名英国实验对象被分成两个实验组,在两个月的时间里完成一项 fMRI 大脑扫描实验。实验的基本方法是:首先,让实验对象观看一些与香烟有关联的图像。然后,让实验对象观看一些香烟广告图像,以及香烟本身的图像。在这两个环节中,同时对实验对象大脑进行 fMRI 扫描,观察大脑对图像产生的反应。实验的意图是:搞清楚与香烟品牌有关联、不涉及吸烟本身的图像,能否会勾起人们的烟瘾。对于吸烟者来说,是否需要看到香烟标识之后,才能识别出香烟品牌。例如,在看到一辆红色法拉利(Ferrari)赛车之后,或者在看到日落沙漠中行走的骆驼之后,实验对象是否会想起相关的香烟品牌——万宝路香烟,或者骆驼香烟。这是因为:拉利赛车的红色,与万宝路包装上的红色一样;日落沙漠中行走的骆驼,与骆驼香烟包装上的图景一样。

(2)实验基本过程:为了确保实验对象体内尼古丁含量相同,在实验测试开始之前的 2 个小时,所有实验对象都被告知"不准吸烟"。第一个测试环节是:实验对象观看一些与香烟本身无关的图象。但是,这些图像与香烟品牌存在着一定联系,即与以往的香烟广告存在比较紧密的联系,如牛仔少年、沙漠落日、一级方程式赛车(Formula One,F1)、Nascar(The National Association For Stock Car Auto Racing)赛车用品。第二个测试环节是:为了造成一种对比分析条件,实验对象观看一些关于香烟本身的图像,如"万宝路牛仔"广告图像、"骆驼老乔"广告图像、万宝路香烟的品牌标识、骆驼香烟的品牌标识。实验人员想要知道,潜意识图像能否像香烟品牌标识一样,可以勾起实验对象的烟瘾。

（3）实验结果之一：当人们看到香烟图像的时候，实验对象脑部"伏隔核"（Nucleus Accumbens）有显著的反应。"伏隔核"（Nucleus Accumbens）是一个与奖赏、渴求、成瘾相关的大脑区域。更为有趣的是，看到那些与香烟品牌有关联但与香烟本身无关的图像，如一级方程式赛车、骑在马背上的牛仔、走在沙漠中的骆驼……在不到5秒钟的时间内，实验对象头脑的"渴求区域"就立刻开始了活动。在看到香烟图像的时候，"渴求区域"同样曾经被激活过。二者唯一的不同之处在于：这些潜意识图像更多地促进了主要视觉皮层的活动——在观看这些潜意识图像的时候，实验对象似乎在完成一次复杂的"视觉作业"过程。

（4）实验结果之二：在观看潜意识图像的时候，实验对象控制"奖赏与渴求"的大脑区域的活动表现得更加旺盛。这就是说，与品牌标识本身的图像相比，或者与香烟产品本身的图像相比，那些没有香烟品牌标识但与香烟品牌有关的图像，则更能激发吸烟者的烟瘾——无论是对骆驼香烟的测试，还是对万宝路香烟的测试，实验测试结果完全一致。对于一级方程式赛车、Nascar所表现出的某些特征——男性、气概、力量、速度、创新，实验对象会将其与赞助赛事的香烟品牌联系起来。这就是说，当看到一级方程式赛车、Nascar赛车用品的时候，消费者便会下意识地联想到香烟品牌。简而言之，在几秒钟之内，一级方程式赛车、Nascar所代表的特征，就会转化成香烟品牌的特征。

（5）实验结果分析：与吸烟扯不上关系的东西，更能勾起吸烟者的烟瘾。企业十分看重的营销要素——品牌标识——完全派不上用场。为什么潜意识广告如此有效？第一个原因是：在潜意识图像上，没有显示任何品牌标识。吸烟者不会意识到自己正在观看一条广告信息。因此，他们就会关闭"头脑防御机制"。在杂志里或者在电视上，如果吸烟者看到香烟广告，那么他们会立即开启"头脑防御机制"。第二个原因是：品牌的概念——不管对于骆驼香烟来说，还是对于万宝路香烟来说，早已经深深地印刻在吸烟者头脑中。吸烟者一看到相关图像——与品牌概念相一致、相符合的图像，头脑立刻做出解读——联想到相关的香烟品牌。如果吸烟者头脑中没有品牌的概念，那么潜意识图像则很难引起吸烟者的反应。或者说，潜意识图像所传递出来的概念，完全符合吸烟者心智中香烟品牌的概念。因此，当看到潜意识图像的时候，图像信息立即被转化成香烟品牌信息。

潜意识广告为什么能够奏效？关键原因在于：品牌在人们心智中形成的概念，很难从人们记忆中抹去。尽管香烟广告早已遭到法律的禁止，已经不可能在广告中宣传香烟的品牌概念，但是香烟品牌的概念依然存在于人们的心智中。骆驼香烟——沙漠、骆驼。万宝路香烟——红色、牛仔。这些品牌概念与印象，在人们的头脑中清晰而又深刻。香烟品牌正是借助留存在人们心智中的品牌概念，成功地避开了香烟广告禁令——利用符合品牌概念的要素，继续传播香烟品牌的概念。

【案例】⊕ 对于"世界级烟草品牌"来说，香烟广告禁令并不是一场营销灾难。香烟广告禁令起到了反作用：刺激烟草制造商开发出新营销方法——借助潜意识品牌概念，传播香烟品牌信息。这种策略之所以有效，完全依靠人们心智中固有的品牌概念。从本质上看，香烟品牌所传递的潜意识信息，其营销作用十分简单有效——强化人们心智中的品牌概念。相反，如果人们心智中不存在香烟品牌概念，那么潜意识广告就不会产生任何营销作用。

（1）"万宝路"这个品牌专门为酒吧提供装修支持资金。但是，天下没有免费的午餐——资金支持带有附加条件。酒吧装潢风格与要素——配色方案、装饰风格、家具用品等，必须与"万宝路"的风格保持一致，如烟灰缸、酒吧家具、红色沙发、瓷砖拼图……都要传递出"万宝路"的品牌象征——既不用特意提到品牌名称，又不用真正看到品牌标识。在"万宝路酒吧"里，经常播放一则反映"狂野西部"的广告——粗犷的牛仔少年、飞驰的骏马、宽阔的视野，以及红色的晚霞——这些暗示性的潜意识要素，无一不表现出"万宝路牛仔"所要传达的精髓。此外，万宝路推出了一系列粗犷风格的、可供收藏的户外牛仔服饰，如手套、手表、帽子、围巾、靴子、背心、夹克……所有产品的设计特色，都能够让人们联想到"万宝路"香烟品牌。

（2）潜意识广告营销手段，在体育赛事中大显身手，如赞助全球性的体育赛事——美国全国汽车比赛协会（Nascar）、一级方程式赛车。Nascar 一年将监管 100 多个赛车场以及 1500 多场赛事，这些赛事与赛场分布在美国、加拿大、墨西哥等多个国家，面向全球 150 多个国家进行电视转播。美国收视率调查显示，Nascar 赛车项目是美国第二大受欢迎的专业体育项目，排名仅次于"全国橄榄球联赛"（National Football League，NFL）。据 Nascar 官方网站所述，在所有体育比赛项目中，Nascar 的赛车观众品牌忠诚度最高。所以，《财富》500 强企业向 Nascar 提供的比赛赞助费用比任何一个政府机构都多。一级方程式赛车在欧洲市场享有很高的声望，在市场中稳居领先地位，举办过一系列高曝光度的大奖赛（A1GP 汽车大奖赛，被称为赛车领域的"世界杯"，是一项国际性赛车活动）。凭借其深远的知名度，F1 赛车为自己争取到了巨额赞助。在一级方程式赛车中，"法拉利"赛车漆成了"万宝路"一样的颜色，赛车选手以及工作人员都穿着亮红色的赛车服。

如果香烟广告在全球被电视台被禁播，那么还能采取什么方法传达品牌所具备的精神——冒险刺激、年轻时尚、富有活力、淋漓畅快，以及自由不羁？没有什么比赞助一场赛车更有效了。"万宝路"的品牌精神，从美国牛仔身上转移到了赛车场上。不管是"万宝路"酒吧，还是"万宝路"赛车，都在向人们传递一个老概念——"万宝路"拥有美国牛仔一样的男子汉气概。像汽车比赛一样的体育运动——具有豪放、刺激、冒险的体育精神，能够很好地诠释"万宝路"这个品牌——男子汉形象。对于"万宝路"来说，赞助赛车活动符合品牌在人们心智中留下的品牌价值形象。实际上，"万宝路"的"男子汉气概"，早已印刻在人们的心智中。通过赞助赛车活动，品牌概念得到了强化。

不要挑战观念

【头脑】⊕ 头脑观念很难改变。不管心理学家，还是管理学家，在实践的过程中都对此有深刻的认识与体会。理查德·佩蒂（Richard E. Petty）和约翰·凯西奥普（John T. Cacioppo）所著的《态度和劝服》（Attitudes and Persuasion）一书，论述了"观念系统"的结构与机制。从信息理论学的角度来看，观念系统的本质和结构非常重要——观念为态度提供认知基础。因此，要想转变人们的态度，必须改变人们的观念——删除旧观念，引进新观念。这意味着，如果打算转变态度，必须改变态度的基础——态度所依赖的信息。迈克尔·汉莫（Michael Hammer）所著的《再造革命》（Reengineering Revolution）一书形象地描述了人们拒绝改变的顽固性。在再造过程中，改变人们的固有观念成为了最复杂、最讨厌、最痛苦、最混乱的一个部分。《社会心理学手册》（The Handbook of Social Psychology）一书重申了改变人们观念的困难性。任何改变人们态度的企图都会遇到艰难险阻。即使运用包括心理疗法在内的复杂方法，改变一个人的基本观念仍然会非常困难，结果同样不会令人满意。过程与结果都充满了艰难。

【定位】试图改变人们头脑中的观念，不但非常困难而且充满风险。在绝大多数情况下，营销活动应该围绕着一个概念展开。营销的核心任务是：在人们的心智之中，首先创建一种品牌概念，然后维护这一品牌概念。除非品牌拥有的概念失去了营销价值，否则不要试图改变品牌拥有的概念。对于一个品牌来说，企业经常会犯两种基本的错误。第一种错误是品牌延伸——一个品牌已经占据了一种概念，又去代表一种完全不同的概念。第二种错误是效仿他人——一个品牌跟随在领先品牌之后，抢夺一个领先品牌已经占有的概念。第一种错误没有考虑到己方品牌已经在人们心智中形成的概念，第二种错误则没有考虑到竞争品牌已经在人们心智中形成的概念。从根本性质上看，不管品牌延伸，还是效仿他人，都是试图改变人们对品牌的观念——品牌在人们心智里形成的概念。因此，品牌延伸与效仿他人，常常以失败告终。

【案例】李维·施特劳斯公司（Levi Strauss & Co）是一家具有

传奇色彩的牛仔裤生产商,也是牛仔裤的发明者。在整个20世纪70年代,以及20世纪80年代早期,李维·施特劳斯公司逐渐意识到一种趋势——休闲服饰开始流行。有鉴于此,李维·施特劳斯公司进行了品牌延伸的尝试。牛仔裤的发明者试图挑战人们的观念——即想让人们知道:李维斯(Levi's)这个品牌,不仅代表着牛仔裤,而且还代表着休闲服饰。为此,李维·施特劳斯公司深刻地体会到了挑战观念的风险——品牌延伸的破坏力,以及失去焦点的危害性。

在保留牛仔裤产品的同时,李维·施特劳斯公司推出了李维斯休闲服、李维斯棉布裤。此外,李维·施特劳斯公司又采取了看似更好、实际上却是更加糟糕的策略——推出了李维斯鞋类。为了进军服饰市场,李维·施特劳斯公司又推出了一系列衍生产品——潘特拉(Pantera)运动装、李维斯休闲便装、李维斯精品服饰、李维斯休闲西服。李维斯这个品牌已经包含了太多的东西,局面已经太混乱了。李维斯牛仔裤——厚而粗的斜纹棉布、耐久工装的品牌概念,阻碍着李维斯"休闲装"进入购买者的头脑。或者说,在购买者心智中,李维斯这个品牌意味着牛仔裤,而不代表其他服饰产品。

李维·施特劳斯公司男装部的工作人员又把企业拉回到了品牌的核心概念上,集中于生产最好的粗布牛仔裤。于是,该公司男装部的工作人员开发了一个新的品牌——"多克斯"(Dockers)。"多克斯"系列牛仔裤产品被定位为一种非粗布牛仔裤,其销售对象十分明确——身穿李维斯牛仔裤长大的消费群体——从25岁到45岁的人群。"多克斯"牛仔裤不但市场空间大,而且处在较高的消费层次上,这使"多克斯"牛仔裤销路看好。"多克斯"牛仔裤的销售确实不错,年销售收入高达10亿美元,成为了美国销售最好的裤装品牌。

如今,李维·施特劳斯公司拥有数十亿美元的资产,成为了一家全球性牛仔裤生产企业。实际上,"多克斯"牛仔裤获得了巨大的成功。李维·施特劳斯公司把品牌推向了瑞典、德国和欧洲其他国家。回想在19世纪50年代的淘金热时代,李维·施特劳斯公司一年只能向淘金者售出数百条牛仔裤。今天,莱维·施特劳斯公司发生天翻地覆的变化。

人们可能会说：真正的金子并不是埋在山里面，而是暗藏在牛仔裤里面。李维斯这个品牌从一开始就代表着粗布牛仔裤，而绝不代表其他什么东西。关于这一点，人们心智中的观念很难改变。

顺应头脑观念

【头脑】头脑接收信息与处理信息的过程，体现出明显的"顺昌逆亡"的特点。这意味着什么？人们头脑中"既有的观念与态度"很难改变，违背人们头脑里既有观念与态度的信息，则很难被人们的头脑所接受。但是，对于"人们头脑里既有的观念与态度"，如果新信息能够与其相互"契合、衔接、一致"，那么就很容易获得头脑机制"核准、通过、放行"。因此，利用人们头脑里既有的观念与态度，顺应人们头脑里既有的观念与态度，强化人们头脑里既有的观念与态度，反而会让头脑更加容易接受新信息与新观点。所以，要想让人们接受新信息与新观点，"直接进攻"的方法不是最好的策略，有时甚至是很糟糕的策略。有效的方法是什么？首先研究人们头脑的既有观念与态度，然后找到进入人们头脑的策略与视角。

【定位】顺势而为——定位的基本原则之一。企业应该顺应人们头脑里既有的观念与态度，避免与人们头脑里固有的观念和态度进行斗争。对于营销人员来说，顾客头脑里的观念"或许非常错误"。但对于顾客自身来说，自己头脑里的观念"则是绝对正确"。顾客头脑里的观念，就是顾客头脑里的真理。对于大多数人来说，人们头脑里的观念，就等于人们头脑里的事实。因此，人们头脑里的观念，就成为了营销战争不可回避的战场事实。营销的任务，不是要纠正人们头脑里的错误观念，而是要认真对待人们头脑里已经形成的既有观念。《孙子兵法》曰：知己知彼，百战不殆。在争夺头脑的战争中，应该搞清楚两方面的事实。（1）己方品牌在人们头脑中拥有什么样的概念。（2）竞争品牌在人们的头脑中拥有什么样的概念。这就是说，品牌定位的首要原则，是侦察清楚竞争双方据守的阵地——在人们头脑中，双方分别拥有什么样的概念、分别占据着什么样的位置。在此基础之上，依据敌我双方的态势，选择恰当的攻击策略，展开有效的进攻行动。

【案例】 联想集团公司曾经打算淡化企业内部的等级观念，要求企业内部员工一律以姓名相称——不能以职务名称相称。从技术的角度看，这不是一项十分艰难的改革。结果如何？联想集团公司董事会主席柳传志曾经不无感慨地说道：文化这种东西，看不见摸不着。但是，当打算改变人们的文化习惯时，往往会碰得头破血流。文化与习惯是什么？文化与习惯就是人们头脑中的观念——价值观念。

对于企业来说，员工与顾客哪个更容易改变？如果改变员工的观念都如此困难，那么要想改变顾客的观念，其难度则更加不可想象。在企业管理上，管理者经常遭遇观念的顽强抵制。对此，企业管理者往往深有感触。在市场营销上，营销者也经常遭遇观念的顽强抵抗。对此，市场营销者经常视而不见。这导致一种结果，即营销策略难以奏效。这为营销者提供了一种启示：要顺应消费者心智中的观念，而不能违背消费者心智中的观念。

【案例】 "九龙斋"是什么？酸梅汤。酸梅汤是什么？对于这个问题，"九龙斋"做出了明确的回答——解油腻，喝九龙斋。"九龙斋"的定位就是"解油腻"。从表面上看，"九龙斋"的定位就像"王老吉"一样——怕上火，喝王老吉。这两个品牌的定位如出一辙——借用一个传播口号，在人们心智中占有一个概念。从本质上看，九龙斋与王老吉这两个品牌，其定位策略的基础完全不同，存在着根本性的差别。定位基础差别不在于产品本身，而是存在于人们的心智中。

对于"王老吉"来说，"怕上火"这个定位，与"凉茶"这种产品并不存在概念上的冲突。"凉茶"这种产品，本来就是地方性的"降火"饮料。对于"北方人"来说，尽管不知道"凉茶"是什么，但是却知道"上火"是什么。这是"王老吉"的定位基础。对于"北方人"来说，"王老吉"的定位策略基础，既利用了人们心智中没有什么概念——"凉茶"这种品类，又利用了人们心智中拥有什么概念——"上火"这个概念。

对于"九龙斋"来说，定位策略的心智基础则完全不同。无论"南方人"，还是"北方人"，对酸梅汤的认知都一样。酸梅汤这种产品是一种解暑饮料，不是解油腻的饮料。在人们的心智中，"解油腻"这个概念不属于"酸梅汤"这种饮料。人们吃了油腻的食品，往往要喝茶解油腻。在人们的心智中，对"酸梅汤"存在着固有的观念：酸梅汤——解暑饮料。因此，"九龙斋"的定位——解油腻，违反了人们的心智认知。

如果问一问消费者：酸梅汤是一种什么饮料？那么消费者会毫不犹豫地回答：酸梅汤是一种解暑饮料——生津止渴。在人们的心智中，酸梅汤拥有"解暑"这种概念和认知。关于人们对酸梅汤的认知，可以采用一种直接的方法进行验证——在真实的场景中，餐馆服务人员如何向消费者推荐饮料？在人们的心智中，酸梅汤是一种什么饮料？在点菜的过程中，这一点被一览无余地显现出来。

- 时间：2010年7月——盛夏。
- 地点：北京·八达岭——长城。
- 场景：餐馆·点菜——服务员与消费者对话。
- 侍者：喝点什么饮料？
- 顾客：有什么饮料？
- 侍者：啤酒、可乐、王老吉、酸梅汤……
- 顾客：酸梅汤吧。
- 侍者：酸梅汤解暑。想喝"九龙斋"，还是"康师傅"？
- 顾客：要"九龙斋"吧……"九龙斋"解暑热，还是解油腻？
- 侍者：解暑热。

必须引起注意的是，这不是一个模拟场景，而是一个真实场景。这意味着，这是一次真实的验证。无论对于销售者来说，还是对于消费者来说，酸梅汤就是一种解暑饮料，不是别的什么东西。如果"九龙斋"是一种酸梅汤，那么"九龙斋"就是解暑饮料。对于"酸梅汤"的这种观念，在人们的心智中不可改变。尽管"九龙斋"在大肆宣传"解油腻，喝九龙斋"，但是人们依然不愿意改变自己的观念——酸梅汤解暑热。如果人们不认为"九龙斋"解油腻，那么"解油腻"这样一个定位，就不具有真正的营销价值。

【案例】 ⊕ "九龙斋"这个品牌是否会获得成功？从定位的角度来看，"九龙斋"获得成功毫无疑问。但是，与"王老吉"借助"防上火"这一概念取得成功不同，"九龙斋"这个品牌不可能借助"解油腻"这个概念获得成功。对于大多数人来说，选择"九龙斋"这个品牌，不是因为"解油腻"。真正的原因在于：在人们的心智中，"九龙斋"拥有着一种优势地位。这种具有优势的心智地位，决定了"九龙斋"将获得成功。当然，"九龙斋"这个品牌要想像"王老吉"一样获得巨大的成功，就必须像"王老吉"一样走出地域性市场，走出北京市场，走向全国市场。

（1）酸梅汤作为一种解暑饮料，其存在的历史十分久远。不管对于"北方人"来说，还是对于"南方人"来说，人们心智中都存在关于酸梅汤的产品概念——解暑饮料。"凉茶"这种产品的情况则有些不同。最初，"凉茶"的产品概念——降火饮料，仅仅存在于南方部分地区。但是，对于这两种饮料来说，有一个特点则基本相同，即有品类，没品牌。这两类产品都一直存在于市场上，而且历史都比较悠久。但是，在"九龙斋"之前，酸梅汤没有代表性的品牌；在"王老吉"之前，凉茶同样没有代表性的品牌。这两个品牌还有一个基本相同的特点，即二者都是第一个进入人们心智的品牌。"九龙斋"——第一个进入人们心智的酸梅汤品牌，"王老吉"——第一个进入人们心智的凉茶品牌。因此，这两个饮料品牌成为了各自所在品类的代表品牌。这是"九龙斋"获得成功的关键之处。

(2)"九龙斋"作为酸梅汤品牌,并非没有竞争对手。在"九龙斋"之后,"康师傅"很快推出了酸梅汤饮料。但是,"康师傅"并不具有品牌优势。原因是:第一,在人们的心智中,"康师傅"这个品牌并不代表酸梅汤,而是代表方便面。第二,"九龙斋"借助一个基本的概念,成功地进行了保护性定位。这个基本概念就是:"九龙斋"——老北京酸梅汤,全天然熬制,不添加香精、柠檬酸、焦糖色、山梨酸钾(防腐剂)……这是十分有效的定位概念,其营销价值在于两个方面:第一,"老北京"这个概念在人们心智中代表着一种传统,甚至代表着一种文化,如北京的糖葫芦、全聚德的烤鸭、稻香春的糕点、六必居的咸菜……这些产品和品牌都有"老北京"的色彩和概念。第二,"全天然熬制"这个概念——不添加香精、柠檬酸、焦糖色、山梨酸钾(防腐剂),这等于在告诉消费者,"康师傅"酸梅汤不正宗,是冒牌货。

(3)"九龙斋"真正的潜在竞争对手——"信远斋",不知出于何种原因,一直保持沉默,使得"九龙斋"得以大肆攻占人们的心智。"信远斋"这个品牌同样拥有"老北京"这个概念,同样坚持"全天然熬制",同样拥有"历史故事"。除此之外,"信远斋"制作的桂花酸梅汤,不但历史悠久,而且独具特色。换而言之,"九龙斋"具备的定位要素,"信远斋"完全具备了。"九龙斋"不具备的定位要素,"信远斋"也具备了。令人感到遗憾的是,"信远斋"不打算成为一个强势品牌。面对"九龙斋"的不断进攻,最具有潜在竞争力的品牌却远远地躲藏了起来。因此,"九龙斋"获得成功,既有策略的因素——阻断了"康师傅"入侵,又有运气的因素——潜力竞争对手"信远斋"逃避竞争。真正的竞争对手缺位——在这种情况下,"九龙斋"获得成功并不令人意外。

在人们的心智中,无论是"九龙斋",还是"酸梅汤",都不代表"解油腻"这个概念,而是代表"降暑饮料"这一概念。无论对于"南方人"来说,还是对于"北方人"来说,关于"酸梅汤"的概念,不但根深蒂固,而且不可改变。因此,"解油腻"这种定位就不可能对消费者产生真正的作用——构成选择"九龙斋"的关键理由。对于"九龙斋"来说，能够起到营销作用的定位概念，恰恰在"九龙斋"不太重视的地方——老北京酸梅汤，全天然熬制，不添加香精、柠檬酸、焦糖色、山梨酸钾（防腐剂）……这才是"九龙斋"品牌的关键所在。

观念形成过程

【头脑】从观念形成过程上看，人们的头脑对事物所持的观念，可以分为两种基本形成方式："短期印刻式"与"长期积累式"。"长期方式"与"短期方式"经常混在一起发挥作用。在人们形成观念的过程中，哪种方式影响更大？这似乎取决于人们对事物的接触情况——接触方式、接触频度、接触深度、接触广度。在一定的时间范围内，如果人们对一个事物有直接且深入的接触，那么人们会很快对事物产生清晰的概念（印象）。这样一个观念形成过程更加像是短期印刻的方式。与此相反，在一定的时间范围内，如果人们对一个事物没有直接且深入的接触，而是有间接且广泛的接触，从不同的方面获得有关事物的间接信息，那么人们会逐渐对事物产生清晰的概念（印象），这样一个观念形成过程更加像是长期积累的方式。在这个积累的过程中，人们从多种来源渠道获得有关信息。这些来自不同渠道的信息，多数是零碎式的相关信息，或者是片段式的相关信息。人们把这些信息组装成一个整体，就对事物形成了一个完整的概念。

【定位】大多数品牌不会与人们有直接且深入的接触。在购买品牌之前，人们与品牌的接触途径大多数为间接方式。对于一个品牌来说，人们是否会有广泛的接触，则取决于品牌的传播力度——品牌传播的频度、品牌传播的广度、品牌传播的深度。因此，对于大多数品牌来说，人们对品牌观念的形成，更多是通过长期积累的方式来完成。对于品牌定位来说，这具有两方面的意义。第一个方面的意义是：在人们的头脑中，一个品牌的价值概念不会在短时间内形成。这意味着什么？品牌价值概念的有效形成，往往需要经过一个较长的时间过程。具体一点来说，一个品牌的价值定位，至少需要几年的时间，甚至需要十几年的时间，才能在人们心智中铭刻出印记，才能在人们心智中凝固成概念。这就引出了一个定位基本法则——长效法则。第二个方面的意义是：品牌价值概念的有效形成，有赖于从不同渠道传播的信息，以及用不同方式传播的信息，并在传播过程中保持内容的一致性。这就是说，采用不同方式传播的信息，以及通过不同渠道传播的信息，应该在内容上保持一致性。这种一致性的营销活动方向，即所谓的整合营销传播。这就构成了定位理论的战略观——形成一致性的营销活动方向。

【案例】 1954 年，梅赛德斯—奔驰开始进入美国市场。但是，梅赛德斯—奔驰并不是市场上唯一的高级轿车品牌。当时，在美国汽车市场上，凯迪拉克（Cadillac）已经成为了高级轿车品牌。凯迪拉克意味着什么？"汽车中的凯迪拉克"——人们经常借用"凯迪拉克"这个品牌名称，赞美其他品类中的豪华品牌。针对凯迪拉克，梅赛德斯—奔驰发动了一场价格侧翼战——梅赛德斯—奔驰汽车的价位更高，远远高于凯迪拉克汽车。"更高的价格"形成了"更好的认知"——人们认为梅赛德斯—奔驰汽车比凯迪拉克汽车更高级。

凯迪拉克应该采取什么策略进行回击？"凯迪拉克"这个品牌应该打一场品牌防御战——坚持站在豪华汽车的顶端，抗击梅赛德斯—奔驰。令人感到遗憾的是，凯迪拉克没有积极回击。相反，它开始自己降低身价，向低端产品延伸——推出了凯迪拉克—西马龙（Cadillac Cimarton）、凯迪拉克—凯特拉（Cadillac Catera）。凯迪拉克这个品牌把自己降到了更低的层次上。从长期的角度看，凯迪拉克这种做法，无疑是在削弱品牌的市场价值。尤为严重的是，这削弱了品牌的顾客心智地位。

1989 年，凯迪拉克销售了 266899 辆汽车，而梅赛德斯—奔驰销售了 76152 辆汽车。2007 年，凯迪拉克销售了 214726 辆汽车，而梅赛德斯—奔驰销售了 253277 辆汽车。值得注意的是，梅赛德斯—奔驰的价格远远高于凯迪拉克。这给人们一种强烈的信号——梅赛德斯—奔驰汽车独一无二。在长期的广告主题中，梅赛德斯—奔驰很好地突出了其品牌定位——高级轿车品牌。例如，启动梅赛德斯—奔驰，世界上就像没有其他汽车一样。当然，由于梅赛德斯—奔驰价位更高，因此其销售数量上升缓慢。

年份	数量	年份	数量
1954 年	1000 辆	1984 年	79222 辆
1964 年	11234 辆	1994 年	73002 辆
1974 年	38826 辆	2007 年	253277 辆

进入美国 40 年之后，梅赛德斯—奔驰一年卖出去的汽车数量，还不如普通汽车——如雪佛兰（Chevrolet）一个月的销售量。但是，梅赛德斯—奔驰一路走来所建立的品牌地位，为其带来了巨大的业务收益。从 2005 年到 2007 年，通用汽车公司累计亏损 513 亿美元，福特汽车公司累计亏损 193 亿美元，而戴姆勒—奔驰公司在弥补了克莱斯勒公司（Chrysler）的亏损之后，仍然获得了 135 亿美元的净利润。在股票市场上，通用汽车公司市场价值为 18 亿美元，福特汽车公司的市场价值为 44 亿美元，而戴姆勒—奔驰公司的市场价值为 275 亿美元。

【结语】⊕ 头脑很难改变。对于定位来说，这意味着什么？产品可以被模仿，甚至可以被超越。但是，品牌在人们心智里的地位则难以被模仿，在人们心智里的概念难以被取代。这是定位理论的总机关。如果人们头脑里的观念很容易被改变，那么定位理论就失去了存在的必要。正是由于头脑很难改变，所以才要在人们头脑里建立一种价值地位，因为人们会把这种价值地位当成一种"事实"。一旦品牌在人们心智里拥有了这种"事实"，竞争品牌就很难再拥有同样的"事实"。这意味着一个基本原则——营销者必须承认人们头脑里的这种"事实"，必须尊重人们头脑里的这种"事实"，必须顺应人们头脑里的这种"事实"，而不能违背人们头脑里的这种"事实"。要根据人们头脑里的这种"事实"，寻找解决品牌竞争地位问题的有效途径。然而，人们心智中的品牌价值概念,并非在一朝一夕可以形成,而是需要经过长期的坚持与积累。这就是说,一个品牌主张的价值概念,需要进行"一致且又持续"的营销传播,才能在人们的心智里扎下根基。这种思想发展出两个重要定位原则——长效法则以及一致性原则。这种一致性原则,构成了定位理论的战略观——形成一致性的市场营销活动。

3.4　头脑害怕混乱

头脑里的品类与品牌

【头脑】✥ 哈佛大学心理学教授乔治·阿米蒂奇·米勒经过长期研究与大量实验,得出了关于大脑工作记忆的结论:头脑记忆跨度十分有限。在同一时间里,头脑所能处理的信息数量不会超过7个信息条目。那么,头脑如何对信息进行储存呢?头脑储存信息的方式极其简单。首先把信息进行归类,然后对信息进行存储。进一步来说,头脑储存信息的方式,首先要建立信息的类别概念,然后才存储信息本身的内容。这种信息储存方式,构成了人们头脑中的"记忆树"。首先,人们的头脑"画出树干"——建立类别概念。其次,人们的头脑"画出树枝"——创立分类概念。最后,头脑在树枝上"放上果实"——储存事物信息。头脑只有借助分类,才能记忆更多信息。因此,"记忆树"这种记忆方式,是人们存储信息的典型方式。

【定位】✥ 头脑采用的"记忆树"这种信息存储方式,同样适用于对产品和品牌信息的存储。人们记忆与理解"一种新产品"的方式,首先从"产品是什么"开始。具体一点来说,人们首先需要对产品做出一个定义,界定出新产品属于什么类别,以区分不同产品之间的差异。简单一点来说,就是人们需要借助一个类别概念,对新产品进行理解和记忆。在一个类别概念之下,人们对品牌概念进行记忆与理解。人们记忆与理解品牌的方式，首先从"品牌是什么"开始。具体一点来说，人们需要对不同品牌做出定义，以区分不同品牌之间的差异。人们如何定义不同品牌？人们借助不同价值概念对不同品牌进行区分。简而言之，对于不同品牌，人们会赋予不同的价值概念。这意味着什么？在人们的心智中，首先有品类概念，然后有品牌概念。品牌概念从属于品类概念，品类概念规定着品牌概念。这意味着什么？如果想让品牌在人们的心智里占据一个位置，那么必须让人们明白品牌代表什么品类，或者必须让人们明白这个品牌属于什么品类，否则人们的头脑就很难为品牌分配一个合适的存储位置。一个品牌必须在人们心智里隶属于一个品类概念，否则品牌及其价值概念就很难在人们心智中占据一个位置。概括起来说，人们心智中的品牌及其价值概念，不能脱离品类概念而单独存在。

【案例】 ✥ 在定位的游戏中，品类概念不是指产品本身，而是指在人们心智中的概念存在。这意味着，产品类别并不是由企业创造的，而是由顾客在头脑里创造的。企业无法强迫或者命令消费者，要求他们在头脑中创建一个新的产品类别。消费者可以听从企业的想法，从而接受一个产品类别，也可以不听从企业的想法，从而拒绝接受一个产品类别。如果消费者不听从企业的想法，那么企业只能放弃眼前使用的"产品类别名字"，重新寻找一个顾客愿意接受的"产品类别名字"。

1993年8月，苹果公司推出了一种新产品，这种新产品被命名为"牛顿"（Newton）。苹果公司声称，"牛顿"是一种PDA产品。PDA即个人数字助理（Personal Digital Assistant）的英文缩写。结果，这引出了一些麻烦。"牛顿"最大的问题就是品牌的定位问题。具体来说，人们不知道"牛顿"到底是一种什么产品。在第一批印刷广告里，苹果公司说："牛顿"是什么？在电视广告里，苹果公司说：谁是"牛顿"？"牛顿"是什么？"牛顿"在哪儿？不幸的是，苹果公司没能回答这些问题。在面对这个产品的时候，消费者似乎感到不知所云。问题的关键在于：PDA很难成为一种产品类别，亦不可能成为一种产品类别。许多其他电子产品,实际上都可以称为"个人数字助理"。"个人数字助理"这个概念,很难与其他电子产品区分开来。迄今为止,"个人数据助理"这种产品在人们心智里依然不是一个独立的产品类别。

〔**背景资料**〕PDA 可以细分为四大类——不但有电子词典、掌上电脑,还包括手持电脑设备、个人通讯助理。手持电脑设备和个人通讯助理已经慢慢融合在一起了。由于技术与市场的逐步发展,PDA 应用在越来越多的领域中——如林业、农业、地质、国土、电力、军事、物流、旅游、餐饮……工业级 PDA 品类繁多,各种行业里都能看到 PDA 产品。PDA 的功能越来越强大,如卫星定位、电子罗盘、读码设备、实时通信、实时通话……这些五花八门的功能,可以根据实际需要结合在一起。但是,具备不同功能、应用于各种行业的所谓 PDA 手持工具或者设备,在各个行业中的产品名字叫什么?这些产品都有自己的品类名称,如手持 GPS、智能手机、电子词典……没有一个叫做 PDA。由此可见,在消费者的心智中,不存在一个叫 PDA 的类别。

如果要想让人们接受一个新产品类别,那么必须说明产品具备什么关键功能,这样人们才容易理解,并记住这种新产品的特点。企业常常遇到这种问题:在产品说明书中,总是想把所有功能包括在内,产品说明书变得越来越复杂,就像一本专业技术书籍。其结果是:各种复杂的功能与介绍,把顾客的头脑搞糊涂了,不知道新产品的特点在何处。在许多情况下,甚至不知道应该把新产品归入什么类别。例如,"牛顿信息板"这种产品由三个产品构成,即计算机、通信机和电子管理器。实际上,这样一种产品装置具有三种产品的功效。为这种多功能装置定位十分困难,"牛顿"面临着同样的问题。解决"牛顿"问题的方法,就是要做出牺牲——成功的品牌战略定位,必须包含牺牲与取舍。这并不意味着必须放弃"牛顿"的一些功能。产品本身不需要进行改变,而要改变的则是攻占人们心智的策略。对"牛顿"的定位,必须强调品牌的焦点——仅强调"牛顿"的关键功能。那么,应该强调哪种功能呢?

首先,不应该强调"电脑功能"。若把"牛顿"定位为"笔输入式"计算机,其实是一个十分落后的想法。对于"上一代人"来说,可能知道"笔输入式"计算机有什么优势,"新一代年轻人"则不知道"笔输入式"计算机的优势,因为许多年轻人更愿意使用键盘输入,而不愿意使用手写笔输入。其次,不应该是"通信功能"。这是因为"牛顿"没有话筒,如果强调"牛顿"的通讯功能,那么这无疑是一个蹩脚的定位。再次,不应该强调"传真功能","牛顿"的传真功能具有局限性——只有在基础构件配套的情况下,才能发挥出"牛顿"的传真功能。最后,只剩下了"管理器功能"。这种管理器功能可以充当"牛顿"的定位焦点。如果问"牛顿"的用户为什么使用这种设备,他们会说:因为有"管理器功能"。由此可见,作为一种"管理设备","牛顿"颇受消费者欢迎。因此,"牛顿"应该归入"电子管理器"这个产品类别,因为这个品类已经清晰地存在于人们的心智里面了。

无论什么产品与品牌,都需要存在竞争对手。否则,这个产品不会走得很远。"牛顿"作为一种PDA产品,在人们心智里不存在竞争对手。不仅如此,"牛顿"这个品牌不属于任何产品类别,因此很难被顾客列入思考选择范围。可是,如果作为一种"电子管理器",那么牛顿就有很多竞争者——特别是夏普公司(Sharp),在电子管理器市场上的市场份额达到了60%。1994年,电子管理器销售量超过1000万台,而个人数字助理只销售出12万台。由此可见,电子管理器的市场更加广阔。一般来说,打算创造一个新的产品类别并不是最佳定位战略方案。有效的策略是:对现有的产品类别进行分化,对现有的产品市场进行分割,因为这种类别分化与市场分割,更加容易为消费者的头脑所接受,更加容易对消费者的头脑进行定位。例如,天腾公司(Tandem)分化出"容错型计算机",奥维尔·瑞登贝克公司(Orville Redenbacher)分化出"美食家爆米花"(Gourmet Popcorn)。显而易见,苹果公司的最佳选择,是对"牛顿"进行重新定位,把它定位成为"高级的管理器",从而在管理器这个产品类别里,分化出"高级管理器"这个分支,利用"高级管理器"这个概念,对现有市场进行二次分割。

事实上,"牛顿"销售价格很高,这有利于构建这种价值定位。这就是说,在现有产品类别里,"牛顿"要采用"高价"进行市场细分。

万宝龙钢笔（Montblanc）、劳力士手表（Rolex）、奔驰汽车……这些品牌都是这样的例子。此外，"牛顿"采用手写笔输入的方式——不用键盘输入——与高级管理器的定位十分匹配。这说明了一个变化，即与传统的管理器相比，"牛顿"有了更多的重要改进。苹果公司应该打出这样的广告：在不知不觉之中，"牛顿"把夏普甩在了后面。高级的管理器——不用键盘输入——这就是最好的证据。与"牛顿是什么"相比，这肯定更加具有吸引力，与"牛顿在哪儿"相比，这肯定更能提高销售额。在许多时候，我们必须有勇气承认：对产品的定位与顾客的心智不相符。此时，最好的方法是坦诚地面对顾客，对品牌进行重新定位。这样，顾客就会更容易接受新产品。但是，"牛顿"始终在市场上找不到合适的定位，因此销售量持续低迷而停止发展。1997年，史蒂夫·乔布斯（Steve Jobs）宣布，苹果公司停止生产"牛顿"。

头脑里的分类与排队

【头脑】头脑喜欢清晰，头脑害怕混乱。那么，头脑如何保持信息存储秩序，又如何避免记忆陷入混乱？头脑采用分类与排队的方式，对所接受的信息进行存储与记忆。首先，头脑建立起某种广义的类别概念。其次，在广义类别概念之下，头脑建立起不同的分类概念。最后，在分类概念之下，头脑按照某种优先次序，排列记忆具体的信息内容。这种分类和排序的方法，是头脑处理信息的基本方式，是头脑保持清晰的基本方式。对于存储在同一个分类里的信息，头脑所能排列存储的信息单元（记忆）的长度一般不会超过 7 ± 2 个信息条目（跨度）。

【定位】头脑对产品及品牌信息的存储和记忆，同样采用分类和排队的办法。在人们的头脑中，犹如存在着各种各样的梯子。一个梯子代表着一个产品类别，一个梯级意味着一个品牌地位。对于同一个产品类别来说，品牌信息的记忆跨度，或者品牌阶梯的层级数目，一般不会超过7±2这个数字范围。对于大多数产品类别来说，人们头脑里的品牌阶梯仅拥有3~4个层级。排位在3~4层之后的品牌，很难在人们的头脑里留下什么印象。在选择产品和品牌的时候，人们首先会对"产品类别"做出选择，然后再对品类中的"品牌"做出选择。当人们选择品牌的时候，越是排在梯子上层的品牌，被选择的机会就越大；相反，越是排在梯子下层的品牌，被选择的机会就越小。对于定位目标来说，不仅是要挤上层级有限的"品牌阶梯"，而且还要占据一个"品牌阶梯"的顶端位置。这意味着一个最高目标——成为一个"产品类别"中的领先品牌，成为一个"产品类别"中的代表品牌。占据品牌阶梯的顶端，就是品牌战略定位的首要目标。

【案例】 ⊕ 1983年，假日酒店（Holiday Inn）做出决定，开始涉足"全套房式酒店"（All Suite Hotel）。其所选择的品牌名字是"大使套房"（Embassy Suites）。20世纪80年代初期，在全套房式酒店领域，只有两个主要的竞争对手：一家是顾客宿舍酒店（Guest Quarters），拥有8家分店，主要集中在美国东部地区；一家是皇家格拉纳达酒店（Granada Royale），拥有20家酒店，主要集中在美国西部地区。"大使套房酒店"需要针对这种竞争格局，寻找有效的竞争策略，以在一个品类中占据主导地位。对此，营销咨询人员提出了两点建议。

（1）第一个进入人们心智的品牌——全套房式酒店，不但会成为品类中的领导者，而且能更快地主导这个酒店品类。要想快速主导"全套房酒店"这个品类，就应该收购品类中最大的连锁酒店品牌——首先收购皇家格拉纳达酒店，然后把名字改成"大使套房酒店"。这样，"大使套房酒店"可以成为全套房式酒店的领先者，从而成为全套房式酒店的主导者。假日酒店采纳了这个建议，收购了皇家格拉纳达酒店。

（2）人们普遍认为，普通酒店标准套房十分昂贵。"全套房式酒店"推出之前，普通酒店的标准套房就十分昂贵。换而言之，大使套房酒店要与普通酒店标准套房争夺市场，因此其价格应该更为合理，不能比普通酒店标准套房更贵。酒店套房的最大好处，就是有独立的卧室和书房。因此其宣传口号应该为：大使套房酒店——一个房间的价格，两个房间的享受，进而把"全套房式酒店"发展成为主流酒店。令人感到遗憾的是，假日酒店不愿意采纳这个建议，其高层管理人员认为，这个广告语"过于简单并且缺乏创意"。

假日酒店找到了看似更好的创意——用加菲猫（Garfield）充当品牌代言人，其宣传口号为：不必成为一只肥猫，同样能享受套房生活。如今，加菲猫（Garfield）早已结账离开。在很久之前，"大使套房酒店"就抛弃了加菲猫。"大使套房酒店"如今不失为一个成功的酒店品牌，其成功的关键原因在于早期建立起的领先地位。但是，"大使套房酒店"失去了一个更加具有竞争力的机会：对传统酒店的标准套房进行重新定位，将其重新定位为"过于昂贵的套房"。"一个房间的价格，两个房间的享受"，即便在今天仍然十分具有吸引力。"全套房式酒店"从未实现其预期的效果——在酒店行业中占据主导性地位。现在，更多的人选择住单间酒店（single room hotel），而不是套房酒店（suites hotel）。

头脑里的品牌与地位

【头脑】在人们的心智之中，品牌所占据的地位受到两个方面因素的影响。首先，品牌进入心智的时间顺序，决定着品牌在阶梯上的地位。其次，品牌价值概念的差异程度，影响着品牌在阶梯上的地位。从第一个方面来看，头脑按照时间顺序，依次分配品牌地位。第一个品牌具有特殊意义：占领着品类阶梯的第一位置，充当着一个品类的首席代表。第二个品牌则不具有这种代表意义。从第二个方面来看，对于第二个品牌或者第三个品牌来说，要想缩小与领先者之间的差距，提高自身在品牌阶梯上的地位，则需要借助差异性的品牌价值概念。差异性价值概念作用的大小，则取决于品牌价值概念的针对性、重要性和清晰度。这两方面的因素交织在一起，决定着品牌在人们心智中的地位。

【定位】一个品牌所表现出来的竞争力，取决于品牌拥有的心智地位。反过来说，品牌在人们心智中拥有的地位，决定着品牌的市场竞争地位。定位，就是要解决品牌在人们心智里的地位问题。定位，首先要让品牌在人们心智里获取领先地位。要想获取领先地位，唯一可走的捷径，就是"捷足先登，争做第一"。在定位的游戏中，一个品牌要想获取领先地位，可以采用两种方法。第一种方法，抢占品牌阶梯顶端。就是要在一个既有产品类别里抢先占据品牌阶梯的顶端，成为这个品类里的领先者。然后，维护好这个领先地位，坚守住这个顶端位置；不断压制住竞争者的进攻，保持领先者的地位。第二种方法，创造出一个新品类。首先创造一个能够为人们所接受的新品类，然后在所创造的新品类中抢先占领品牌阶梯顶端，充当这个新品类的代表品牌。从某种程度上看，定位策略的出发点都是一个心智空白点。无论占据品牌阶梯顶端，还是创建出一个新品类，终极定位目标完全一样——占领心智空白。创造一个新品类的确切含义为：在人们的心智中，界定出一个尚未被任何品牌占领的心智空白。然后，新品类的创建者抢先占领这个尚未被占领的空白领域，充当这个空白领域中的领先品牌。

【案例】第二次世界大战之后，美国啤酒业经历了一段混战时期。1951～1952年，施利茨啤酒（Schlitz）处于领先地位。1953～1954年，百威啤酒（Budweiser）又占据领先地位。1955年～1956年，施利茨啤酒（Schlitz）再次获得领先地位。卡尔·冯·克劳塞维茨（Carl Von Clausewitz）曾经指出："有许多人认为，事半可以功倍。虽说跨越一小步比一大步容易，但是在跨越一条大沟的时候，绝不会有人想先跨过一半，再跨另外一半。"

这是一个关键时期，绝不能只付出一半的努力。因为这两个品牌都有可能赢得胜利。或许，多花几百万美元做广告就可以决定双方的胜负。即使获得暂时的阶段性市场优势，都可能意味着巨大的长期优势。对于其中的道理，《战争论》做出了精确的解释：在许多时候，战场上胜利与失败的界限，取决于双方在人员伤亡、战俘、损失等方面的微小差异。1957 年，百威啤酒重新获得领先地位。但是，这种领先优势极其微弱，仅有 1.5% 的市场份额领先优势。但从此以后，二者之间的距离越来越大，百威啤酒再也没有被超越。双方胜败的结局十分明显。如今，百威啤酒的销量是施利茨啤酒的 20 倍。

啤酒业内人士认为，百威啤酒之所以能够赢得胜利，是因为施利茨啤酒品质低劣。20 世纪 60 年代后期，施利茨啤酒开始建造高效啤酒厂，并缩短啤酒酿造周期。施利茨啤酒的这种做法，在啤酒业内引起了争论。啤酒业内人士认为，这影响了啤酒的口味。或许，事实确实如此。但是，时间顺序不对。百威啤酒在赢得领导地位 10 年之后，施利茨啤酒才始建造高效啤酒厂。事实再清楚不过了，百威啤酒赢得胜利，与施利茨啤酒的质量没有关系。商业历史与军事历史都告诉我们：当对手占据上风的时候，己方境地就会越来越坏。其结果就是：富的越来越富，穷的越来越穷。

【案例】 第二次世界大战之后，喜力啤酒（Heineken）第一个进入美国市场。在没有遭遇任何抵抗的情况下，喜力啤酒很快就在市场上找到了立足点，成为美国市场上第一大进口高价啤酒品牌。1963 年，安海斯—布施公司（Anheuser-Busch）——美国啤酒业的领先企业——才开始反击喜力啤酒的进攻。安海斯—布施公司的行动简单却卓有成效。为了对抗喜力啤酒所占据的第一大进口高价啤酒的地位，安海斯—布施公司推出了第一种美国高价啤酒，这种啤酒被命名为"米狮龙"（Michelob），并配以昂贵的包装酒瓶，当然还有高昂的价格——这是常被企业忽略的战略配称行动。在人们的心智中，在美国市场上位居第一的高价啤酒，不是米狮龙这个品牌，而是喜力这个品牌。但是，喜力啤酒是高价的进口啤酒，米狮龙啤酒则是高价的美国啤酒。在广告里，米狮龙啤酒说道：喜力啤酒是第一个进口高价啤酒，米狮龙啤酒是第一个国产高价啤酒。米狮龙是堪称一流的啤酒品牌，是飞机上的最佳饮料，是周末休闲的必备饮品。这样，米狮龙啤酒被定位成美国高价啤酒。没用几年的时间，米狮龙啤酒就获得了巨大的成功，成了销售量最大的啤酒品牌之一。米狮龙啤酒不但价格不菲，而且赢利相当丰厚。

1980年，米狮龙啤酒达到了高峰期，拥有美国啤酒市场6%的份额，销量不仅超过了喜力啤酒，还是所有进口啤酒销量的2倍。米狮龙啤酒是不是第一个美国高价啤酒呢？当然不是。但是，米狮龙啤酒是第一个进入消费者心智的美国高价啤酒。因此，在人们心智里，米狮龙啤酒建立起了美国高价啤酒的领先地位。不幸的是，米狮龙啤酒提出了"夜晚属于米狮龙"这样的低级宣传口号，从而丧失了一流的身份地位。从此以后，米狮龙啤酒就开始走下坡路。

阶梯上的品牌与策略

【头脑】从品牌地位的角度看，人们心智中的品牌基本上可以分为两种类型：一类是领先品牌，一类是跟随品牌。在人们的心智中，一旦某个品牌占据了领先地位，成为一个品类的代表品牌，那么这个领先地位就很难改变。关键原因在于：头脑观念很难改变。由于头脑的这种认知特性，领先品牌具有先天优势。从领先者的角度上看，一旦品牌获得了领先地位，那么维护这个领先地位就很容易。从竞争者的角度上看，一旦品牌获得领先地位，那么这个领先地位就很难被取代。在人们的心智中，跟随品牌很难摆脱"效仿品"的形象，难以摆脱"二流货"的地位。要改变落后的地位，跟随品牌必须在人们的头脑中做到"与众不同"。这就是说，相对于领先品牌而言，跟随品牌要在人们心智中"独具特色"。这是规避领先品牌"心智地位优势"的关键所在，同样是超越领先品牌"心智地位优势"的关键所在。

【定位】在一个产品类别中，不能获得领先地位的品牌，应该针对领先者的位置，思考如何在人们心智中构建己方品牌的地位。定位这种认知游戏本质上是一场三方互动游戏。定位游戏的参与者包括经营者、竞争者和消费者。要想提升品牌在阶梯上的位置，既要考虑己方在品牌阶梯上的地位，又要考虑敌方在品牌阶梯上的位置。然后，根据敌我双方的相对位置，选择适合己方地位的攻击策略。领先者的策略应该集中在维护领先地位上。跟随者的策略应该集中在提高己方地位上，即根据己方的地位，针对领先者的领先地位，采取差异性定位策略。这种定位思想构成了定位的战术观。进一步来说，就是根据敌我双方在品牌阶梯上的位置，针对敌方在品牌阶梯上的位置，寻找独特性的定位思维视角（战术），展开一致的营销攻击行动（战略）。这样一个定位过程涵盖了完整的定位观——不但包括定位的战术观，而且还包括定位的战略观。

【案例】 ⊕ 第二次世界大战之后，喜力啤酒（Heineken）第一个进入美国市场。在没有任何设防与抵抗的情况下，喜力啤酒很快在市场上找到了立足点，成为美国第一大进口高价啤酒品牌，占有美国进口啤酒40%的市场份额。实际上，喜力啤酒成功地发动了一场侧翼战，才成为了美国第一大进口高价啤酒品牌，并占据了美国进口啤酒40%的市场份额。

这场侧翼战的发动时机显得恰到好处。当时，百威啤酒与施利茨啤酒正在争夺领先地位。在最初的几年里，喜力啤酒一直在战略行动上投入大笔资金，特别是在品牌宣传广告上的投入，喜力啤酒超过了所有其他进口啤酒品牌。这就是侧翼战的乘胜追击原则，旨在巩固侧翼进攻取得的营销成果。

美国啤酒业的领先企业——安海斯—布施公司（Anheuser-Busch）——本来应该及时阻击喜力啤酒的侧翼进攻。安海斯—布施公司可以与一家欧洲啤酒企业（如德国啤酒企业。德国啤酒在全球享有盛誉）达成协议，进口对方国家的啤酒及品牌，以高价进口啤酒阻击喜力啤酒的侧翼攻击，遏制喜力啤酒的进一步发展。这是领先者应该采取的策略。

令人感到遗憾的是，安海斯—布施公司等待了很长时间，却没有采取任何阻击防御战略,直到1963年,它才开始反击喜力啤酒的进攻。但是为时已晚,喜力啤酒已经建立起了稳固的防御阵地。

【案例】 在1963年之前,第一个向喜力啤酒发起进攻的大品牌,是产自德国慕尼黑的卢云堡啤酒(Lowenbrau)。卢云堡啤酒的包装极其引人注目,有蓝色、绿色、银色的包装酒瓶。卢云堡啤酒发起了规模浩大的广告战役。至今,这些广告仍为人们所谈论。例如:"如果卢云堡啤酒卖完了……那就来一瓶香槟吧。"这个广告很富有戏剧性,引人注目并且过目难忘。但是,对于卢云堡啤酒来说,这却是完全错误的攻击方向。好的广告,却用在了错误的品牌上。将"啤酒"与"香槟"等同起来,似乎更适用于喜力啤酒。

当时,喜力啤酒已经夺取了进口高价啤酒的领先地位。在这种情况下,这个广告所发挥的实际作用,无疑是在拓展高价进口啤酒市场。事实上,这等于帮助喜力啤酒推广进口高价啤酒。卢云堡啤酒所面临的问题,并不在于急着扩大市场规模,其问题在于如何进攻喜力啤酒。卢云堡啤酒首先应该寻找喜力啤酒的空虚之处,然后对其薄弱环节发动进攻。在拓展市场之前,卢云堡啤酒应该首先建立一个独特的市场地位。

卢云堡啤酒应该对喜力啤酒发起进攻战,首先从喜力啤酒的强势里找到固有的弱点,然后对这一弱点发起猛烈攻击。这是第二品牌应该采用的策略。喜力啤酒的强势在于:已经获得了美国第一个进口高价啤酒的地位。那么,喜力啤酒的弱点在哪里?喜力啤酒的弱点在其原产地上——荷兰(Holland),这就是喜力啤酒强势里固有的弱点。一个国家或者地区的著名产业地位,可以直接影响这个国家或地区的品牌地位。例如,法国葡萄酒闻名于世,德国啤酒享誉全球。那么,荷兰闻名于世的是什么?是风车、奶酪、运河,而不是啤酒。这些是消费者心智里固有的国家品牌地位。

卢云堡啤酒或者其他德国啤酒品牌,可以利用人们心智里的这种固有观念,对喜力啤酒发起进攻战。卢云堡啤酒应该尽量收缩战线,在狭窄的阵地上发起猛烈进攻。卢云堡啤酒应该放弃那些毫无攻击效果的广告宣传，如"麦芽与啤酒花"、"啤酒酿造专家"、"400年悠久历史"等，把精力集中在喜力啤酒的强势中固有的弱点上。卢云堡啤酒应该这样告诉人们："你已经喝过荷兰最好的啤酒了。现在，请你来品尝一下德国最好的啤酒吧。"这会对喜力啤酒形成强大的攻击力量，并以此建立起卢云堡啤酒的市场地位。这是第二品牌应该采取的策略。令人感到遗憾的是，卢云堡啤酒始终没有这样做。

卢云堡啤酒的品牌商标，最终被米勒酿酒公司（Miller Brewing）购买下来，并开始在美国本土酿造卢云堡啤酒。这次，卢云堡啤酒把目标对准了米狮龙啤酒。安海斯—布施公司毫不犹豫，迅速予以反击。安海斯—布施公司指责卢云堡啤酒：在广告里假称进口啤酒，并以进口啤酒标价销售。安海斯—布施公司指出：实际上，卢云堡啤酒完全在美国酿造。安海斯—布施公司的反击，成功遏制了卢云堡啤酒的发展。具有讽刺意味的是，在卢云堡啤酒还是真正进口啤酒的时候，没能抓住"进口啤酒"这一优势策略，并以此对喜力啤酒发起进攻。在变为美国本土啤酒后，敌人却拾起自己丢弃的武器向自己开了火。这真是一个大幽默。但是，这种策略方法依然有效。

【案例】⊕ 贝克啤酒酿造公司（Becks）起源于16世纪德国不来梅古城（Bremen City）。凭借着其精良的酿造技术，贝克啤酒这个品牌一直流传至今。18世纪，贝克啤酒公司开始向北海以及波罗的海（Baltic Sea）沿岸城市出口啤酒。1876年，在为纪念美国建国100周年而举办的费城（Philadelphia）世界博览会上，贝克啤酒获得了"第一届国际竞赛金牌奖"的殊荣。在此后的百余年间，贝克啤酒所获奖项不计其数。贝克啤酒是德国啤酒的代表，同时也是全世界最受欢迎的德国啤酒，更是德国啤酒出口的第一品牌，其年均出口量超过德国啤酒出口总量的35%。

在美国市场上，卢云堡啤酒不肯采用的策略，贝克啤酒则拾起来大胆采用。在宣传广告里，贝克啤酒说道："你已经尝过了在美国最受欢迎的德国啤酒。现在,你应该尝尝在德国最受欢迎的啤酒了。"凭借"在德国最受欢迎的啤酒"这个定位,贝克啤酒的销售量连年上升,成为美国进口啤酒的主要品牌之一,位居美国进口啤酒品牌的第三位。不幸的是,贝克啤酒依然面临着一些困难。与喜力啤酒相比,贝克啤酒来得有些太迟了,喜力啤酒已经抢先占领了市场的制高点。市场排名第三这个位置距离第一位还很遥远,还无法享受成为领先者的胜利果实。

喜力啤酒依然遥遥领先,销售额超过贝克啤酒5倍。更加不幸的是,贝克啤酒这个品牌名字听上去更像是一个英国品牌名称。喜力啤酒这个品牌名字,听起来则更像是一个德国名字。同时,施利茨、帕布斯特(Pabst)、百威、布士(Busch)、黑尔曼(Heileman)、布拉茨(Blatz)、雪弗(Schaefer)、麦斯特布劳(Meister Brau)……这些品牌的名称,听起来都更加具有德国味道。实际上,这些品牌都在美国本土酿造。品牌名称与品牌定位一样重要,对传达品牌定位所起的作用,品牌名称比品牌定位本身更重要。尽管如此,贝克啤酒的策略还是奏效了。这就是攻击领先者弱点的结果。

【结语】 ⊕ 头脑害怕混乱。对定位来说,这意味着什么?(1)在品牌竞争格局中,品牌应该成为一个产品类别中的领先者。或者说,品牌应该成为一个类别中的代表者。这构成了定位理论领先法则的核心思想。(2)如果不能成为一个类别里的领先者,那么可以创建一个新类别,使品牌成为新类别里的领先者。这构成了定位理论类别法则的核心思想。(3)在人们的心智中,品牌必须挤进前三名的位置,否则这个品牌的生存状态不会乐观到哪里去。这构成了定位理论阶梯法则的核心思想。(4)在品牌竞争格局中,品牌应该根据所处位置的不同,从不同的定位视角出发,寻找针对竞争对手的进攻策略,这构成了定位理论战术的核心思想——寻找独特性的竞争思维视角。

3.5　头脑不太可靠

头脑并不可靠

【头脑】⊕ 人们的日常行为经常表现出"言行不一"。这并不意味着人们在故意撒谎。当人们表态的时候，人们面临另一种情境。当人们行动的时候，人们面临一种情境。"言"与"行"面临着完全不同的情境。由于情境背景完全不同，人们面对的压力与矛盾不同，应对情境的行为选择不同，因此导致了"言行不一"。这意味着一个问题：人们说出来的东西，不等于人们做出来的事情。从产生机制上看，这涉及两种意识作用——"有意识"与"潜意识"。在人们表态的时候，"有意识"占据着主导地位，因而人们会给出理性上的正确答案。当人们行动的时候，"潜意识"占据着主导地位，因而人们会做出感性上的合理决定。在大多数时候，人们的大脑自动完成工作。这就是说，人们的大部分行为受到"潜意识"思维控制。因此，"潜意识"感性思维更加"能够"解释人们的行为。

【定位】⊕ 对于市场调查来说，人们很不可靠的头脑，经常引起营销的灾难。市场调查引起的灾难，主要根源在于无法统一的两个方面：（1）头脑表现"言行不一"；（2）调查要求"言行一致"。这二者之间的根本矛盾，决定着市场调查有可能失效。因此，问卷调查方法无法探知顾客头脑中的想法。对于市场调查来说，传统问卷调查方法已经失去了实际意义。填写问卷与购买选择属于完全不同的两种情境。填写问卷不用回答者自己掏钱，购买选择需要消费者自己付费。填写问卷只需考虑答案的合理性，购买选择需要考虑消费实际性。填写问卷表达出喜欢什么产品，购买选择表现出喜欢什么品牌。这种矛盾的焦点在于：消费者对调查问卷的回答，并不能代表购买过程的选择，不但代表不了自身的选择，更代表不了他人的选择。对于定位来说，不能完全按照消费者的说法，设计品牌的营销策略。要想找到有效的营销策略，必须知道消费者的想法。

【案例】⊕ 大多数企业找不到有效的营销策略和方法。大多数企业不能回答一个基本问题：什么促使人们做出购买选择？什么导致人们选择一个品牌，而不选择另一个品牌？顾客究竟怎么想，企业应该怎么做，才能吸引消费者产生购买行为，而不仅仅是吸引消费者的注意力？对于许多企业来说，营销就是撞大运。成功与失败，更多地取决于运气的好坏。但是，很少有企业承认这一点。

美国百货行业创始人约翰·沃纳梅克（John Wanamaker）曾经留下了一段广告名言："我清楚地知道，花在广告上的钱有一半被浪费掉了。但是，我根本不知道浪费掉的是哪一半。"对于这个问题，没有人能够给出合理的解释。企业依然简单地认为，要想让人们购买自己产品，必须要大把地花钱做广告。在许多时候，企业所浪费掉的广告费用，不是全部投入的一半，而是全部投入。

营销人员依然信赖传统办法，做着自己十分熟悉的事情，做着自己认为正确的事情。首先，进行定量研究——针对一种观点、一个概念、一种产品、一种包装，对大批志愿者进行问卷调查。然后，继续进行定性研究——在同一批志愿者之中，随意抽取一些更细分的焦点小组，对这个焦点小组进行深入研究。在焦点小组里，人们对调查问卷所做的回答，与购买行为方式毫无关系，二者之间的距离相差很大。这说明了一个事实：这种调查方法无效。

2005 年，在市场调查上，美国企业花掉了 73 亿美元。到了 2007 年，这个数字达到了 120 亿美元。这仅仅是市场调查费用。在产品营销过程中，美国企业花掉的其他营销费用更多，这些费用包括包装、展示、公告、电视广告、在线广告、名人代言……2007 年，这些营销费用达到了 1170 亿美元。但是，如果这些策略仍然有效，那么为什么在进入市场 3 个月后，有 4/5 的新产品夭折了？在日本，新产品"夭折率"达到97%。这意味着一个事实：市场调研获得的结论，在绝大多数情况下无效。

【案例】⊕ 在《买》一书中，作者讲述了一个关于中国消费者的实验故事。微软公司有一则全球性电视广告，在全世界范围内获得了人们的广泛认可。这似乎证明了"同一个电视广告适用于全球市场"的理论。但是，中国人否定了这一理论的假设。

这则广告的画面是：首先，一个空仓库出现在镜头里。然后，温和的画外音出现，向大家叙述微软公司的故事——如何"把任一时刻都转化为绝佳的机会"。在叙述故事的过程中，画面上出现了手绘的各种图案。一个空空如也的仓库，最终变成了一个坐满了几百名观众的音乐厅。

在日本，研究人员针对这则电视广告进行了消费者大脑扫描测试。与其他国家的人一样，日本人似乎很喜欢这个广告——空空的大仓库看起来很吸引人。这是因为在日本几乎找不到这么空旷的空间。微软公司的这则广告在全球获得了巨大成功。这似乎证明了一种说法："同样的电视广告能够影响全世界各国消费者"。

这里面包括中国消费者吗？在中国播放这个广告时，发生了一个出人意料的情况。这种意外情况在任何一个国家都没有出现过。在问卷调查中，大多数人表达了对这个广告的喜爱，至少在纸上选择了"喜欢这个广告"。这一测试结果与在其他国家的测试结果差不多。

- 问卷提出问题："你喜欢这个广告吗？"
- 大多数人回答："是"。
- 问卷提出问题："看了这个广告后，你会考虑购买微软的产品吗？"
- 大多数人回答："是。"

这是事实真相吗？脑部扫描结果截然不同。研究小组的所有人都感到非常迷惑。与问卷调查结果相反，中国人似乎并不喜欢这个广告。广告的开场是导致这种结果的根本原因。当空旷的仓库出现的时候，中国人脑部与"抵触感受"相关联的区域，像火球一样被点亮了。

事实十分明显，中国人非常抵触"空仓库"的概念。这种"货架上没有货物出售"的场景,让中国人感到很不舒服。具有讽刺意味的是,没有人能够通过语言表达这种感受,只有潜意识清楚地反映了事情的本质。关于"同一个电视广告适用于全球市场"的观点,被中国人彻底推翻了。中国人成为了这一观点失败的见证人。

【案例】对于吸烟者来说,"吸烟警告"——吸烟可导致肺癌、吸烟可导致肺气肿、吸烟可导致胎儿畸形……这些极其直白、不容争辩的话语,几乎没有任何作用。这些仅仅是相对"委婉"的美式警告,还有更加令人感到恐怖的严厉警告。但是,无论是委婉的警告,还是严厉的警告,其作用似乎都十分有限。

在欧洲市场上,"骆驼"香烟包装上的警告言简意赅——"吸烟可致死亡"(Fumar Mata),这连小孩子都能读懂。在泰国、巴西、加拿大、澳大利亚等国家,还有更加恐怖的吸烟警告方式——一些源于真实生活的血淋淋的图片,展现出真实的肺部肿瘤、坏疽的脚背及其脚趾、咽喉癌所引起的嘴唇破裂以及牙齿脱落。

这些令人感到恐怖的警告,可以令大多数吸烟者悬崖勒马吗?2006年,即使全世界都在禁止香烟广告、医学界频繁地发出健康警告、政府为禁烟活动投入大量资金,全球的吸烟者仍然吸掉了大约57630亿支香烟。这说明一个问题:所有这些宣传活动都没击中人们的要害。由此可以推断,许多商业广告同样无法击中人们的要害。

【案例】在《买》一书中,作者讲述了一个关于戒烟宣传效果的实验。从来自美国、英国、德国、日本、中国的2081位志愿者中,研究人员挑选出32名吸烟者,参与了这次历史上最大型、最富有革命性的"科学营销实验"。

玛琳(Marlene)是参与研究测试的吸烟者之一。从测试前的问卷及面谈中,研究人员得知:15年前,玛琳在寄宿学校开始吸烟。玛琳认为,自己并不是对尼古丁上瘾,而更像是一个"派对吸烟者"——只是在晚上 8 点到 10 点抽几支香烟。
- 问卷问题:"你受到香烟盒上警告的影响了吗?"
- 玛琳写道:"是的。"笔在玛琳手指中间转来转去,她好像在思考些什么。
- 问卷问题:"在看过那些警告之后,你的吸烟量是否有所减少?"
- 玛琳写道:"是的"。玛琳仍然转动着手里的笔。

虽然玛琳对问卷的回答非常清晰明了,但是实验人员要利用功能性磁共振成像扫描技术,对玛琳的大脑进行一次"访谈"。借助这种实验设备,研究人员可以进一步了解,玛琳的大脑对"吸烟警告"究竟会产生什么反应。这将证明:人们所说出来的东西,是否代表着人们的真正想法,是否代表人们会做出来的事情。

【案例】⊕ 玛琳待在一台磁共振扫描仪里。一台小型的、类似于汽车后视镜的反射仪器,把一系列香烟的警告标识从各个角度投射出来。图案一个接着一个地投影在一个屏幕上。当图像逐个出现的时候,通过按下按钮盒的方式,玛琳可以表达对图像的回应。在幻灯片播放的过程中,扫描设备将会测试出玛琳的大脑对吸烟的渴望程度达到了什么级别。

在 5 个星期之后,研究小组报告了研究结果。结果简直有点令人目瞪口呆——香烟盒上的警告标识,无论在侧面、正面,还是背面,对于压制吸烟者的烟瘾没有任何影响。研究结果显示,吸烟者对吸烟警告的反应数值为"零"。这就是说,令人毛骨悚然的图像、政府的法律禁令,以及全球 123 个国家为禁烟活动投入的几十亿美元……所有为禁烟而做出的努力,在研究结束的时候都被证实"徒劳无功"。研究小组强调:统计数据的有效性,十分具有说服力。但是,这仍然不是最令人吃惊的结论。

最令人吃惊的是:各式各样的香烟警告——不管是提示吸烟者有可能患上肺气肿,还是提醒吸烟可能患上心脏病,以及其他一些慢性疾病——实际上刺激了吸烟者大脑里一个叫做"伏隔核"的区域,这个区域被称为"成瘾点"(craving spot)。当人类的身体对某种物质产生渴望的时候——不管是对酒精、烟草,还是对性、毒品、赌博——这个区域就会点亮。当大脑受到刺激的时候,"伏隔核"需要越来越大的"剂量"来满足自己对刺激物的需要。

研究结果表明,香烟盒上的警告标识,非但不能制止吸烟行为,反而激活了大脑的"伏隔核",实际上是在"鼓励"吸烟者继续吸烟。结论证实:那些大同小异的吸烟警告标识,试图抑制吸烟行为、减少癌症发生、挽救人们的生命,实际上却变成了"战无不胜"的香烟推销广告。究竟是哪里出了问题?先前通过问卷调查获得的答案,为什么与大脑的反应恰恰相反?难道实验对象在撒谎吗?

对于"吸烟警告能否起作用"这个问题,大多数吸烟者做出了"肯定式回答",选择了"YES"这个答案选项。或许,吸烟者认为这是"正确的答案",或许,吸烟者认为这是研究者"想要的答案"。或许吸烟者对于自己的"明知故犯"有些负罪感。实验总结指出,实验对象不是对香烟危害而感到惭愧,其负罪感来自于那些警告标识——这些标识刺激了大脑里的"成瘾区域",只是吸烟者的意识思维无法分辨两者的区别。

在填写问卷的时候,玛琳并没有撒谎。但是,在吸烟者的大脑里,那个"认为什么都是理所当然"的区域,促使吸烟者"理所当然"地给出了应该的"正确答案"。这不是一个例外——还有一项脑部扫描研究得出的结果,与吸烟研究项目得出的结果完全一样。这说明了一种事实:人们说出来的东西,与人们大脑指挥人们做的事情,似乎完全是两回事。因此,向人们提问获得的调查结果,可能与人们真实购买时的行为极其不一致。

头脑并不坚定

【头脑】⊕对于购买行为来说,存在着正反两方面的因素。第一种因素是正向因素,即购买的鼓励因素。第二种因素是反向因素,即购买的阻碍因素。正反两种因素结合在一起，对购买行为产生了直接影响。心理学家经过研究得出结论——对于购买行为来说，人们会感到存在5种风险：（1）金钱风险——浪费金钱。（2）功能风险——产品不好。（3）生理风险——危害身体。（4）心理风险——感到内疚。（5）社会风险——他人看法。这些心理感受风险，构成了购买行为的阻碍因素。购买的阻碍性因素，先天存在于人们头脑之中，完全由消费者自己所控制。购买的鼓励因素基本上由两个方面构成：一是产品引起的消费兴趣。二是品牌产生的吸引作用。购买的鼓励因素，同样存在于人们的头脑之中，但是不完全由消费者控制，或者说，通过营销活动的作用，可以产生购买的鼓励性因素。这意味着一个营销原则：企业必须运用有效的营销策略，在人们头脑中创造鼓励性因素，并战胜人们头脑中的阻碍性因素。

【定位】 面对为数众多的同质化产品，为什么人们能够喜欢上一个品牌？对于一些品牌来说，为什么在尚未发布时就注定要失败？如果营销人员想要知道人们的购买原因——裸露无遗的、绝对可靠的、毫无保留的、不加修饰的、吸引购买的原因，那么营销人员就必须要研究人们的心智。大多数企业根本不懂消费者的心智。对于"消费者心智"，企业就像"盲人摸象"一样。绝大多数企业采用的方法——"收买"消费者的方法——从根本上就是错误的方式。因此，企业找不到"有效"的品牌定位策略。确切一点来说，企业找不到"对路"的品牌沟通视角。对于定位而言，要想找到有效的营销策略，首先应该搞清楚消费者的想法。企业不但要搞清楚消费者存在什么想法，还要搞清楚消费者没有什么想法。不但要搞清消费者对己方品牌的想法，还要搞清楚消费者对竞争品牌的想法。在这个基础之上，企业才能找到进入人们头脑的有效路径，在人们头脑里植入鼓励购买因素。

【案例】 神经营销学家曾经做过科学实验，试图了解大脑对价格的反映——愿意为某件商品花多少钱？当实验对象看到一些正价奢侈品——如古奇（Gucci）、路易威登（Louis Vuitton）——的时候，实验对象脑部的"伏隔核"和"前扣带回"（Anterior Cingulated）同时被激活。这代表什么含义？愉悦感与疼痛感同时存在。这二者之间存在着强烈的冲突。但是，对于同样的奢侈品，当以非常优惠的价格出现时，头脑的"冲突信号"则有所减弱。与此同时，大脑里面的"奖赏区域"活跃程度明显提高。这个实验说明了一个矛盾的现象——昂贵的奢侈品能够对人们产生刺激，使人们进入兴奋状态，但人们却不愿意花更多的钱。

【案例】斯坦福大学（Stanford University）和加州理工学院（California Institute of Technology）的研究者邀请了20名实验志愿者，参与一项大脑功能性磁共振成像扫描实验。实验对象要为不同价格的红酒排序。在实验过程中，有一种红酒出现了两次，其中一瓶红酒的标价较高，而另一瓶红酒标价较低。实验结果如何？当实验对象看到较贵的红酒时，其大脑内侧眶皮层（Medial Orbitofrontal Cortices，感知喜悦情绪的区域）活动加剧。这意味着，红酒的价格升高能够增加人们的神经愉悦。加州理工学院（California Institute of Technology）助理教授安东尼奥·瑞格（Antonio Range）得出结论："我们很享受我们的购买行为，只因为我们出了更高的价钱。"

【案例】阿司匹林（Aspirin）的生产企业经过多次调研，花费了无数的时间来讨论阿司匹林的配方问题。令人感到奇怪的是，在进行集体讨论的时候，调查人员的话题总是落在一个主题上——在正式调研中，调查人员多次发现了这个主题，但是未曾正式提出这个主题——被调查者经常反复表达的、脱口而出的一种观念。"我要是感到头痛，就吃2片阿司匹林，再喝1瓶 Dr. Pepper。"吃2片阿司匹林，喝1瓶 Dr. Pepper——这就是人们反复表达的观念。由此可见，阿司匹林和咖啡因被人们认为是治疗头痛的特效药。

令人感到遗憾的是,"2 片阿司匹林和 1 瓶 Dr. Pepper"——人们头脑中的这种观念,并没有引起调研方的足够重视。百时美施贵宝公司(Bristol-Myers Squibb)听到了这个调研故事,并由此创造出了一个新品牌"Excedrin"——治疗头疼的药物,并且成绩斐然。百时美施贵宝公司非常聪明地抓住并表现了人们心智中的观点——治疗头痛就吃 2 片阿司匹林,喝 1 瓶 Dr. Pepper。"Excedrin"这个品牌及其定位,显然是遵循人们心智观念的结果。这看起来十分简单,但是非常具有吸引力。

头脑并不理智

【头脑】⊕ 几乎所有人都会认为,自己身上拥有"理性人格"的特征。在人们的思想意识中,理智代表着一种智慧性美德。人们通常都会认为,理智的动机比不理智的动机更智慧,理智的动机比不理智的动机更高尚。如果被认为"做事不理智",那么人们会感觉"受到了侵犯"。然而,在现实生活之中,人们并不总是能够保持理智。在一些特定的环境里,人们根本谈不上理智。对于大多数人来说,头脑时刻保持清醒与理智,并不是一种生活的常态。在大多数时候,人们对于许多事情都做不到理智。人们所拥有的非理性思维,植根于人们自身的头脑之中。文化偏见、教育经历、潜在意识,价值取向……所有情感因素汇集在一起,构成了一种强大而又隐蔽的力量,操控着人们的选择与决定,掩盖了人们的思维与理性。不管是否愿意承认,人们都不像自己想象的那样——在大多数时候能够保持理性与理智。

【定位】⊕ 头脑并不倾向于理智,头脑总是倾向于情感。对于许多行为来说,情感具有诱发作用。进一步讲,对于"行为选择"来说,情感能够提供导向作用;对于"行为动机"来说,情感能够起到增强作用;对于"行为发生"来说,情感能够产生刺激作用。对于人们的选择购买行为，情感具有同样的作用和意义。例如，拥有品牌所产生的骄傲感（情感），会增强人们对追求品牌的动机，进而刺激"追求品牌"行为的发生。对于购买行为来说，头脑并不倾向于理智，头脑总是倾向于情感。人们并不总是十分清楚"自己究竟需要什么"。人们总是看看他人拥有什么，然后决定自己需要什么。对于他人已经拥有的东西，人们总是认为自己同样应该拥有。对于他人购买的东西，人们总是认为自己也应该购买。从这个角度上看，人们就像是茫然随着羊群奔走的羔羊。不仅如此，在人们的大脑中，往往需要一个指引购买选择的"领头羊"——或者是品牌在人们心智里的领先地位，或者是品牌在人们心智里的独特价值——为人们对品牌的选择购买提供方向引领。

【案例】⊕ 2004年，苹果公司首席执行官、主席兼创始人蒂夫·乔布斯在纽约麦迪逊大道（Madison Ave）散步的时候，发现了一个令人奇怪，又令人高兴的现象——白色的耳机随处可见。在此之前，几乎所有的耳机都是沉闷的黑颜色。人们把白色耳机绕在脖子上、戴在耳朵里，或挂在胸前。这些白色的耳机经常从人们的衣服口袋里、手提包里或背包里露出来。

史蒂夫·乔布斯感慨道："在所有街区，我都会看到一些人戴着白色耳机，然后我就想：天哪，白色音乐时代就要到来了。"随后，苹果公司便发布了白色的 iPod 音乐播放器——举世闻名，并获得了巨大成功。iPod 音乐播放器——以及无处不在的、标志性的白色耳机，可以被看成是一种流行时尚，有些人甚至称其为一次革命。但是，从神经科学的观点来看，史蒂夫·乔布斯所看到的现象，只不过是大脑中被称为"镜像神经元"的区域发挥了模仿的作用。

史蒂夫·乔布斯所观察到的白色耳机现象，实际上一种消费模仿现象。在这种模仿过程中，大脑"镜像神经元"发挥着关键的作用。"镜像神经元"的作用促使人类互相模仿彼此的购买行为。这能够解释人们为什么会购买。所以，当人们看到别人戴着一副很特别的耳机时，大脑"镜像神经元"就被激发出了一种渴望——拥有一个同样外形很酷的产品。但是，这种渴望比简单的需求要深入得多。

【案例】 在《买》一书中，作者讲述了一个关于模仿行为的实验。1992年，意大利科学家贾科莫·里佐拉蒂（Giacomo Rizzolatti）及其在帕尔马（Parma）的研究小组对短尾猴的大脑进行了研究，旨在发现大脑如何组织运动行为。研究小组监测了短尾猴大脑的"F5区域"，这个区域被称为"运动前区"（Premotor Area），该区域负责记录短尾猴所执行的某一活动，如"捡起一粒坚果"。有趣的是，研究人员发现，在短尾猴捡到坚果时，大脑的"运动前区"会产生活动。在看到其他短尾猴捡到坚果时，大脑的"运动前区"同样会产生活动——心理模仿。对于研究小组来说，这是一个惊奇的发现。这是因为：在一般的情况下，"运动前区"的神经元不会对视觉刺激产生反应。

在夏天的某一天，吃过午饭之后，一名参加实验研究的学生手里拿着一个蛋卷冰激凌，回到被测验短尾猴所在的实验室。这名学生发现，短尾猴正用渴望的眼神凝视着冰激凌。当这名学生拿起冰激凌并伸出舌头舔了一下时，连接短尾猴"运动前区"的电子监控器突然发出了"反映大脑活动"的响声。然而，短尾猴并没有任何举动，既没有移动手臂，也没有伸过头来舔冰激凌，甚至手里什么都没有拿。但是，仅仅是看着那名学生把冰激凌送到嘴里，短尾猴的大脑就模仿了相同的动作。

对于这样一种现象，贾科莫·里佐拉蒂称之为"镜像神经元"的作用——当某一目标行动被自己执行时，或者同一行动被自己观察到时，"镜像神经元"便会被激活，从而在大脑里产生相应或者相同的对应反映。然而，对于学生的其他任意活动，或者对于其他短尾猴的其他任意活动，实验短尾猴的"镜像神经元"都没有被激活。对此，研究小组解释说，短尾的镜像神经元只会对"目标活动"产生反应——即那些涉及某一目标物体的活动，如捡起一粒坚果，或者把冰激凌送到嘴里。对普遍的随机活动，实验短尾猴的"镜像神经元"则不会产生反应，如人穿过房间或者双手抱胸站在那里。

那么，人类的大脑也是这样工作的吗？人们会模仿其他人与某些物体的互动吗？功能性磁共振成像扫描实验以及脑电图技术（EEG）扫描实验发现，当某人做出一种行动，或当人们观察到其他人做出一种行动时，人们大脑的"下额叶皮层"（Inferior Frontal Cortex）和"顶上小叶"（Superior Parietal Lobule）两个区域都会被激活。这证明人类大脑中存在着"镜像神经元"。事实上，美国加州大学著名心理学及神经科学教授认为：在心理学上，"镜像神经元"的作用相当于DNA在生物学上的作用。

【案例】 在《买》一书中，作者阐述了人类"镜像神经元"的模仿作用。当人们看到某件事情的时候，人们的大脑所做出的回应，就像亲身经历了这项活动一样。简而言之，在看到别人的行为时，自己就会产生感同身受的反应。这些感受都归结于"镜像神经元"的作用。"镜像神经元"的存在和作用，能够解释人们的模仿行为——为什么人们经常不经意地模仿他人的行为。在毫无觉察的状态下，不管是在生理上，还是在心理上，人们都会不自觉地"反射"周围人的行为。人类的这种倾向似乎与生俱来，先天就具备这种"反射"能力。例如，在向一个婴儿吐舌头扮鬼脸的时候，婴儿很有可能重复相同的动作；当其他人轻声低语的时候，人们同样会降低自己说话的音量；当周围人都在快速走路的时候，人们也会不自觉地加快脚步。

"镜像神经元"的作用，解释了许多对刺激的反应现象。例如，在看到别人快乐的时候，为什么自己能够会心一笑？在看到别人承受身体的伤痛的时候，为什么自己会感到心头发紧？科学家塔尼亚·辛格（Tania Singer）对实验对象的大脑进行了扫描，以观察人们对环境刺激的反应。在看到他人经历身体疼痛的时候，实验对象会做何反应？塔尼亚·辛格发现，实验对象的"疼痛反应区域"——包括大脑"额岛皮层"（Fronto-Insular）和大脑"前扣带回"（Anterior Cingulated）——同时被激活了。这证明了一个现象：似乎仅仅通过观察他人的疼痛，实验对象就能够产生相同的感觉——感觉到自己的身体也出现了疼痛的感觉。

尤为有趣的现象是，在他人遇到霉运的时候，"镜像神经元"会产生相反的作用——人们会以此为乐或者幸灾乐祸。塔尼亚·辛格的实验小组向实验志愿者们播放了一段人们玩游戏的录像。在游戏中，有些游戏者采取了公平竞争的方式——被试验对象当成了"好人"，还有一些不遵守规则的游戏者——被实验对象当成了"坏人"。在实验过程中，分别对"好人"和"坏人"进行"电击惩罚"——虽然只是轻微的电流通过，但是仍然感到有些疼痛。当实验志愿者们看到"好人"或"坏人"遭到"电击惩罚"的时候，"镜像神经元"都会产生作用。

在看到"好人"遭到"电击惩罚"的时候，男性与女性脑部"疼痛反应区域"都会被激活，并产生"移情反应"。在"坏人"遭到"电击惩罚"的时候，男性实验对象的大脑不仅显示出少许的"移情反应"，大脑"反应中心"（Reward Center）同时被激活。女性实验对象则有些不同——该组 11 名女性实验对象的大脑，仍然保持着高度的"移情反应"。这就是说，如果在"好人"身上发生了"坏事"，人们都会倾向于同情。但是，如果在"坏人"身上发生了"坏事"，至少男性会产生一定程度的愉悦感。这似乎证明了一种现象：人们的大脑不但能"模仿并感受"一种情景，还能对这种情景产生"情绪反应"。在许多情况下，人们似乎不会区分"幻象"与"真相"。

【案例】⊕ 在《买》一书中，作者阐述了"镜像神经元"发挥作用的过程。"镜像神经元"如何在消费者身上起作用？他人的行为如何影响人们的购买经历，并最终影响人们的购买决定？大脑的"镜像神经元"会推翻人们的理性思维，导致人们无意识地去模仿眼前的景象，并购买眼前的商品。然而，"镜像神经元"并不是单独发挥作用。通常情况下，"镜像神经元"与"多巴胺"（Dopamine）串联在一起工作。"多巴胺"是大脑内部分泌出的一种神经传导物质，用来帮助细胞传送脉冲信息，主要负责大脑的情欲、感觉并传递兴奋及开心的信息。这种大脑内分泌的物质可影响一个人的情绪，属于大脑里的一种"快乐的化学物质",同样也属于人类体内的成瘾物质之一,能够促使人们做出购买决定。"镜像神经元"的作用,将会被证实是一种强大的力量。在未来,利用"镜像神经元"的作用,营销人员可能能够控制人们的忠诚、思维、钱包以及"大脑"。

  A&F（Abercrombie & Fitch）是美国著名的流行服装品牌。在这个品牌的连锁店里,尤其是在大城市的店铺里,通常会张贴半裸模特的大型宣传画。不仅如此,A&F还聘请了一组真人模特在店铺门前进行展示表演。当然,画报里的模特以及真人模特都穿着合体的A&F品牌服装——至少身上的大部分服饰均为A&F品牌。这些模特看起来棒极了——年轻、性感、健康……个个都是俊男、靓女。显然,他们代表着时下的时尚流行趋势,周围总是不乏围观的群众——在纽约第五大道A&F店铺门口,常有上百名行人在此驻足观看。假设一个14岁的年轻人,当他经过这间店铺的时候,"镜像神经元"就会被"激活"。他会情不自禁地把自己想象成模特的样子——时尚、被众人追捧、大众眼里的焦点……想着想着,年轻人几乎无法控制自己,径直走进A&F店铺里。

  A&F店铺的室内环境,被设计成一个类似夜总会的地方——昏暗而喧闹。店铺里面的工作人员就像画报上和门外的模特一样——身材傲人、面孔俊俏。就在这个时候,一个女售货员过来询问年轻人是否需要帮助。真是说到年轻人心坎里了——我要变成像你们一样。呼吸着那种甜得发腻的香味——A&F店铺专属的香味,"多巴胺"悄然冲上大脑。然后,在不知不觉之中,"多巴胺"给大脑重重的一击。在还没试穿一件衣服之前,年轻人的大脑就已经做出了购买的决定——研究者普遍认为,只需要2.5秒的时间,人们就可以做出一个购买决定。拿着刚才挑选的衣物,年轻人走向收银台。当准备为牛仔裤和毛衣付款的时候,"多巴胺"上升到了最高水平。收银员把衣物塞进A&F购物袋——黑白条纹相间,并印有敞胸露怀的模特,年轻人此时的感觉棒极了。顿时,年轻人拥有了一种优越感——这件衣服属于我了,现在我与他们一样了。大脑自动地将年轻人的这种感觉与A&F联系在一起——店铺外展示表演的模特、甜腻而具有说服性的香味，以及店铺本身所具有的"夜店"气氛。当拎着华丽的购物袋走出 A&F 店铺时，年轻人带回家的不仅仅是衣物，还是一整袋时下的流行元素。

【案例】⊕ "多巴胺"与"镜像神经元"的作用——人们在购物过程中产生的兴奋感，会被记忆记录在人们的头脑中。当头脑受到同样的信息刺激时，"镜像神经元"将再现记忆中的感觉。这种记忆中的感觉会引诱人们再次采取行动，以进一步深刻地享受或者体验那种令人兴奋的感觉。

在经历了 A&F 购物的愉悦感之后，年轻人逛街的时候又发现了一间 A&F 店铺。事实上，最先吸引年轻人的东西，可能是很远就能闻到的 A&F 店铺专有的香味。这种 A&F 独有的店铺香味，立刻就把年轻人带入了上次光顾 A&F 店铺时的情境。又一次，"镜像神经元"被 A&F 店铺门口衣着暴露的模特欺骗了。就像被一条无形的线牵引着，年轻人再次走进 A&F 店铺里，去寻找愉悦和奖赏。当然，年轻人又一次地把钞票留给了 A&F 收银台。"镜像神经元"的作用，让年轻人觉得自己像那些模特一样——性感并吸引人。"多巴胺"的作用，则制造了一种近似于性高潮的"奖赏期待"。在二者共同的作用之下，人们的理性思维彻底崩溃了。

如果人们没什么事情可做，那么购买将成为主要的闲暇活动。那么，购买真能让人们感到更加幸福吗？所有的科学指标都给予了肯定的回答。至少在很短的一段时间内，人们能够产生幸福感。这种幸福感主要归功于"多巴胺"——大脑里产生的奖赏、愉悦、幸福元素。当人们最初决定购买某件物品的时候，那些释放出"多巴胺"的脑细胞，便会分泌出一种"对该物品的好感"。"多巴胺"的作用促使人们采取购买行动——本能地把这个物品买下来。即使理性思维告诉人们，这些东西根本没什么用。对此，哈佛大学经济学教授大卫·莱布森（David Laibson）指出："即使理性思维很清楚地告诉人们，应该为退休之后的生活留一些积蓄，但是感性思维仍然促使人们把钱花到最大额度。"美国加州大学洛杉矶分校（University of California, Los Angeles）教授苏珊·布鲁克海姆（Susan Brookheimer）指出：大脑中的"多巴胺"活动增加了人们对各种"奖赏"的期待。换句话说，这是购买期待给人们带来的喜悦。

这是为什么？无论是否意识到，人们都会关注购买所带来的社会地位。事实上，科学家们发现，当人们看到那些"心仪产品"的时候，在大脑"额叶皮层"里面，一个叫做"布罗德曼 10 区"（Brodmann area 10）的区域就会被激活，该区域与人类的自我认知和社会情感有关。这就是说，无论人们是否有意识地去思考，一些时髦又华丽的商品都会被评估成能够提高社会地位的象征。

【案例】 2006 年 11 月 6 日，任天堂（Nintendo）发布了万众瞩目的 Wii 游戏系统。这个游戏系统可以让玩家身临其境地进行游戏——游戏者通过手持的游戏遥控器，能够感受到球棒的挥动，控制网球拍的挥出弧度，调整保龄球的前进路线，或者扮演一名橄榄球后卫冲向对方的达阵区……在美国密歇根州（Michigan）底特律（Detroit），在排队等候 17 个小时之后，尼克·百利（Nick Bailey）终于从玩具反斗城（Toys "R" Us）购买到了 Wii 游戏机。手捧着 Wii 包装盒，尼克·百利兴奋地回家了。

大部分 Wii 购买者，回到家里就会迫不及待地撕开包装盒，把机器连接到电视机上，然后立刻开始试用游戏机。尼克·百利没有这样做。在打开包装盒之前，尼克·百利设置好自己的摄像机，把一个麦克风夹在上衣领子上，调整好摄像机的控制面板，然后按下"录制"按钮。直到确保摄像机开始运转，尼克·百利才开始拆开 Wii 的包装。

几个小时之后，尼克·百利私人专属的"开箱仪式"，已经可以在 YouTube 上观看了。一个星期之后，这个网络视频点击率达到了 7.1 万次。与亲手拆开新 Wii 游戏机的包装相比，Wii 爱好者似乎更享受观看其他人拆开包装的过程。事实上，有很多视频分享网站，为这种"错位嗜好"提供服务。例如，在 www.unbox.it.com 和 www.Unboxing.com 这两个网站上，网络用户可以观看世界各地的"开箱仪式"——撕开或者用剪刀拆开刚购买的各种物品。

对于这种现象，有机广告公司（Organic Inc）的执行总监乍德·斯托勒（Chad Stolle）解释道："这是欲望到达顶峰的表现。很多人都会对自己没有能力购买，或目前尚未购买的物品充满渴望。人们只是想寻求一种方式来满足这种渴望。"这可以说是"镜像神经元"在起作用——在观看的过程中，大脑"镜像神经元"的模仿效果，使人们获得了一定程度的满足。这种"模仿"的意念，成为导致人们购买的重大因素。

头脑需要旁证

【头脑】⊕ 对于某种行为或者选择来说，当人们不能确定"正确与否"的时候，往往参照多数人的行为与做法，用以确定自己的行为与做法。这就是说，人们经常观察多数人的行为，用以指导自己的行为。人们以"大多数人的做法"为行为依据的行为倾向，被心理学家称为从众行为，或叫社会证明原则。人们在社会行为当中，普遍存在着"从众行为"倾向。人们需要参照他人的行为，以保证自己的行为"没有风险"。人们这种"从众行为"方式，经常被用于判断"什么是正确的行为"。因此，从众行为现象亦被称为"社会证明原则"。其思维逻辑是：如果大多数人都这么做，那么这种做法肯定正确。如果自己也这么做，那么肯定不会犯错误。人们本能地认为：遵循多数人的行为，就能减少犯错误的机会，否则就会增加犯错误的机会与风险。人们用这个办法来规避风险。

【定位】⊕ 犹如一种有效工具一样，社会证明原则影响着人们的行为。但是，社会证明原则不仅存在着某种好处，同时亦存在着某种坏处。社会证明原则为人们提供了一种捷径，以判断自身行为正确与否。

从相反的角度看，社会证明原则同样能够为商家所利用。喜欢走捷径的人们经常会落入"从众行为"的陷阱。埋伏在途中的商家，经常利用"社会证明原则"举证，对人们"不很可靠"的头脑发起攻击，对人们"虚荣嫉妒"的心理发起进攻，对人们"担心落后"的情感发起冲击。

对于人们不可靠的头脑，有许多发动攻击的有效方法。例如：（1）制造光环效应——针对人们"不确信"的头脑，制造出品牌"光环效应"，吸引人们跟进购买。（2）提供有效证明——针对人们"不坚定"的头脑，提供有效的第三方证明，帮助人们坚定对品牌的价值认知。（3）展示历史传统——针对人们"不可靠"的头脑，品牌的历史与传统本身就具有很强的说服力。人们相信"拥有悠久传统"的产品肯定会胜人一筹。（4）树立模仿偶像——针对人们"不理智"的头脑，借助偶像的魅力与影响，吸引人们模仿购买。

【案例】使用"增长速度最快"或者"销售数量最大"等字眼，是对付不确定的头脑的一种有用方法。这就是所谓的"制造光环"。

（1）丰田汽车——《汽车与司机》（*Car And Pedestrian*）杂志提供的证据显示：8 年来，在十佳汽车排行榜之中，只有一种汽车年年榜上有名。

（2）扑热息痛（Paracetamol）——在医院使用的镇痛药里面，扑热息痛使用频率最高。医院使用扑热息痛的次数，超过所有其他镇痛药总和的 18 倍。

（3）佳洁士牙膏——针对医生的调查显示，在 5 位牙科医生之中，有 4 位牙科医生推荐使用佳洁士牙膏。

（4）佳能复印机——商业复印机的首选是佳能复印机。佳能复印机连续 7 年销售数量排名第一。

从某种意义上说，所有的光环都构成了一种证据，告诉消费者应该选择我方品牌，而不应该选择竞争品牌。

【案例】卡瑞隆进口公司（Carillon Importers）首席执行官迈克

尔·卢克斯（Michel Roux）采用强烈的视觉效果广告，把绝佳伏特加（Absolute Vodka）推到了顶峰。有一天，迈克尔·卢克斯发现自己被出卖了——绝佳伏特加的经销权被卖给了西格瑞牡公司（Seagram）。

迈克尔·卢克斯十分愤怒。他开始采取复仇行动，经销绝佳伏特加的主要竞争品牌——斯特利伏特加（Stolichnaya Vodka）。在反击行动中，迈克尔·卢克斯采用了使绝佳伏特加出名的老办法——采用俄罗斯绘画艺术，在广告里制造出强烈的视觉冲击效果，同时还传达了"伏特加的选择自由"观念，告诉人们有选择伏特加的自由。关键问题是，人们根本不知道应该选择哪个品牌的伏特加。斯特利牌伏特加没有为人们提供一个合理的选择理由。俄罗斯绘画艺术不会产生什么效果，看来绝佳伏特加获胜了。

斯特利牌伏特加应该采取的唯一有效策略，是借助于人们对伏特加酒的传统认知。迈克尔·卢克斯应该利用一个鲜为人知的秘密——绝佳伏特加是一家瑞典公司酿造的伏特加酒。斯特利牌伏特加应该给绝佳伏特加进行重新定位——将其重新定位在其产地上，即绝佳伏特加——瑞典生产的伏特加；斯特利伏特加——传统的俄罗斯伏特加。斯特利伏特加应该采用这样的广告标题："绝佳的俄国伏特加" vs. "瑞典的绝佳伏特加"。

几乎所有人都知道一个事实：俄罗斯的伏特加是正宗的伏特加酒。瑞典的伏特加酒听起来没有俄罗斯伏特加酒好。因此，消费者不确定的头脑，就有了购买斯特利伏特加的理由。这就是对传统的运用。所不同的是，这里不是利用品牌本身的传统，而是利用品牌原产地的传统。从这个意义上看，斯特利伏特加的产地——俄罗斯，构成了品牌定位的有力证据。

【案例】⊕ 企业常常展示品牌的传统和文化，对人们充满"不相信"的头脑发起进攻。这就是所谓的"展示传统"。

（1）在中国大陆，有一个烈性酒品牌——"国窖1573"，直接用历史年代命名品牌名称。"国窖1573"这个品牌，其广告宣传围绕着历史展开。"国窖1573"广告词是：你能听到的历史132年——1877年，留声机发明；你能看到的历史170年——1839年，照相术产生；你能品味的历史436年——1573年，国宝窖池兴建。国窖，1573！

（2）格伦怀特苏格兰威士忌酒（Glenlivet Scotch）声称，自己是"所有苏格兰威士忌酒的始祖"。格伦怀特苏格兰威士忌酒宣称："根据1823年法案，苏格兰高地（Scottish Highlands）开始酿造唯一的麦芽酒，苏格兰皇室给格伦怀特酿酒厂颁发了第一个酿造许可证。"

借助传统对消费者不确定的头脑进行影响，似乎正在变成一种潮流——许多品牌都在宣布自己历史悠久。问题的关键在于：对消费者展示传统，必须有可信的证据支持。

【案例】⊕ 无论人们是否愿意承认，模仿购买行为总是会发生。例如，一名年轻女性走过盖普（Gap）店铺的橱窗。橱窗里站着一个身材完美的模特，穿着紧身式、磨破洞的牛仔裤，还有一件简洁的白色衬衫，系着一条大红色的印花丝巾。模特看起来非常迷人——苗条、性感、自信、放松、风姿绰约。这位年轻女性的潜意识会这么想：尽管我稍微有点儿胖，但是我看起来可以像她一样。只要买一套她穿的衣服，我就会成为她那个样子。只要穿上这身衣服，我可以像她一样精神饱满，就会像许多年轻人一样，拥有不可一世的清高姿态。无论这位年轻女性是否意识到，这就是大脑传达出来的信息。于是，这位年轻女性走进盖普的店铺。15分钟之后，这位年轻女性就提着牛仔裤、白色衬衫和印花丝巾走了出来。这位年轻女性所购买的东西，似乎是一个整体的形象，或者似乎是一种生活的态度，或者二者兼而有之。这种"模仿"的行为倾向，成为导致人们购买的重大因素。

【结语】⊕ 头脑并不可靠。对于定位来说，这意味着什么？"以满足顾客需求为出发点"的营销观念，在现实中经常会遭遇意想不到的失败。如果人们自己都不知道自己需要什么，那么就不要指望他们说出来的观点十分可靠。这引出一个重要的定位观点——尽管定位以消费者的心智为出发点，但是定位必须以竞争对手为参照。这就是说，必须针对竞争对手采取营销行动，消费者的需求在竞争的过程中获得满足。同时，营销人员可以利用各种手段，对不十分可靠的头脑施加影响，以实现在人们头脑里定位的战略目标。归纳起来说，对于不可靠的头脑，营销人员可以塑造出一种价值需求。为此，营销人员应该为消费者提供模仿的对象，以及可以令头脑产生信任的消费证据，以此应对人们不十分可靠的头脑。

3.6　头脑需要焦点

头脑盖上认知印戳

【头脑】⊕ 关于头脑记忆的特征，希腊哲学家苏格拉底（Socrates）曾经做过一个形象的比喻：人类的大脑就像一块蜡，人们可以运用各种想法，在这块蜡上面盖印戳。人们记得的事情，或者人们知道的东西，就是在这块蜡上面盖下的印记。但是，对于所有已消失的记忆，或者无法留下记忆的事情，人们便会认为不存在或者不知道。这是一个具有暗示性且具有广泛意义的比喻。对于营销或者品牌来说，这种比喻具有什么意义？企业在市场上的竞争单元——品牌，可以在蜡上面盖印戳。在人们的头脑里，品牌当然而且必须盖上印章。那么，品牌怎样才能在人们头脑中盖上印章呢？

【定位】⊕ 人们的大脑就像一架照相机，能够留下清晰的品牌印象。伴随着时间的推移与积累，许多已经获得了成功的品牌，在人们头脑里留下了清晰的概念。如何在人们头脑中留下品牌印记？从品牌印记的角度上来看，首先必须做到焦点集中，然后必须做到持续聚焦。这意味着保持品牌专业化，保持品牌专一化。关键原因在于：专一化的品牌或者专业化的品牌，意味着把品牌聚焦在一点上——或者聚焦在一类产品上，或者聚焦到一种利益上，或者聚焦到一个概念上。这是因为：聚焦产生的品牌焦点，能够为人们提供清晰、强烈的价值认知特征，因而品牌能够深入人们的头脑，并在人们头脑中留下深刻的印记。在产品同质化竞争环境里，只有那种高度聚焦的专一性品牌，才能成为认知战争中的赢家。从品牌本质上看，品牌所具有的市场价值，更多源自于人们头脑里的品牌印记，而较少来自于产品本身的物理特性。

【案例】⊕ 1997年，为了对付即将到来的香烟广告禁令，英国流行香烟品牌"时运"（Silk Cut）提前创造了一种替代性的品牌印记。在各种广告之中，时运香烟的品牌标识都被放置在紫色丝绸背景里面（Silk这个词汇，意思为"丝绸"）。没过多久，紫色丝绸就印刻在人们头脑中。结果令人难以置信——人们一看到紫色丝绸，立刻就会联想起时运这个香烟品牌。在吸烟者的头脑中，紫色丝绸这种纺织品意味着香烟品牌——时运香烟。

在香烟广告禁令发布之后，"时运"早已做好了应对准备。其新发布的广告根本不提"时运"这个品牌，也不传递任何有关香烟的信息。广告画面极其简洁——一个光秃秃的图像、一块紫色的丝绸。结果怎么样？一项研究表明：在看过紫色丝绸广告之后，绝大部分消费者迅速联想到了"时运"——品牌识别率达到了98%。对此，绝大多数消费者无法给出明确解释。这就是说，在人们的潜意识中，无辜的图像——紫色的丝绸，代表着"时运"这个香烟品牌。

紫色的丝绸画面———个完全没有品牌标识的广告、一个完全没有大字标题的广告、一个没有标语口号的广告，人们看一眼便知道代表什么含义。"时运"这个香烟品牌，创造了能够代替传统广告的"品牌印记"，并将其印刻在人们的头脑之中。对于营销者来说，品牌印记的作用和价值具有启示性的新意义：在人们的头脑中，不但可以创建一种品牌价值印记，而且还能赋予品牌一个价值含义。这种品牌印记或者含义，构成了人们识别一个品牌的独特标志，成为了人们选择一个品牌的关键理由。

【案例】⊕ 奥迪（Audi）是德国汽车品牌。对于奥迪汽车来说，市场上存在着许多同类竞争品牌——拥有类似的外形设计、具有同样的安全系数、保持同等的价格水平。对于许多消费者来说，为什么愿意购买一辆奥迪汽车？许多人可能会认为，奥迪汽车的标语——性能创新、永无极限（Vorsprung durch Technik）——起到了很大的影响作用。但是，除了讲德语的人之外，人们恐怕不懂这句标语的意思。显然，这不是问题的关键所在。关键原因在于：在人们的心智中，奥迪汽车的品牌概念，与"德国汽车工业"联系在一起。这就是说，奥迪汽车被贴上了"德国汽车工业"的标记。

对于大多数消费者来说，德国汽车工业这个概念意味着什么？这个概念意味着可靠性，如高标准与高效率、准确度与一致性、严谨性与可信度。这导致一个行为结果：当人们从汽车展厅走出来的时候，手里拿着新奥迪汽车的钥匙。为什么？人们几乎不会意识到事实究竟是什么。事实真相就是：人们很难分辨汽车的优劣。当人们考虑购买汽车的时候，"德国汽车工业"和"优质汽车工艺"的头脑标记被唤醒了，从而让人们对品牌做出取舍。这就是头脑印记所发挥的决定性作用。实际上，人们依赖这种品牌印记，对品牌进行判断和取舍。但是，人们意识不到这个过程的存在。在不知不觉之中，品牌在人们心智中留下了印记，并决定着人们的购买选择结果。

【案例】⊕ Blendtec 食品搅拌器是世界顶级搅拌器品牌，同时也是星巴克（Starbucks）的专用品牌。Blendtec 搅拌器的创始人汤姆·迪克森（Tom Dickson）自己制作了很多短片广告，并放在 Blendtec 搅拌机的网站上。接着，Blendtec 的这些广告短片，又被上传到 YouTube 视频分享网站上。这些广告短片都以一个问题作为开场白：这玩意儿能把这种东西搅碎吗？这个广告创意取自一个电视直播节目——《周六夜现场》（*Saturday Night Live*）。在这个电视直播节目中，主持人丹·艾克罗伊德（Dan Aykroyd）曾经使用一个搅拌机搅碎了一条鲈鱼。

在这些广告短片中，汤姆·迪克森进行了粉碎表演。碾碎、剁碎、磨碎、切碎、消灭一系列难忘的东西，例如一个打火机、一只手电筒、一段橡胶软管、一部 iPhone 手机。在观众目瞪口呆的时候，iPhone 手机在搅拌器里面不停地旋转，发出劈里啪啦的响声，直到变成了一堆黑色的尘埃颗粒。就像要完成一项日常任务一样，汤姆·迪克森一周推出一个新视频，把一些全新的东西"粉碎"，或者把看起来无法粉碎的东西"毁掉"。对于广告观众来说，观看这些令人震撼的广告短片，简直成为了一段让人大呼过瘾的经历。

在人们的心智中，这些短片制造了一个戏剧性的大脑标记——Blendtec 食品搅拌器能够搅拌任何东西。当制作搅拌食品的时候，人们禁不住会想起 Blendtec 的搅拌器。人们大脑立刻产生联想——能把 iPhone 变成一堆灰尘的搅拌器，搅拌什么食品都十分轻松。甚至，在没有意识的情况下，人们把 Blendtec 搅拌器买回了家。在不知不觉之中，人们的大脑被里面的印记所控制，并按照大脑印记采取了相应的行动。对于一个品牌来说，在人们头脑里印下一个清晰的标记，成为了获取成功的基本前提。

头脑创造躯体标记

【头脑】⊕人们采用标记的方式对事物进行记忆。在人们的心智中，人们把某种概念与某个事物联结起来。或者说，在人们的头脑中，事物留下了某种概念标记——躯体标记（Somatic Marker）。从根本性质上看，躯体标记属于一种认知性概念——将两种不相关联的事物结合在一起，然后对事物产生一种特定的认知。从形成过程上看，躯体标记产生于过去的奖赏、惩罚、经历——某种经历或情感与某种具体的、相应的事物联结起来，帮助人们减少坏事情发生的可能性。从作用功能上看，躯体标记发挥着指导性作用，帮助人们做出"效果最佳"的选择，或者帮助人们做出"损失最小"的选择。然而，头脑里的躯体标记，不仅仅是过去经历的集合。在不知不觉之中，人们不断创造新的躯体标记，并把"新标记"加入到已有的"标记集合"中。

【定位】⊕ 对于一个品牌来说，大脑一样会创造出某种"品牌标记"。进一步来说，大脑会建立某种"快捷方式"，帮助人们在选择过程中做出购买决定。首先，在人们做出购买决定之前，人们的大脑会做出一个快速反应，在几秒钟的时间之内，快速扫描一遍记忆中与品牌相关的信息——经历、情感、印象、概念。在一个极短的瞬间，大脑迅速决定应该选择什么品牌。然后，大脑迅速发出选择"指示令"，把选定的品牌放进"采购车"。但是，对于这些决定性的影响因素，人们的大脑似乎全然无知。如果问人们"为什么"，大多数人回答"凭感觉"。在选择购买的行为过程中，什么因素起着真正的决定性作用？在这个选择购买过程中，头脑里面存放的"品牌标记"，直接导致大脑做出选择决定。经过较长时间的积累，品牌在人们头脑里创造出认知标记——躯体标记。人们对品牌形成的认知概念——躯体标记，把一个品牌与某种价值联系在一起。在人们选择购买的过程中，躯体标记发挥着决定性作用。这带给人们一个意义非凡的营销启示——品牌及其营销人员必须采取有效的营销策略和积极的营销行动，努力在人们头脑里创建"品牌标记"。简单一点来说，一个品牌或者一种产品，必须与某种价值概念联系在一起，才能拥有获得更多选择的机会，或者拥有卖出更高价格的机会。

【案例】⊕ 在日本丰后水道（Bungo Channel），渔民可以钓到"关鲭鱼"（Seki Saba）——一种小型的灰粉色鲭鱼（Saba）。20 世纪80 年代，"鲭鱼"被视为穷人的食物，因为这种鱼数量多、价格低，而且含油量很高，隔夜就会变质。人们经常说，在游动的时候，"鲭鱼"就已经开始变臭。即便是敢生吃螃蟹的日本人，对于"生鲭鱼"都会退避三舍——厨师们通常将鲭鱼保存在食醋或食盐里面。

日本佐贺关（Sa-ganoseki）的渔民长期直接生食从水中捉来的鲭鱼，但是，他们并没有因此生病。一种说法认为，佐贺关地区水流强劲，塑造了鲭鱼的形体，降低了脂肪含量。一种说法认为，当地渔民采用一种"Ikejime"的保存方法，即在鱼鳃和鱼尾处打孔，迅速放尽鲭鱼体内的血液。1987年，一条鲭鱼的价格仅为1000日元（不到10美元）。因此，佐贺关的渔民收入很低。他们迫切地寻找着新的收入来源。

日本大分县渔民合作社佐贺关支店主任冈本喜七郎（Kishichiro Okamoto）意识到："如果产品能够与众不同，那么就能卖出高价格。"冈本喜七郎计划向高档饭店推销"鲭鱼"，将"鲭鱼"作为生鲜、未腌制的生鱼片来食用——一种难以置信的食用方法。为此，冈本喜七郎需要一个品牌名称。他想到了"关"（Seki）这个品牌名称——将"鲭鱼"和"佐贺关"联系起来。

冈本喜七郎为"关鲭鱼"制定了一系列标准。（1）只有钓到的"鲭鱼"才可以称为"关鲭鱼"。因为渔网会损伤"鲭鱼"。（2）所有"关鲭鱼"必须使用"Ikejime"方式宰杀。（3）为防止过度处理，不能称重和测量；相反，批发客户必须"视买"，即只能凭借观看"关鲭鱼"来讨价还价。

1998年，日本政府出具了一份官方认证——关鲭鱼营养丰富、口味上佳。这份官方出具的认证文件，足以转变人们对关鲭鱼的认知——在这个人口高达1.25亿的国家，让公众认为"关鲭鱼"涨价有据可依。1988年，一件事情轰动了日本"鲭鱼"市场。在那一年中，"关鲭鱼"的零售价格上涨了600%。一种普通的鲭鱼，如何一夜之间成为热门商品呢？答案就是：关鲭鱼成为了一个品牌。

在刚开始的时候，顶级饭店指责冈本喜七郎，他们担心关鲭鱼可能导致顾客食物中毒。在"关鲭鱼"诞生四年之后，大阪新大谷饭店（New Otani Hotel）同意试着售卖"关鲭鱼"。20世纪90年代中期，"关鲭鱼"的品牌身影，已经出现在东京附近的高档寿司饭店。东京顶级饭店Toyoda的所有人彻桥本（Toru Hashimoto）认为："关鲭鱼"肉质鲜嫩，口感筋道。2006 年，冈本喜七郎所在的渔民合作社，已经对 50 家日本饭店进行了认证，使其成为了"关鲭鱼"的正式经销商。

2005 年，"关鲭鱼"这个品牌为佐贺关带来 300 多万美元的收入。"关竹荚鱼"（Seki Aji）这个新开发的品牌批发销售收入达到 200 万美元。2006 年 9 月，他们又推出了"关矶鲈"（Seki Isaki）。如今，即使在高档超级市场中，"鲭鱼"的售价仍然不到 10 美元。当然，这样低的价钱有一个前提条件——鱼身上没有"关"的标签。如果带有"关"的标签，那么这条"鲭鱼"的售价将达到 60 美元。不是因为这些鱼"外观不同"，而是因为消费者认为：值得为"关鲭鱼"支付 600% 的价格。

头脑依赖躯体标记

【头脑】⊕ 从价值信仰的角度上看，品牌几乎与宗教一样，构成了价值信仰的组成部分。在品牌与宗教之间，存在着共同的基本特征——传播价值、举行仪式、精神归属、神秘感觉、组织愿景、感官诉求、讲述典故、庄严气氛、标志符号、战胜敌人。"对品牌的价值信仰"与"对宗教的价值信仰"，在一定程度上没有太大差别。"对强势品牌的情感投入"与"对宗教信仰产生的感觉"，在头脑里产生的效果完全相同。一件东西或者一件事情——不管是一种宗教，还是一个品牌，如果被人们打上某种"躯体标记"——赋予某种价值意义或者价值概念，那么大脑就会信仰这种被赋予的价值意义，或者相信这种认知上的价值概念。然后，这些被打上了认知标记的东西——不管一种宗教，还是一个品牌，在人们的心智中就开始变得与众不同——拥有一种独特的价值，具有更加特殊的意义。从此，人们就会依赖这种价值意义，从事相关的个人活动或者社会活动。这就是说，在人们头脑中形成的关于某种事物的标记性特征与概念，成为了指导人们行为的依据。无论人们的头脑，还是人们的行为，都需要依赖这种标记性的东西（概念）。

【定位】⊕人们在头脑里建立品牌"躯体标记"——品牌选择的快捷方式，在购买过程中帮助提供选择依据。如果没有躯体标记发挥依据作用，那么人们根本无法做出任何选择。因此，躯体标记就拥有了重大的营销意义。这个意义的关键在于：人们只有借助头脑中的"躯体标记"，才能做出合乎安全原则的"购买选择"。因此，在人们头脑中，品牌创建出的"躯体标记"越清晰、越明确，提供给人们的"购买理由"就越充分、越可靠。对于营销者来说，要从两个方面构建品牌"躯体标记"。（1）努力在人们头脑里建立"品牌标记"；（2）不断在人们头脑里强化"品牌标记"。这是品牌获得选择机会的关键。由于这个原因，品牌需要拥有某种独特的价值焦点，才能在人们头脑中建立"躯体标记"。然后，还要保持品牌焦点清晰——强化品牌"躯体标记"。特别值得注意的是，不能让"品牌标记"在人们头脑里变得模糊，不能让"品牌标记"在人们头脑里变得混乱，不能让"品牌标记"在人们头脑里渐渐消失。

【案例】⊕过去几年，全球化妆品业出现一个新趋势——不断推出"科学"配方。香水产品声称：香型与使用者的 DNA 相匹配。香水与人类 DNA 相匹配？这种说法完全是一种欺骗。但是，这能为品牌创造神秘感。化妆品公司试图说服消费者相信，这些神秘配方真实存在。香奈儿（Chanel）这个品牌推出了"Sublimage 奢华精萃活肤系列"。那么，香奈儿如何介绍产品呢？

香奈儿这样介绍产品：香奈儿研发的这一系列产品，精髓在于其特有的活性精华成分——利用"多重精密分馏技术"提炼出来的"活性成分"（称为 PFA 活性成分），能够真正促使细胞再生。Sublimage 的多重精密分馏技术和活性成分，能够带来真正的护肤体验。此外，香奈儿实验室挑选出一种富含多酮成分的五月香草，并研制成了五月香草荚果PFA 成分，这是一种纯天然的活性成分。目前，这一研发成果已经申请了专利。

这样一段"疯狂"的产品介绍，究竟表达了什么意思？没有人能够看懂。或许，香奈儿的产品根本就没打算让人看懂。原因很简单：正是因为看不懂，所以品牌才能产生神秘感。对于信仰香奈儿的消费者来说，这反而会成为一个很好的购买理由。从本质上看，关键不在于这些成分是什么东西，关键在于消费者相信这些成分是什么东西。如果消费者相信这种东西真实存在，那么这种东西就构成了品牌的标记。

【案例】 联合利华公司（Unilever）曾经在亚洲发布过一款洗发水。在设计产品标签时，一个喜欢恶作剧的员工突发奇想，在标签上加上了"富含 X9 元素"字样。在产品流向市场之前，联合利华公司并未发现这个恶作剧。大量的新款洗发水——带着恶作剧的标签，已经被运往各大商店。若想全部召回产品，需要花费大量成本，所以联合利华公司没有理会这个标签。6 个月之后，新款洗发水全部销售完毕，联合利华公司开始重新印制标签。

在重新印制的标签上，公司自然去掉了"富含 X9 元素"字样。出人意料的事情发生了。很快，联合利华公司遭到了无数消费者的投诉。尽管没有人知道"X9 元素"是什么，但是人们感到十分气愤。原因极其简单：随意去掉了 X9 成分。很多人发出抱怨：洗发水没那么好用了，头发失去光泽了。这一切都是因为：在新的洗发水里，不再含有独特的"X9 元素"。由此可见，产品标签上的"X9 元素"，已经变成人们心智里的品牌标记。这就是"躯体标记"所发挥的作用。

【结语】 头脑需要焦点。对于定位来说，这意味着什么？第一个方面，人们对于事物做出标记——"躯体标记"，赋予事物某种含义与概念，以此分辨、对待、处理事物。这就是说，在人们的心智中，人们会为事物贴上某种概念标签，然后借助这种概念标签，对事物采取相应的处理行动。人们主动为事物贴上的概念标签，就在人们头脑中形成了关于事物的焦点。头脑需要这种关于事物的焦点，以帮助人们对事物做出反应和处理。第二个方面，从品牌与营销的角度看，处在相互竞争状态的品牌，都有机会进入人们的头脑——在人们头脑中产生"躯体标记"。但是，人们的头脑不会无限存储品牌信息，仅有一部分品牌拥有占领人们头脑的机会，即在人们头脑中产生"躯体标记"。由于这种原因，品牌自身需要借助一个焦点——具有显著差异性的价值概念，抢先在人们头脑中创建"躯体标记"。营销工作的任务，就是把这两个方面紧密而又有机地结合在一起。定位游戏的终极目标就是占领人们的头脑，在人们头脑中形成某种独特的品牌概念。因此，如果人们头脑可以被盖上印戳，那么就不应该错过用品牌盖戳的机会。这意味着：营销人员应该在人们的头脑中盖上一个印戳——即"清晰而又独特"的品牌标记，以此作为人们"快速做出购买选择决定"的依据。事实上，不管从消费者角度来看，还是从营销者角度来看，均需要在头脑中建立一个"躯体标记"——关于品牌的躯体标记，以此作为"快速做出购买选择决定"的依据。因此，营销者应该为品牌贴上某种独特的价值属性标签，为消费者选择购买己方品牌提供有力的依据。在定位理论上，这被称为属性法则。在人们的头脑中，如果要想留下了"明确而又清楚"的品牌价值标记，那么就必须保持品牌价值标记"清晰而又稳定"，不要让品牌价值标记变得越来越模糊，不要让品牌价值标记变得越来越杂乱。这意味着要进行聚焦，要做出牺牲——即要想使品牌获得成功，必须把品牌焦点聚集在一种简单的价值属性上，必须对所要标记的价值属性进行权衡与取舍。

3.7　头脑依赖耳朵

头脑用声音语言思考

【头脑】⊕人类拥有两种主要语言系统，即声音语言系统和文字语言系统，这是两种不同的语言信号系统。人们对文字语言的理解，首先要通过大脑里的"从视觉到听觉"转化机制，将"文字语言"转化成"有声语言",将"字面意义"转化成"听觉意义",然后才能被大脑所理解。人们对图像信息的理解同样如此,首先要通过大脑里的"从视觉到听觉"转化机制,将"视觉图像"转化成"语言概念",将"视觉信息"转化成"语言信息",然后才能被大脑所理解。这就是说,无论对于文字信息来说,还是对于图像信息来说,大脑在进行理解记忆之前,首先要进行初步加工处理,将其转化为语言信息——一种听觉意义上的"语言概念信息"。从本质上看,人们大脑处理思维的过程,实际上是处理声音语言信息的过程——一种"大脑内在形式"的过程。这意味着:大脑处理思维的过程,主要是依赖对声音语言信息的处理,而不是依赖对视觉图像信息的处理。这就是说,大脑在理解图像信息之前,先得把图像信息转化为可以理解的声音语言信息。大脑在理解文字信息之前,必须把文字语言转化成相应的有声言语。实验研究表明,头脑理解一条有声语言信息需要140毫秒的时间,而理解一条文字语言信息则需要180毫秒的时间。产生时间差的原因是:"视觉文字信息"要转化成"听觉语言信息",才能被大脑理解与接受。这种转化过程需要耗费一定的时间——大约40毫秒。

【定位】深深印在人们头脑里的观念,往往不是通过眼睛来传递的,而是通过耳朵来传递的;往往不是通过视觉信息传递的,而是通过听觉信息传递的。因此,品牌的名字、口号、标题和主题,都应该从听觉特点上加以考虑与检验。即使只打算印刷在书面材料上,同样应该从听觉效果上对这些要素加以考虑。不但要让文字"看上去"很好,而且还要让文字"听起来"很好。这就是说,要用文字产生的声音节奏和韵律,给人们留下深刻的印象与概念。人类的口头语言本身就带有语调、节奏和情感等因素,这些因素能够加深人们对语言的理解。文字语言本身则很难表达这些节奏和情感因素,很难达到口头语言的沟通效果。因此,与视觉语言信息相比,听觉语言信息要有效得多。在人们进行交流的时候,不管是通过"面对面"的方式交流,还是通过"打电话"的方式交流,人们更喜欢用声音语言传递信息,更喜欢用耳朵接收声音语言信息。事实上，如果仅仅使用图像信息，而不使用声音语言信息，那么将很难准确地传递一个概念。反之，如果仅仅使用声音语言信息，而不使用图像信息，则能够准确地传递一个概念。因此，在人们的头脑中进行定位，应该重点考虑对声音语言信息的运用。

【案例】⊕ 美貌与名字有什么关系吗？实验给出了答案。实验人员首先找来两名美貌程度相当的女子，然后找来第一组实验参与者——扮演第一组评价者，对这两名女子的美貌程度进行评价。这组实验参与者认为，这两名女子的美貌程度相当。实验人员找来第二组实验参与者——扮演第二组评价者。但是，这次加入了声音因素——分别给两名女子起了名字，一名女子被起名为詹妮弗（Jennifer），一名女子被起名为格特鲁德（Gertrude）。

对于第二组评价者来说，哪名女子更加美丽？结果，詹妮弗得了158票，格特鲁德得了39票。"詹妮弗"让人听起来更加美丽，而"格特鲁德"听起来让人不太舒服。名字在听觉意义上的效果，决定了人们对美丽的看法。由此可见，名字"听起来"的效果，会对人们观念的形成产生很大的影响。一个品牌，要想在人们的心智里建立起某种概念，首先应该从品牌名称"听起来"的效果入手。

【案例】⊕ 赫伯特·哈拉里（Herbert Harari）、约翰·麦克戴维（John McDavid）是两位心理学博士和教授。他们想探究一种现象——为什么小学生会给其他人起一些不常见的名字，以此来拿同学或者他人开心。于是，他们对各种名字进行了实验。把一些名字安在据称为小学四五年级学生写的作文上。在这些作文中，有些名字出现次数较多——例如，戴维（Davy）和迈克尔（Michael）；有些名字出现字数较少——例如，休伯特（Hubert）和埃尔默（Elmer）。

实验测试人员——两位心理学博士和教授，把作文分别交给不同小组的小学老师打分。测试结果："休伯特"和"埃尔默"的作文，其平均得分要低一个评分等级。"戴维"和"迈克尔"的作文,其平均得分则高出一个评分等级。两位心理学教授解释了这种现象:从以往的经验中,老师得出一个结论,即名叫"休伯特"和"埃尔默"的学生,通常是比较落后的学生。由此可见,名字不仅仅是一个名称而已,名字在人们心智里还代表着某种概念。

【案例】⊕ 在《买》一书中,作者讲述了"镜像神经元"对声音的模仿作用。不仅在亲眼见到其他人的行为时,甚至阅读到描述某种行为的文字时,"镜像神经元"同样会被激活——对文字或者语言产生"感同身受"的反应。

在美国加州大学洛杉矶分校(University of California, Los Angeles),一个研究小组进行了一项实验。首先,他们让实验对象阅读两个描述动作的词组——"咬了一口桃子"和"握住一支钢笔",同时利用功能性磁共振成像技术,对实验对象的大脑进行扫描。然后,他们让相同的实验对象观看上述两个动作的录像,同时利用功能性磁共振成像技术,对实验对象的大脑进行扫描。结果表明,在这两种情景之下,大脑相同的"皮层区域"都被激活了。

如果只是简单地写下一些词组,如"用指甲在黑板上划",或者"舔一口柠檬",或者"巨大而多毛的黑寡妇蜘蛛",那么人们看到这些词语就可能会产生相应的感觉。这是因为:"指甲划过黑板"的刺耳声音、"舔一口柠檬"的酸涩味道、"黑寡妇蜘蛛"的毛爪子……所有这些能够转化为声音语言意义的信息,在"镜像神经元"的作用下,被大脑进行了视觉化处理,从而产生了身临其境的感觉。

在焦点小组进行调查的时候,联合利华的工作人员讲述了一个故事——人们随着声音语言做出模仿动作的现象。在推广一款洗发水的时候,出现了一个十分有趣的现象——当工作人员在做宣传演讲时,只要提到"抓"或"挠"这样的字眼,消费者就会开始挠自己的头皮。这就是"镜像神经元"在起作用。声音语言对头脑具有重要作用,不但能把一个概念送入人们的心智,而且还能引导人们采取行动。

实验结果证明，在看到或者听到他人所做的事情时，人们就会模仿相同的动作——模仿动作在大脑中进行。然后，人们就会了解到他人的感受。这就是说，"镜像神经元"的作用，不仅能够促使人们"模仿"他人的行为，也能够使人类产生"移情现象"。人们大脑的"镜像神经元"，向大脑"边缘系统"或者"情感区域"发出信号，帮助人们站在他人的角度上，产生形同身受的感觉，并做出相应的回应。所以，人们可以感受到他人所感受到的一切东西——无论酸甜，还是苦辣。

用声音语言传递概念

【头脑】⊕ 人类的记忆分为两种：一种为图形记忆，一种为回声记忆。图形记忆储存视觉信息，回声记忆储存听觉信息。从记忆效果上看，图像记忆持续时间较短，回声记忆持续时间更长。实验研究表明，对于临时记忆来说，图形记忆的消失速度较快，回声记忆的消失速度较慢。图像信息需要经过大脑的解读，转化成大脑可以理解的概念，才能深刻地记忆在头脑里。研究表明，要想把一些概念传达给人们，既可以运用听觉信息进行传递，又可以运用视觉信息进行传递。但是，头脑对"听到的词语"的记忆量更大，对"看到的图形"的记忆量则较少。在声音语言信息中，语调和节奏能够加深人们对语言的理解。在视觉语言信息中，不存在语调和节奏产生的强化效果。因此，头脑对于声音语言的记忆更深刻、更丰富。

【定位】⊕ 对于传递一种概念来说，听觉意义上的语言信息，能够产生更好的传播效果——语言传递概念更清晰，语言表达概念更准确。在人们的头脑中进行定位，应该以听觉上的意义为主导，而不应该以视觉上的效果为主导。这并不意味着视觉信息的作用不重要，不能使用图像和图画。在人们的头脑中进行定位，不能忽视视觉的作用，因为视觉图像能够增强听觉效果。如果图像与语言结合在一起，就会产生叠加的传播效果。问题的关键在于：应该以什么手段为主导——应该以图像画面为主导，还是以声音语言为主导？对于广告创意人员来说，或者对于广告观众来说，大多数人更加喜欢图像画面。或者说，人们更加喜欢使用图像来传递品牌的价值概念。那么，如何处理图像画面和声音语言之间的关系？对于品牌传播活动来说，在图像画面与声音语言之间，存在着什么样的逻辑关系？图像的核心作用在于：强化声音语言传递的品牌概念，而不是为了吸引人们的注意力。如果偏离了这个基本的出发点，那么广告的性质将会发生改变——广告将向着娱乐化方向发展。但是，广告的目标不是娱乐大众，而是为了传播品牌的价值概念——为顾客提供可靠的购买理由。因此，在图像画面与声音语言之间，存在着一种逻辑上的主次关系。在画面信息出现的时候，必须运用声音语言同步解释画面，不能让画面信息压倒声音信息，否则广告观众就会"只看不听"，分散听取品牌信息的注意力，达不到预期的品牌传播效果。"分散注意力"将产生严重的后果——可能在人们的头脑中留下错误的品牌概念，或者在人们的头脑中留下模糊的品牌概念，或者在人们的头脑中留不下什么品牌印记。因此，在运用图像传播品牌概念的时候，应该以声音语言信息为主导内容，避免"视觉图像信息"分散人们的注意力，避免"视觉图像信息"误导人们的关注点。

【案例】⊕ 在广告行业中，创意成为了广告水平的标志。但是，极具创意的广告，可能代表着极具吸引力的娱乐剧情，而不代表极具传递力的品牌概念。在许多时候，人们牢牢地记住了剧情，反而不知道是什么品牌，抑或不知道传递出了什么样的品牌概念。根本原因在于：广告偏离了原本的出发点，广告变得越来越戏剧化，广告变得越来越娱乐化。

很久以前有一则关于牛仔裤广告，广告情节极具创意，广告场景非常具有戏剧性。多年之后，人们可能依然会想起这则广告。但是，人们没有记住广告的核心——品牌概念或者产品本身，只是记住了幽默的剧情，却没能记住品牌概念与价值。这是一则成功的广告吗？从创意的角度看，似乎可以给出肯定的答案。然而，如果从定位的角度看，答案就不那么乐观了。

（1）广告情节之一。在人烟稀少的沙漠公路上，一对年轻情侣的汽车抛锚了，他们唯一明智的选择，就是求助过路的司机，搭顺风车到达下一站。终于，一位年轻洒脱的小伙子驾车路过汽车抛锚点。

（2）广告情节之二。受到漂亮女孩的吸引，司机愿意帮助拖走抛锚的汽车。但是，谁都没有拖车用的牵引绳。无奈之下，广告男主角脱下了身上的牛仔裤来充当牵引绳。牛仔裤的两个裤腿分别系在两辆汽车上。

（3）广告情节之三。广告中的男主角坐在抛锚的汽车上，以控制抛锚汽车的方向盘。广告中的女主角坐在牵引汽车上。牵引汽车越开越快，牛仔裤似乎承受不了如此大的拉力。随着车速的渐渐增加，牛仔裤裆部的缝合线被撕开了，一条牛仔裤被拉成了两半。

（4）广告情节之四。广告男主角拼命挥动着双手，又喊又叫地想让牵引的汽车停下来。但是，牵引的汽车并没有停下来，反而加大油门越开越快。镜头转换到牵引的汽车上——广告女主角带着神秘的微笑，对旁边驾车的小伙子会心地一瞥。公路上留下了满脸沮丧的男主角。

从广告创意的角度看，剧情非常具有吸引力。人们的全部注意力几乎都投入到剧情之中。绝大多数电视观众沉浸在娱乐之中——浪漫的气氛、幽默的情境、美丽的风景。我们不排除有一个可能性——这则广告能够夺得创意大奖。那么，广告的核心任务是什么？宣传牛仔裤品牌和牛仔裤产品。广告意图实现了吗？根本没有实现。无论是广告的制作者，还是广告的观看者，根本不在意这个问题。

广告打算向人们传递什么信息？牛仔裤十分结实，品质堪称一流。问题的关键在于：广告的整个剧情过程，犹如一部无声电影，没有任何关于品牌的声音语言信息。尽管广告的剧情创意绝妙，但是没有声音语言解释画面，以引导观众注意广告的核心任务——所要表达的产品信息与品牌概念。如果广告不愿意直接表述出品牌概念，那么观众更不愿意猜想广告的含义。既享受了免费娱乐，又免受品牌信息骚扰，电视观众何乐而不为呢？

【案例】 2007年，伦敦大学教授埃里·帕克（Ellie Parker）、阿德里安·富尔汉姆（Adrian Fumham）在一个实验测试中，针对带有性刺激内容的广告，研究了人们对广告内容本身的记忆力。

（1）实验过程。按照预先设计的实验方案，60名年轻人被分为四组，其中两组（A组和B组）观看《欲望都市》（*Sex and the City*）中的一集。在这一集电视剧中，女主角们在一起讨论自己的性能力；其余两组（C组和D组）观看《左右做人难》（*Malcolm in the Middle*）中的一集。这一集电视剧完全不带有性因素，纯粹是一部家庭情景喜剧。在中间插播广告时段，A组和B组看到了一些带有性暗示的广告——包括洗发水、啤酒，还有香水；C组和D组随便看了一些没有性暗示内容的广告。在这两个环节过后，研究人员向实验对象提出了问题："你记住了些什么？"

（2）实验结果。对品牌和产品的记忆程度，"A组和B组"低于"C组和D组"。对于广告本身的记忆力，"A组和B组"大不如"C组和D组"——人们的记忆似乎都被性内容所占据了，导致没有足够"存储空间"分配给品牌和产品。因此，研究者得出一个结论：带有性暗示或者性因素的广告，除了销售性内容本身之外，其他什么作用都没有。实验结果证明了一个事实：那些能够吸引人们注意力的广告，不一定是有效的产品销售广告。人们可能只对广告本身产生兴趣，对产品本身则没有多大兴趣。

问题的关键不在于实验本身。广告制作者为了吸引人们的眼球，改变了广告的核心任务——在人们心智里植入一个概念，借助这个概念推动产品销售。相反，广告越来越走向娱乐化——娱乐观众，而不是销售产品。

【案例】 为了引起人们的兴趣，广告中经常加入一些性刺激内容。但是，这干扰了人们对广告的理解，广告效果不如普通广告。一项实验测试证明了这一事实。400名实验对象按要求被分为两组（A组和

B组）。首先，A组和B组的实验对象分别观看"不同内容"的印刷广告。A组实验对象观看带有挑逗性的特别广告，B组实验对象观看没有性暗示的普通广告。然后，两组实验对象使用鼠标，在广告页面上指出"本能上最先看到的一点"。

实验结果显示，在A组实验对象中，大多数男性参与者，把鼠标点在了女模特的胸部。在这个观看过程中，实验对象大都忽视了品牌名称、标识，以及其他广告语。广告中的性刺激内容，使实验对象忽略掉了广告内容本身——甚至是产品的名称。在A组实验对象中，9.8%的男性实验对象记住了品牌或者产品的名称。在B组实验对象中，20%的实验对象记住了看过的品牌或者产品。

对于女性实验对象来说，广告实验结论完全相同——在"性感"广告中，10.85%的女性实验对象能够记住广告中的品牌或者产品。在"中性"广告中，22.3%的女性实验对象能够记住广告中的品牌或者产品。这种广告播出效果被称为"吸血鬼效应"（Vampir Effect）。带有性刺激内容的广告，以及其他画面精彩的创意广告，降低了人们对产品的注意力，违背了广告制作的初衷。

【结语】⊕ 头脑依赖耳朵。对于定位来说，这意味着什么？这意味着：把一个品牌概念送入人们的心智，应该依靠声音语言产生的概念意义，而非依靠"风景式"图画带来的视觉享受。特别需要注意的是，在处理"声音语言"与"画面风景"关系的时候，应该避免产生"喧宾夺主式"的"吸血鬼效应"，不要让"画面风景"冲淡"声音语言"传递出来的品牌价值概念。或者说，"画面风景"应该仅仅发挥辅助作用，帮助"声音语言"传递品牌价值概念，用来充当品牌价值概念的"辅助说明"。无论是声音语言，还是画面语言，都必须围绕品牌的价值概念展开，否则任何语言都不能产生营销作用。这就是说，品牌的名称、标语、口号，还有广告的语句和场景，不但应该从声音语言的角度进行考察，还必须与品牌价值概念保持一致，或者围绕着品牌价值概念展开。否则，不管多好的品牌价值概念，都很难发射到人们的心智轨道上。回过头来说，与"产品本身"的物质意义相比，"品牌名称"产生的价值概念意义，更加能够产生有效的营销作用。这就是说，"品牌名称"所产生的声音语言概念，是"品牌定位"过程中一个非常重要的营销环节。

卷尾语

定位的理论依据和定位的基本法则

在《心战之地：存亡之道，不可不察》一书中，笔者讨论了四个方面的内容：（1）营销的任务问题——解决竞争性的顾客选择问题；（2）营销的背景问题——产品的同质化竞争，以及信息的过度化传播；（3）营销的性质问题——营销演变成了一场认知战；（4）定位的依据问题——心智的认知规律。理解了这四个方面的问题，对定位理论就有了一个基础的认识。本书重点介绍了定位的理论依据——心智的认知规律。构成定位理论基础的认知规律，主要包括七个方面的内容：头脑备受骚扰、头脑十分有限、头脑害怕混乱、头脑很难改变、头脑不太可靠、头脑需要焦点、头脑依赖耳朵。这七个方面的心智认知规律，构成了定位的理论基础。

心智的认知规律，决定了什么样的定位理论内容？《定位：攻心之战》第二卷——《攻心战法：攻城为下，攻心为上》将全面介绍定位理论的基本法则。《攻心战法》包括三个部分的内容——定位法则、定位陷阱和定位步骤，其中：（1）"定位法则"讲述了如何构建差异性的顾客心智地位，重点介绍了十条法则，包括两组核心法则（6个），以及一组基础法则（4个）。（2）"定位陷阱"讲述了如何避免步入危险的营销思维误区，介绍了8种常见的定位陷阱。（3）"定位程序"讲述了具有操作性的定位实施步骤，介绍了4个实施步骤。要了解详细内容，请看《定位：攻心之战》第二卷——《攻心战法：攻城为下，攻心为上》。

参考书目

第1部分：定位著作

〔1〕（美）艾·里斯，杰克·特劳特著. 定位. 王恩冕，于少蔚译. 北京：中国财政经济出版社，2002

〔2〕（美）杰克·特劳特、史蒂夫·瑞维金著. 新定位. 李正栓，贾纪芳译. 北京：中国财政经济出版社，2002

〔3〕（美）艾·里斯、杰克·特劳特著. 营销战. 李正栓，贾纪芳译. 北京：中国财政经济出版社，2002

〔4〕（美）阿·里斯，杰克·特劳特著. 营销革命. 左占平，黄玉杰，李守民译. 北京：中国财政经济出版社，2002

〔5〕（美）艾·里斯，杰克·特劳特著. 22条商规. 王方华，陈洁译. 上海：上海人民出版社，2003

〔6〕（美）阿尔·里斯著. 聚焦法则：企业经营的终极策略. 王笑歌，许茜，夏菁译，梅清豪校. 上海：上海人民出版社，2003

〔7〕（美）阿尔·里斯，劳拉·里斯著. 品牌22律. 周安柱，储文胜，梅清豪译. 上海：上海人民出版社，2004

〔8〕（美）杰克·特劳特著. 大品牌，大问题. 莫竹芩译. 海口：三环出版社，海南出版社，2004

〔9〕（美）阿尔·里斯，劳拉·里斯著. 公关第一，广告第二. 罗汉，虞琦译. 上海：上海人民出版社，2004

〔10〕（美）阿尔·里斯，劳拉·里斯著. 品牌之源. 火华强译. 上海：上海人民出版社，2005

〔11〕（美）杰克·特劳特，史蒂夫·里夫金著. 与众不同：极度竞争时代的生存. 屈陆民译. 华夏出版社，2005

〔12〕（美）艾·里斯、杰克·特劳特著. 商战. 李正栓，贾纪芳译，火华强校译. 北京：中国财政经济出版社，2007

〔13〕（美）艾·里斯，杰克·特劳特著. 22条商规. 寿雯译. 太原：山西出版集

团/山西人民出版社，2009

〔14〕（美）杰克·特劳特，史蒂夫·里夫金著．与众不同：极度竞争时代的生存之道．火华强译．机械工业出版社，2009

〔15〕（美）阿尔·里斯，劳拉·里斯著．广告的没落，公关的崛起．寿雯译．太原：山西出版集团/山西人民出版社，2009

〔16〕（美）艾·里斯，劳拉·里斯著．董事会里的战争．寿雯译．太原：山西出版集团/山西人民出版社，2009

〔17〕（美）杰克·特劳特著．什么是战略．火华强译．北京：中国财政经济出版社，2004

〔18〕（美）杰克·特劳特，史蒂夫·里夫金著．简单的力量：删繁就简正确行事管理指南．金明译．杭州：浙江人民出版社，2004

〔19〕（美）杰克·特劳特著．精灵的智慧．王俭，火华强译．北京：电子工业出版社，2003

第 2 部分：相关网站

〔20〕www.trout.com.cn 特劳特（中国）战略定位咨询公司网站

〔21〕www.rieschina.com 里斯伙伴（中国）营销战略咨询公司网站

第 3 部分：其他著作

〔22〕（美）威廉·乔伊斯，尼汀·诺瑞亚，布鲁斯·罗布伯森著．4＋2：什么对企业真正有效．张玉文译．北京：机械工业出版社，2004

〔23〕（美）唐·舒尔茨，史丹立·田纳本，罗伯特·劳特朋著．整合行销传播．吴怡国，钱大慧，林建宏译．北京：中国物价出版社 2002

〔24〕（美）克里斯·祖克，詹姆斯·艾伦著．回归核心．第 2 版．罗宁，宋亨君译．北京：中信出版社，2004

〔25〕（美）乔治·斯托克，罗伯特·拉舍诺、约翰·巴特曼著．硬球战略：强势竞争，王者之道．文跃然，周禹译，罗佐审校．北京：商务印书馆，2006

〔26〕（美）艾伦·亚当森著. 品牌的简单之道：最佳品牌如何保持其简单与成功. 姜德义译. 北京：中国人民大学出版社，2007

〔27〕（美）弗朗西斯·凯利三世，巴里·西尔弗斯坦著. 抢跑品牌. 袁长燕译. 北京：中国人民大学出版社，2007

〔28〕（英）尼克·斯凯伦著. 公司战. 宋欣涛译. 北京：中国社会科学出版社，2004

〔29〕（美）迈克尔·波特. 什么是战略. 哈佛商业评论，2004（1）

〔30〕（加）亨利·明茨伯格. 战略手艺化. 哈佛商业评论，2006（4）

〔31〕（美）迈克尔·波特著. 竞争优势. 陈小悦译. 北京：华夏出版社，2002

〔32〕（美）迈克尔·波特著. 竞争战略. 陈小悦译. 北京：华夏出版社，2002

〔33〕（美）马丁·林斯特龙著. 买. 赵萌萌译. 北京：中国人民大学出版社，2009

第4部分：古代兵法

〔34〕（台）钮先钟著. 孙子三论：从古兵法到新战略. 桂林：广西师范大学出版社，2003

〔35〕（春秋）孙武撰. 十一家注孙子校理.（三国）曹操等注，杨丙安校理. 北京：中华书局，1999

〔36〕（西周）姜尚撰. 武经七书注译·六韬.《中国军事史》编写组注译. 北京：解放军出版社，1991

〔37〕（战国）尉缭撰. 武经七书注译·尉缭子.《中国军事史》编写组注译. 北京：解放军出版社，1991

〔38〕（唐）李靖撰. 武经七书注译·唐李问对.《中国军事史》编写组注译. 北京：解放军出版社，1991

〔39〕（明）无名氏著. 草庐经略注译：中国兵学通论. 刘军保注译. 郑州：中州古籍出版社，2008

〔40〕（明）何守法撰. 投笔肤谈译注. 军事科学院《投笔肤谈》译注组. 北京：军事科学出版社，1984

〔41〕许富宏撰. 鬼谷子集校集注. 北京：中华书局，2008

〔42〕（台）钮先钟著. 战略家. 桂林：广西师范大学出版社，2003

〔43〕（明）王余佑撰．乾坤大略．呼和浩特：内蒙古人民出版社，2005

〔44〕张弓译注．三十六计（秘本兵法）．太原：山西古籍出版社，1999

〔45〕（宋）无名氏撰．百战奇法．刘彦强校释．银川：宁夏人民出版社，2008

〔46〕（明清）唐甄撰．潜书注．《潜书》注释组注．成都：四川人民出版社，1984

第 5 部分：古典哲学

〔47〕（清）焦循撰．孟子正义．北京：中华书局，1999

〔48〕许维遹撰．吕氏春秋集释．北京：中华书局，1999

〔49〕（清）王先谦撰．荀子集解．北京：中华书局，1999

〔50〕（清）程树德撰．论语集释．北京：中华书局，1999

〔51〕（晋）杜预撰．春秋左传集解．上海：上海人民出版社，1977

〔52〕（台）南怀瑾著述．原本大学微言．上海：复旦大学出版社，2003

〔53〕（明）释德清撰．道德经释．黄曙辉点校．上海：华东师范大学出版社，2009

财经易文　学习的伙伴
www.ewinbook.com

书系代码	书　名	作　者	定价
经营管理			
BM001	《并购成长》(Digital Deals)	Geis	29.80
BM002	《绩效！绩效！》(企业培训版)(Coaching for Improved Performance)	Fournie	39.80
BM003	《质量无泪》(Quality Without Tears)	Crosby	39.80
BM004	《海阔天空——我在DELL的岁月》	方国健	20.00
BM005	《心时代——一个情感化的世界及其经济图景》	曹世潮	20.00
BM006	《情境领导者》(The Situational Leader)	保罗·赫塞	18.00
BM007	《EMBA销售管理》(Sales Management)	Calvin	45.00
BM008	《EMBA财务管理》(Finance and Accounting for Non-financing Managers)	Weston	49.80
BM009	《EMBA兼并与收购》(Mergers and Acquisitions)	Weston	38.00
BM010	《EMBA公司战略》(Corporate Strategy)	Colley	39.80
BM011	《EMBA创业管理》(Entrepreneurial Management)	Calvin	49.80
BM012	《EMBA领导艺术》(Managerial Leadership)	Topping	35.00
BM013	《EMBA战略营销管理》(Strategic Marketing Management)	Parry	42.00
BM014	《EMBA公司治理》(Corporate Governance)	Colley 等	49.80
BM015	《六西格玛是什么》(What is Six Sigma)	Pande	15.00
BM016	《六西格玛基础教材》(The Six Sigma Basic Training Kit)	Juran	80.00
BM017	《六西格玛团队实战手册》(The Six Sigma Way Team Fieldbook)	Pande, Neuman, Cavanagh	49.80
BM018	《六西格玛团队怎么做》(Six Sigma Team Pocket Guide)	Federico	16.00
BM019	《杰克·韦尔奇领导艺术词典》(Jack Welch Lexicon of Leadership)	Krames	32.00
BM020	《杰克·韦尔奇的29个领导秘诀》(29 Leadership Secrets from Jack Welch)	Slater	29.80
BM021	《通用电气"群策群力"》(GE Work-Out)	Ulrich 等	39.80
BM022	《顶峰》(Million Dollar Consulting)	Weiss	48.00
BM023	《战略计划实务》(Applied Strategic Planning)	Goodstein 等	48.00
BM024	《平衡计分卡实用指南》(Balanced Scorecard)	Paul Niven	49.80
BM025	《战略物流管理》(Strategic Logistic Management)	Stock	80.00
BM026	《整合——企业并购成功之道》(M&A Integration)	Schweiger	39.80
BM027	《战略领导》(The Art and Discipline of Strategic Leadership)	Freedman	32.00
BM028	《经理薪酬完全手册》(The Complete Guide to Executive Compensation)	Bruce R. Ellig	65.00

书系代码	书　　名	作　者	定价
BM029	《突破困境的领导艺术》(Leadership When the Heat's On)	Cox, Hoover	39.80
BM030	《朱兰自传》(Architect of Quality)	Juran	50.00
BM031	《卓越领导》(The Extraordinary Leader)	Zenger 等	39.80
BM032	《精益六西格玛案例》(Learning into Six Sigma)	Wheat 等	18.00
BM033	《领袖魅力》(Executive Charisma)	Benton	39.80
BM034	《西南航空案例》(The Southwest Airlines Way)	Gittell	49.80
BM035	《危机领导》(Leader Shock)	Hicks	29.80
BM036	《应变》(Agile Business for Fragile Times)	麦卡锡 等	35.00
BM037	《绩效导向的领导力》(Results-Based Leadership)	Ulrich 等	49.80
BM038	《企业沟通的威力》(The Power of Corporate Communication)	Argenti 等	39.80
BM039	《贯彻执行　现在就做》(Why Can't We Get Anything Done Around Here?)	李夫顿 等	20.00
BM040	《高效能团队领导智慧》(Leadership Lessons of The Navy Seals)	坎农 等	39.80
BM041	《竞争性销售》(Hope is not a Strategy)	佩吉	39.80
BM042	《丰田汽车案例》(The Toyota Way)	莱克	49.80
BM043	《风险管理》(Risk Management)	科罗赫 等	80.00
BM044	《团队工作》(The Work of Teams)	卡岑巴赫	39.80
BM045	《通用电气案例》(GE Work-out)	Ulrich 等	49.80
BM046	《质量无泪》(修订版)	Crosby	39.80
BM047	《绩效改进19讲》(201 Ways to Turn any Employee Into a Star Performer)	霍利	29.80
BM048	《人性管理》(The Uncertain Art of Management)	奥斯曼	39.80
BM049	《透明管理》(The Transparency Edge)	佩格诺	29.80
BM050	《成本改进181法》(A Manager's Guide to Creative Cost Cutting)	大卫·杨	29.80
BM051	《直觉》(The Art of What Works)	杜根	39.80
BM052	《劣势者的优势》(The Underdog Advantage)	莫里	39.80
BM053	《精益六西格玛服务》(Lean Six Sigma for Service)	乔治	55.00
BM054	《活学活用博弈论》(Game Theory At Work)	米勒	39.80
BM055	《巅峰绩效》(Peak Performance)	卡岑巴赫	39.80
BM056	《丰田汽车:精益模式的实践》(The Toyota Way Fieldbook)	莱克 等	65.00
BM057	《什么是公司治理》(What is Corporate Govermance)	科利 等	18.00
BM058	《MBA名校的10堂课》(What the Best MBAs Know)	纳瓦洛	49.80
BM059	《现代企业管理教程》(Understanding Business)	尼科尔斯 等	50.00
BM060	《领导艺术》(The Art of Leadership)	曼宁	50.00
BM061	《产品生命周期管理》(Product Lifecycle Management)	格里夫斯	49.80
BM062	《创新从头开始》(What customers want)	伍维克	29.80
BM063	《创新引擎》(Fast Innovation)	George	39.80

书系代码	书 名	作 者	定价
BM064	《苹果电脑案例》(The Apple Way)	Cruikshank	39.80
BM065	《企业外包实务》(The Manager's Step-by-Step Guide to Outsourcing)	Dominguez	29.80
BM066	《重塑创业精神》(Lead Like an Entrepreneur)	桑伯里	45.00
BM067	《顾客导向》(The Outside-In Corporation)	邦德	39.80
BM068	《定价与收益优化》(Pricing and Revenue Optimization)	菲利普斯	60.00
BM069	《笑梁山》	陈实	35.00
BM070	《价值流管理:面向全局供应链的精益方法》	多尔斯麦思卡罗	43.00
BM071	《新企业所得税法与会计准则比较分析》	张炜	68.00
BM072	《丰田产品开发体系》	摩根,莱克	60.00
BM073	《联想:中国IT企业国际化品牌行销之道》	周锡冰	39.80
BM074	《每秒千桶》(A Thousand Barrels a Second)	特扎基安	39.80
BM075	《活学活用丰田生产方式》	田鹏	26.00
BM076	《什么是精益》(Lean Production Simplified)	丹尼斯	35.00
BM077	《纳税会计》	张炜	46.00
BM078	《精益办公价值流》(The Complete Lean Enterprise)	凯特,劳克尔	35.00
BM079	《超越平衡计分卡》(Beyond the Balanced Scorecard)	布朗	39.80
BM080	《超越约束理论》(Beyond the Theory of Constraints)	莱文森	35.00
BM081	《精益企业文化》(Creating a Lean Culture)	曼恩	39.80
BM082	《银行供应链金融》	汤曙光,任建标	45.00

经济学

书系代码	书 名	作 者	定价
E-001	《中国经济》(Chinese Economy)	蔡昉,林毅夫	39.80
E-002	《宏观经济学》(Macroeconomics)	Dornbusch	60.00
E-003	《经济学》(Economics)	McConnell,Brue	79.00
E-004	《微观经济学》(Microeconomics and Behavior)	Frank	65.00
E-005	《环境经济学》(Introduction to Environmental Economics)	Field 等	50.00
E-006	《财富的诞生》(The Birth of Plenty)	Bernstein	49.80
E-007	《ArcView GIS® 与 ArcGIS® 地理信息统计分析》(Statistical Analysis of Geographic Information with ArcView GIS® and ArcGIS®)	David Wong 等	58.00
E-008	《MBA宏观经济学》(Macroeconomic Patterns and Stories: A Guide for MBAs)	里默	55.00

管理学

书系代码	书 名	作 者	定价
MT001	《战略物流管理》(Strategic Logistic Management)	Stock	80.00
MT002	《物流战略咨询》(Supply Chain Strategy)	Frazelle	49.80
MT003	《组织人员配置》(Staffing Organization)	Heneman,Judge	
MT004	《战略管理》(Strategic Management)	Dess 等	40.00

书系代码	书　　名	作　　者	定　价
MT005	《数据模型与决策:运用电子表格建模与案例研究》(第1版)(Introduction to Management Science)	Hillier 等	75.00
MT006	《数据模型与决策:运用电子表格建模与案例研究》(第2版)(Introduction to Management Science)	Hillier 等	75.00
MT007	《电子商务导论》(Introduction to E-Commerce)	雷波特 等	58.00
MT008	《供应链设计与管理》(Designing and Managing The Supply Chain)	辛奇—利维 等	40.00
MT009	《管理学基础》(Management)	克尼基 等	48.00
MT010	《定价》(Pricing)	门罗	65.00
MT011	《精通战略》(Mastering Strategy)	雷格斯比 等	39.80
MT012	《战略采购管理》(Harnessing Value in the Supply Chain)	班菲尔德	39.80
MT013	《逆向管理》(Don't Oil the Squeaky Wheel)	Rinke	39.80
MT014	《跨国管理》(Transnational Management)	Bartlett 等	79.80
MT015	《运营管理》(Matching Supply with Demand)	Cachon 等	50.00
MT016	《供应链与价值网创新企业案例》	任建标	35.00
MT017	《数据模型与决策:运用电子表格建模与案例研究》(第3版)(Introduction to Management Science)	Hillier 等	79.00
MT018	《供应链管理》(Supply Chain Management)	李令遐	42.00
MT019	《服务运作管理》(Services Management)	范·路易	65.00
MT020	《儒家思想与中国商务》(Confucianism and Business Practices in China)	刘芊	116.00
营销管理			
MM001	《定位》(Positioning)	Ries & Trout	39.80
MM002	《营销战》(修订版)(Marketing Warfare)	Ries & Trout	39.80
MM003	《营销革命》(Bottom-up Marketing)	Ries & Trout	39.80
MM004	《新定位》(The New Positioning)	Trout	39.80
MM005	《颠覆广告》(Disruption)	让—马贺·杜瑞	40.00
MM006	《创意的竞赛》(Which Ad Pulled Best?)	Purvis	39.80
MM007	《广告文案名人堂》(The Art of Writing Advertising)	Higgins	29.80
MM008	《产品经理的第一本书》(The Product Manager's Handbook)	Gorchels	39.80
MM009	《全球整合营销传播》(Communicating Globally)	舒尔茨	39.80
MM010	《整合营销传播:利用广告和促销建树品牌》(IMC：Using Advertising and Promotion to Build Brands)	Duncan	298.00
MM011	《市场战略》(The Market Makers)	Spulber	48.00
MM012	《全球营销》(Global Marketing)	乔尼·约翰逊	60.00
MM013	《网络营销》(Internet Marketing)	默罕默德 等	65.00
MM014	《产品经理的第二本书》(The Product Manager's Field Guide)	Linda Gorchels	39.80

书系代码	书　名	作　者	定价
MM015	《营销学基础》(Essentials of Marketing)	佩罗特,麦卡锡	60.00
MM016	《文案发烧》("Hey, Whipple, Squeeze This.":A Guide to Creating Great Ads)	苏立文	39.80
MM017	《小鱼吃大鱼》(Eating the Big Fish)	摩根	45.00
MM018	《什么是战略》(Trout On Strategy)	特劳特	29.80
MM019	《整合营销传播:创造企业价值的五大关键步骤》(IMC: the Next Generation)	唐·舒尔茨 等	39.80
MM020	《促销管理的第一本书》	Schultz	39.80
MM021	《广告箴言》(And Now a Few Words From Me)	加菲尔德	29.80
MM022	《营销计划手册》(The Successful Marketing Plan)	赫宾 等	68.00
MM023	《渠道管理的第一本书》(The Manager's Guide to Distribution Channels)	哥乔斯 等	35.00
MM024	《项目管理的第一本书》(The McGraw-Hill 36 – Hour Project Management)	库克,塔特	
MM025	《细读杰克·韦尔奇》	Krame,Slater	39.80
MM026	《品牌资产管理》(Brand Asset Management)	戴维斯	39.80
MM027	《互愿营销》(Opt-In Marketing)	罗曼 等	39.80
MM028	《小技巧　大销售》(401 Killer Marketing Tactics)	费尔藤斯坦	39.80
MM029	《作业成本管理的第一本书》(Common Cents)	特尼	39.80
MM030	《产品经理手册》(The Product Manager's Handbook)	哥乔斯	55.00
MM031	《商战》(20周年纪念版)(Marketing Warfare)	Ries & Trout	68.00
MM032	《博客营销》(Blog Marketing)	Jeremy Wright	39.80
MM033	《品牌驱动力》(Building the Brand-Driven Business)	戴维斯,邓恩	39.80
MM034	《定价的艺术》(The Art of Pricing)	Mohammed	29.80
MM035	《营销7堂课》(Mastering Marketing)	罗斯金－布朗	39.80
MM036	《心战之地:存亡之道,不可不察．第1卷》	刘松涛	39.80
销售管理			
SM001	《成功销售管理的7大秘诀》(7 Secrets to Successful Sales Management)	Wilner	39.80
SM002	《电话行销,轻松成交》	姚能笔	39.80
SM003	《摸透顾客心》(Ten Demandments)	Mooney Bergheim	39.80
SM004	《练就铁齿铜牙》(Secrets of Power Persuasion for Salespeople)	Dawson	39.80
SM005	《轻松收款》(Collections Made Easy)	卡罗尔	39.80
SM006	《打倒墨菲定律　挽救我的销售》(Beating the Deal Killers)	Giglio	39.80
SM007	《增加销售的12种核心技术》(Beyond E)	Diorio	39.80
SM008	《销售管理》(Sales Force Management)	Johnston 等	49.00
SM009	《汽车销售的第一本书》	孙路弘	39.80

书系代码	书　　名	作　者	定价
SM010	《终极销售力》(Ultimate Selling Power)	莫伊,洛伊德	39.80
SM011	《顶尖销售的25堂课》(Secrets of Top Performing Salespeople)	乔诺　等	29.80
SM012	《引爆销售的10大黄金法则》	Desena	39.80
SM013	《再造销售奇迹》	Eades	39.80
SM014	《攻心式销售》	Bosworth	24.80
SM015	《百万销售师》	Gardner	24.50
SM016	《成交》	Victor	29.80
SM017	《直销经理的第一本书》(Making Millions in Direct Sales)	马拉汉　等	39.80
SM018	《直销37计》(The Ultimate Guide to Network Marketing)	乔·鲁比诺	39.80
职场发展			
CD001	《外企面试宝典》(More Best Answers to the 201 Most Frequently Asked Interview Questions)	DeLuca	25.00
CD002	《人才心理测评》(Psychological Testing at Work)	Hoffman	25.00
CD003	《演讲的艺术》(Strictly Speaking)	Buckley	29.80
CD004	《五大会计师行》	周年洋　等	24.80
CD005	《职业经理自修手册》(The Manager's Self-development Guide)	Pedler	35.00
CD006	《关键对话》(Crucial Conversations)	Patterson 等	29.80
CD007	《静思录》(Finding Your Strength in Difficult Times)	David Viscott	19.80
CD008	《商务英语书信写作精益求精篇》	康宁汉　等	29.80
CD009	《商务人士日常书信写作》(Great Personal Letters for Busy People)	布赫	48.00
CD010	《销售信函》(Sales Letters Ready to Go)	贝塞尔　等	32.00
CD011	《商务信函》(Business Letters Ready to Go)	Bayse	39.80
CD012	《我爱笨老板》(How to Work for an Idiot)	胡佛	29.80
CD013	《实用英语动词短语》(Basic Phrasal Verbs)	斯皮尔斯	35.00
CD014	《赛马》(Horse Sense)	里斯,特劳特	29.80
CD015	《报刊装帧设计手册》(The Newspaper Designer's Handbook)	哈洛维	128.00
CD016	《君子善言》(Speak Like a CEO)	贝茨	32.00
CD017	《脱颖而出》(Shine)	汤普森	29.80
CD018	《量子飞跃》	谢尔顿,刘芊	29.80
CD019	《纳米说服力》	姚能笔	29.80
CD020	《你就是品牌》(U R a Brand!)	卡普塔	29.80
投资理财			
IF001	《赢得"输家的游戏"》(Winning the Loser's Game)	Ellis	29.80
IF002	《向格雷厄姆学思考,向巴菲特学投资》(How to Think Like Benjamin Graham and Invest Like Warren Buffett)	Cunningham	39.80

书系代码	书　　名	作　者	定价
IF003	《巴菲特怎样选择成长股》（How to Pick Stocks Like Warren Buffett）	Vick	29.80
IF004	《最后的合伙人》（The Last Partnership）	Geisst	29.80
IF005	《财务报表分析与证券定价》（Financial Statement Analysis and Security Valuation）	Penman	98.00
IF006	《技术分析》（Technical Analysis Explained）	Pring	80.00
IF007	《技术分析 A–Z》（Technical Analysis from A to Z）	Achelis	55.00
IF008	《股票价值评估》（Valuing a Stock）	Gray 等	39.80
IF009	《蜡烛图精解（第3版）》（Candlestick Charting Explained）	Morris	60.00
IF010	《技术分析习题集》（Study Guide for Technical Analysis Explained）	Pring	25.00
IF011	《股票市场的时机选择》（Timing the Stock Market）	亚历山大	48.00
IF012	《最佳卖出点》（It's when You Sell that Counts）	卡西迪	39.80
IF013	《股市名言》（Buy the Rumor, Sell the Fact）	麦洛	29.80
IF014	《向格雷厄姆学思考,向巴菲特学投资》（修订版）	Cunningham	39.80
IF015	《华尔街投资银行史》	Geisst	49.80
IF016	《信用风险:度量与管理》	瑟维吉尼	65.00
IF017	《财务报表分析与证券定价》（第二版）（Financial Statement Analysis and Security Valuation）	Penman	98.00
IF018	《信用评分模型技术与应用》	陈建	60.00
IF019	《现代信用卡管理》	陈建	80.00
IF020	《标准普尔教你做好个人理财》（The Standard & Poor's Guide to Personal Finance）	道尼	25.00
IF021	《标准普尔教你做好第一笔投资》（The Standard & Poor's Guide for the New Investor）	马蒂夫	25.00
IF022	《标准普尔教你做好长期投资》（The Standard & Poor's Guide to Long-Term Investing）	提格	20.00
IF023	《股市法则》（Stock Market Rules）	沙伊莫	29.80
IF024	《股指期货100问》	中国国际期货武汉研究中心	25.00
IF025	《巴菲特选股魔法》	洪瑞泰	25.00
IF026	《发现机会》（Discover the Upside of Down）	科比	39.80

（具体数据以出书为准）

销售服务：010-88191017，88191063（FAX）
E-mail： webmaster@ewinbook.com
邮购地址：北京市阜成路甲28号新知大厦　中国财政经济出版社邮购部
邮购费用：书价加15%
电　　话：010-88190406　88190488
邮　　编：100036